世 界 地 理

世界地理分野

《解法の要点》

　世界地理分野は，内容的には，世界全体に関する問題と特定の地域（大陸・州・国など）に関する問題とに分けられる。世界地図の読み取り問題では，複数の異なる図法の地図が用いられ，それらを関連付けて読み取る問題が出題されることがある。各図法の特徴を把握し，読み取りに慣れておきたい。また，自然環境，衣食住の文化に関連する問題，人口や貿易に関する国別統計表を用いた問題など，世界の国や地域の特徴を知識と関連付けて解く問題が出題される。写真や統計表などが載った資料集などにもよく目を通しておきたい。

　入試では，世界地理分野における設問（小問）のパターンは，おおむね次のように分けられる。

・語句（名称）を書かせる問題
・語句（名称）または文を選択肢の中から選ぶ問題
・該当する場所・物などを地図や表・グラフ中の選択肢から選ぶ問題
・長文または短文を記述させる問題
・地図やグラフなどに作図させる問題

　また，設問によっては計算が必要な場合もあるため，数字を使った問題に多く接して慣れておき，<u>なるべく短時間で計算できる能力を身につけておく必要があるだろう。</u>

●地図を使った問題

　　新潟県の入試問題の世界地理分野では，1大問につき一つ以上の地図を用いて，そこから小問を構成するという形式がほぼ定着している。特に世界地図の場合は，地図の図法に注意が必要である。緯線・経線が垂直に交わるものや中心からの距離と方位を正しく表した地図などがよく用いられるので，それらの地図の特徴を確実に押さえておこう。以下に問題のパターンをいくつかあげておく。

○地図中の大陸・海洋・山脈などの名称を書かせたり選ばせたりする問題や，時差に関連づけて時刻や経度などを書かせたり選ばせたりする問題 ➡ 大陸・海洋・山脈・大河・主な国などの位置は，地図帳などで必ず確認しておくこと。また，地図中の特定の地域・国に該当する地名・用語・説明などが選択肢になっている場合もある。時差の問題については，<u>標準時子午線の経度差15度（日付変更線をまたがない）につき1時間の時差が生じる</u>ことを確実に理解しよう。

○特定の地域・国などに関する情報が与えられて，その地域・国を地図中の選択肢から選ぶ問題 ➡ これも地域・国の位置を理解しているかどうかがポイント。

○地図中の特定の地域・国に見られる特徴や関連する用語を書かせたり説明させたりする問題 ➡ 多くは地図だけでなく資料に関連づけられている。また，説明記述の場合は使用語句が指定される場合もある。設問条件を満たした上で，<u>国語的にきちんと整理された文</u>を書く練習をしよう。

○地図中に作図させる問題 ➡ 特定の地域・国などに関する情報が与えられて，その地域・国の位置を地図中に斜線などで示す問題などがある。

●写真を使った問題

　入試問題の世界地理分野においても，世界地図と組み合わせてしばしば写真が用いられるようになっている。自然環境などにかかわる景観写真・空中写真や，民族・文化などにかかわる写真が用いられる可能性が高い。

　写真に写っている地形や民族などの名称を書かせたり，選択肢の中から選ばせたりする問題，写真に写っている景観に該当する地域を地図中から選ぶ問題，また，写真の内容について説明させる問題などが考えられる。教科書や資料集の写真にも目を通しておこう。

●表やグラフを使った問題

　新潟県の入試問題の世界地理分野で必ず出題されるのが国別統計表である。主な国の人口・面積・1人当たり国民総所得，輸出額上位品目などの項目がよく用いられるので，各国のおよその人口・面積は把握しておきたい。項目別に数値の最も大きい国と最も小さい国に注目しよう。1人当たり国民総所得や，産業別就業人口割合などは，先進工業国と発展途上国との間で特徴のちがいがはっきりしているので，手がかりにするとよい。

　人口密度（人口÷面積，単位は人/km²）や「工業生産額に占める機械工業の割合」など，統計数値を使った計算が必要となる場合があるので，そういった問題に慣れておこう。

　グラフを使った問題では，農産物や鉱産資源の国別生産量（生産額）の割合や国内の産業別就業人口の割合など，帯グラフまたは円グラフが用いられるほか，事物の生産量の推移などの折れ線グラフが用いられることもある。グラフの種類に応じた読み取りの練習をしておこう。また，与えられた数値をもとにグラフを実際にかかせる作図問題が出題されることも考えられるので，その練習も必要である。

　新潟県の入試問題で，特によく用いられるのが世界各地の雨温図（月別平均気温・降水量を表したグラフ）である。主な都市の雨温図を気候帯・気候区別に整理して，気温を表す折れ線グラフと降水量を表す棒グラフのだいたいの形を把握しておこう。

　そのほか，主な国の人口ピラミッド（男女別・年齢階級別人口構成）が用いられることも考えられる。これも先進工業国と発展途上国とで形にちがいがあらわれるので，それぞれの特徴をつかんでおくことが必要である。

〔1〕 次の地図を見て、下の(1)〜(5)の問いに答えなさい。

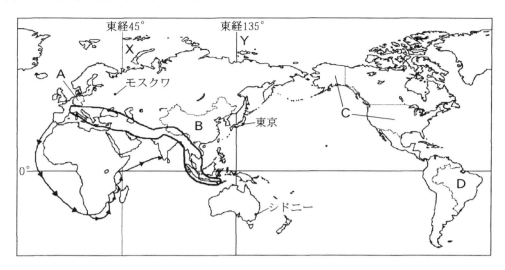

(1) 地図中のモスクワは経線Xをもとにして標準時を定めている。モスクワと、経線Yをもとにして標準時を定めている東京との時差は何時間か、書きなさい。

(2) 地図中の◯は、高くて険しい山脈が連なる造山帯である。この造山帯の名称を書きなさい。

(3) 地図中のシドニーの月別平均気温と降水量を示したグラフとして当てはまるものを、次のア〜エから一つ選び、その符号を書きなさい。なお、折れ線グラフは月平均気温を、棒グラフは月降水量を表している。

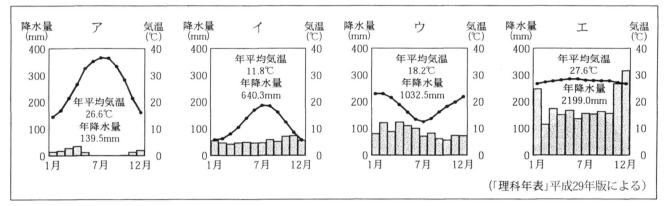

（「理科年表」平成29年版による）

(4) 地図中の──→は、15世紀末にある人物によって開かれた航路を示している。この航路を開いた人物の名を、次のア〜エから一つ選び、その符号を書きなさい。

ア　バスコ＝ダ＝ガマ　　　イ　コロンブス　　　ウ　ルター　　　エ　マゼラン

(5) 地図にある国A〜Dは、アメリカ合衆国、中国、ドイツ、ブラジルのいずれかである。次の表は、国A〜Dと日本の人口、1人当たり国民総所得、輸出額と輸入額、穀物生産量、製造業生産額を示したものである。国Aに当てはまるものを、表中のア〜エから一つ選び、その符号を書きなさい。

	人口（万人）	1人当たり国民総所得（ドル）	輸出額（億ドル）	輸入額（億ドル）	穀物生産量（万t）	製造業生産額（億ドル）
ア	20,929	8,342	1,852	1,436	10,140	1,731
イ	8,211	42,594	13,359	10,563	5,201	6,905
ウ	140,952	8,119	21,345	15,899	55,741	29,723
エ	32,446	57,481	14,538	22,514	44,285	21,703
日本	12,748	35,939	6,449	6,070	1,160	8,101

（「世界国勢図会」2017/18年版による）

〔2〕 右の地図を見て，次の(1)〜(6)の問いに答えなさい。なお，地図中の緯線は赤道を基準として，また，経線は本初子午線を基準として，いずれも30度間隔で表している。

(1) 地図中のトルコは，海峡をはさんで，二つの州にまたがり，その一つはヨーロッパ州である。もう一つの州の名称を書きなさい。

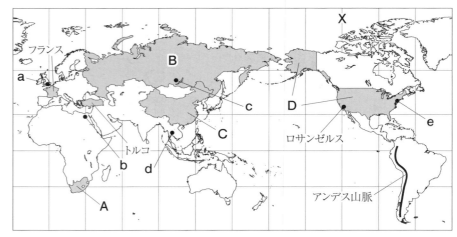

(2) 地図中のロサンゼルスは，経線Xをもとに標準時を定めている。東経135度の経線をもとに標準時を定めている日本が1月2日午前9時であるときの，ロサンゼルスの日時を，次のア〜エから一つ選び，その符号を書きなさい。

ア 1月1日午後4時　　　イ 1月2日午前2時
ウ 1月2日午後4時　　　エ 1月3日午前2時

(3) 右のグラフは，地図中の地点a〜eについて，それぞれの年降水量と1月の月平均気温を示したものである。地点cと地点eに当てはまるものを，グラフ中のア〜オから一つずつ選び，その符号を書きなさい。

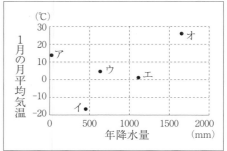

（「理科年表」令和3年版による）

(4) 地図中のアンデス山脈について述べた次の文中の□□□に当てはまる家畜名を書きなさい。

> この山脈の高原では，主に荷物を運ぶために使われるリャマのほか，毛が衣料の原材料となる，右の写真に示した□□□が家畜として飼育されている。

(5) 右の資料1は，地図中のフランスの電力の輸出入のようすを示したものであり，下の資料2は，フランスの発電エネルギー源別発電量の割合を示したものである。資料1と資料2から，フランスの発電の特色を読みとって，40字以内で書きなさい。ただし，具体的な数値は使わないこと。

資料2

2018年 5,819億kWh	原子力 71.0%	水力 12.1%	火力 10.0%

その他 6.9%

（「世界国勢図会」2021/22年版による）

資料1

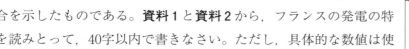

（「エネルギー白書」2018年版より作成）

(6) 右の表は，地図中の国A〜Dについて，それぞれの国の人口，人口密度，一人当たりの国民総所得，小麦の生産量，石炭の産出量を示したものである。国Dに当てはまるものを，表中のア〜エから一つ選び，その符号を書きなさい。

	人口 （万人）	人口密度 （人/km²）	一人当たりの 国民総所得 （ドル）	小麦の生産量 （万t）	石炭の産出量 （万t）
ア	143,932	150	9,980	13,360	369,774
イ	33,100	34	65,897	5,226	32,579
ウ	5,930	49	5,832	—	2,556
エ	14,593	9	11,281	7,445	35,861

(注)—は量が少なく，数値は不明。　　　（「世界国勢図会」2021/22年版による）

〔3〕 次の地図を見て，下の(1)〜(7)の問いに答えなさい。

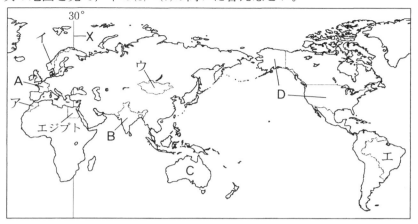

資料1

(1) 地図中の国ア〜エのうち，右上の資料1に示したようなテント式の住居が多く見られる国を一つ選び，その符号を書きなさい。また，このような家が多く見られる地域の気候の説明として，最も適当なものを，次のア〜エから一つ選び，その符号を書きなさい。

ア　一年を通して気温が高く，雨が多い。

イ　一年を通して降水量は少なく，短い草が生える。

ウ　短い夏の間だけ地面の氷がとけ，こけなどが生える。

エ　温暖で降水量も多く，四季の変化がはっきりしている。

(2) 東経135度の経線を標準時子午線とする日本が3月10日午前10時のとき，地図中の経線Xを標準時子午線とするエジプトは，3月何日の午前何時か，書きなさい。

(3) 地図中の国Aでは，1789年に革命が起こった。この革命では，自由，平等，人民主権，私有財産の不可侵などをうたう宣言が発表された。この宣言の名称を漢字4字で書きなさい。

(4) 地図中の国Bでは，右の資料2のような，ある宗教の信者が川で沐浴（もくよく）を行っている光景が見られる。この宗教を，次のア〜エから一つ選び，その符号を書きなさい。

資料2

ア　イスラム教　　　　イ　ヒンドゥー教

ウ　仏教　　　　　　　エ　キリスト教

(5) 地図中の国Cの説明として当てはまらないものを，次のア〜エから一つ選び，その符号を書きなさい。

ア　オセアニア州に属している。　　　　イ　羊毛の輸出量は世界一である。

ウ　最大の輸出相手国はアメリカ合衆国である。　　エ　かつてイギリスの植民地であった。

(6) 地図中の国Dで増加しているヒスパニックとはどのような人々か，「スペイン語」という語句を用いて書きなさい。

(7) 次の表は，地図中の国A〜Dの人口，人口密度，輸出額上位3品目を示したものである。国Dに当てはまるものを，表中のア〜エから一つ選び，その符号を書きなさい。

| | 人　口（万人） | 人口密度（人/㎢） | 輸出額上位3品目 | | |
			第1位	第2位	第3位
ア	32,446	33	機械類	自動車	石油製品
イ	6,498	118	機械類	航空機	自動車
ウ	133,918	407	石油製品	機械類	ダイヤモンド
エ	2,445	3	鉄鉱石	石炭	液化天然ガス

（「世界国勢図会」2017/18年版による）

〔4〕 次の地図1～3を見て，下の(1)～(6)の問いに答えなさい。ただし，地図1～3の縮尺はそれぞれ異なる。

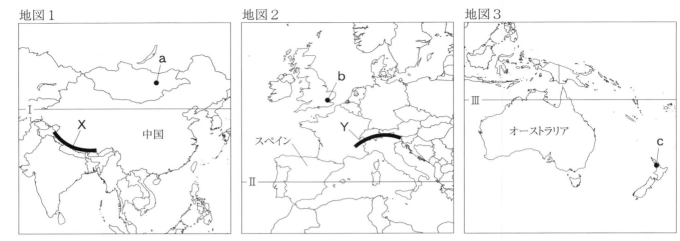

地図1　　　　　　　　地図2　　　　　　　　地図3

(1) 地図1～3中の緯線Ⅰ～Ⅲのうちの二つは同じ緯度を通っている。その二つの緯線とそれらが通る緯度の組合せとして，正しいものを，次のア～エから一つ選び，その符号を書きなさい。

ア 〔緯線　ⅠとⅡ，緯度　南緯15度〕　イ 〔緯線　ⅠとⅡ，緯度　北緯40度〕

ウ 〔緯線　ⅡとⅢ，緯度　南緯15度〕　エ 〔緯線　ⅡとⅢ，緯度　北緯40度〕

(2) 地図1中の山脈Xと地図2中の山脈Yを含む造山帯の名称を書きなさい。

(3) 地図1～3中の地点a～cを，1日の始まりが早いものから順に並べ，その符号を書きなさい。

(4) 次のグラフは，地図1中の中国の人口の推移と将来予測を示したものである。また，表は，中国の年齢別人口の割合の推移と将来予測を示したものである。グラフと表からわかる，中国の人口の変化について，「一人っ子政策」，「0～14歳」の二つの語句を用いて書きなさい。

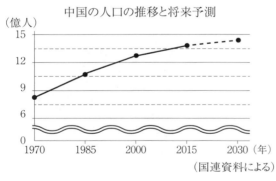

中国の人口の推移と将来予測

（国連資料による）

中国の年齢別人口の割合（％）の推移と将来予測

	1970年	1985年	2000年	2015年	2030年
0～14歳	40.4	30.7	24.6	17.7	15.4
15～64歳	55.9	64.0	68.5	72.6	67.6
65歳以上	3.8	5.3	6.9	9.7	17.1

（注）　内訳の合計が100％にならない場合がある。

（国連資料による）

(5) 地図2中のスペインで見られる気候について述べた文として，最も適当なものを，次のア～ウから一つ選び，その符号を書きなさい。また，その気候を生かしてこの国で栽培されている作物として，最も適当なものを，右のカ～クから一つ選び，その符号を書きなさい。

ア 冷帯（亜寒帯）に属し，冬は長くて寒さがきびしいが，夏には気温が高くなる。

イ 熱帯に属し，一年を通して気温が高く，雨の多い雨季と雨の少ない乾季がある。

ウ 温帯に属し，四季の変化がはっきりしていて，夏は乾燥するが，冬は雨が多くなる。

カ	キ	ク
▲天然ゴム	▲オリーブ	▲てんさい

(6) 地図3中のオーストラリアでは，20世紀の初めから，白人でない人々の移住をきびしく制限する政策をとってきたが，この政策は1970年代に撤廃された。この政策を何というか。漢字4字で書きなさい。

〔5〕 次の地図1〜3を見て，下の(1)〜(5)の問いに答えなさい。ただし，地図1〜3の縮尺はそれぞれ異なる。

地図1
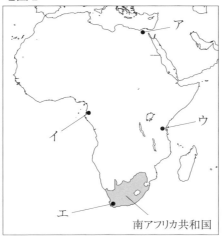

地図2

地図3

(1) 地図1中のブラジルを通る緯線Ⅰ，Ⅱのうち，赤道を示しているものと，ブラジルで主に使用されている言語の組合せとして，正しいものを，次のア〜エから一つ選び，その符号を書きなさい。

ア〔赤道　Ⅰ，言語　スペイン語〕　　イ〔赤道　Ⅰ，言語　ポルトガル語〕
ウ〔赤道　Ⅱ，言語　スペイン語〕　　エ〔赤道　Ⅱ，言語　ポルトガル語〕

(2) 右のグラフは，地図2中の地点ア〜エのいずれかの月降水量と月平均気温を表したものである。グラフに当てはまる地点を，ア〜エから一つ選び，その符号を書きなさい。なお，棒グラフは月降水量を，折れ線グラフは月平均気温を表している。

（「理科年表」令和4年版による）

(3) 右の写真は，地図3中の（　　　）の地域にみられる海岸地形を示したものである。奥行きのある湾をもつこの地形の名称を，カタカナで書きなさい。

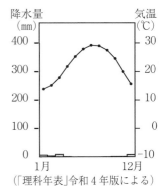

(4) 地図3中の地点X付近では，夏になると，太陽が一日中沈まなかったり，沈んでも暗くならなかったりする。このような現象を何というか，漢字2字で書きなさい。

(5) 地図1〜3中のブラジル，南アフリカ共和国，フランスについて，次の①，②の問いに答えなさい。

① 右のグラフは，日本，およびブラジル，南アフリカ共和国，フランスのそれぞれの，一人当たりのGDP（国内総生産）と一人当たりのエネルギー消費量を示したものである。グラフから読みとれる，日本とフランスの共通点を，両国の経済のようすと関連づけ，「経済的」，「先進国」の二つの語句を用いて，40字以内で書きなさい。

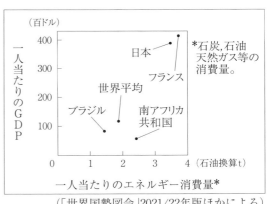

（「世界国勢図会」2021/22年版ほかによる）

② 右の表は，ブラジル，南アフリカ共和国，フランスから日本への輸出総額と，主な輸出品目及び輸出総額に占める割合を示したものである。それぞれの国に当てはまるものを，表中のア〜ウから一つずつ選び，その符号を書きなさい。

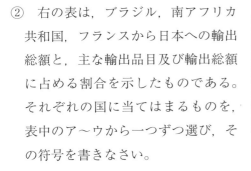

| | 日本への輸出総額（百万円） | 日本への主な輸出品目および輸出総額に占める割合（％） | | |
		第1位	第2位	第3位
ア	614,923	ロジウム(28.7)	パラジウム(25.7)	白金(12.5)
イ	986,719	医薬品(15.7)	機械類(13.6)	ぶどう酒(9.3)
ウ	800,039	鉄鉱石(38.2)	とうもろこし(15.1)	肉類(10.9)

（注）アの3品目はいずれもレアメタルである。

（「日本国勢図会」2021/22年版による）

〔6〕 次の地図は緯線と経線が直角に交わるように表されている。また，緯線のうちの二つの点線は，北回帰線，南回帰線を表している。これを見て，下の(1)～(5)の問いに答えなさい。

(1) 地図中にア～エで示した ━━━ は，それぞれ緯線上の一部分であり，地図上では同じ長さであるが，実際の距離は異なっている。実際の距離が最も長いものを，ア～エから一つ選び，その符号を書きなさい。

(2) 地図中の海洋Xは三大洋の一つである。海洋Xの名称を書きなさい。

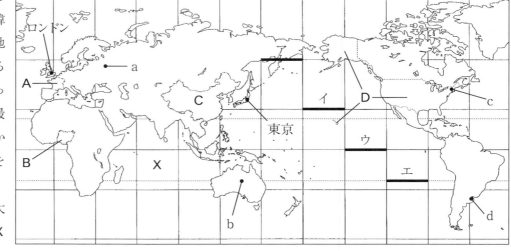

(3) 右のグラフは，ある都市の月降水量と月平均気温を表したものである。この都市の位置を，地図中のa～dから一つ選び，その符号を書きなさい。なお，棒グラフは月降水量を，折れ線グラフは月平均気温を表している。

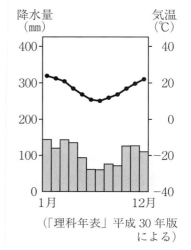

（「理科年表」平成30年版による）

(4) 地図中のロンドンと東京の時差の求め方について述べた次の文中の X ，Y に当てはまる数字の組合せとして，正しいものを，下のア～エから一つ選び，その符号を書きなさい。

> 　地球は，1日に1回転する。つまり，24時間で360度回転していることから，1時間で X 度回転することがわかる。両都市間の時差は，基本的に，ロンドンを通る経度 Y 度の本初子午線と，日本の標準時子午線との経度の差を X で割ることによって求められる。

ア〔X 15，Y 0〕　　　　　イ〔X 15，Y 180〕
ウ〔X 20，Y 0〕　　　　　エ〔X 20，Y 180〕

(5) 地図中の国A～Dは，アメリカ，中国，ナイジェリア，フランスのいずれかである。また，右の表は，それらの国と日本について，人口と，一人当たりのエネルギー供給量を示したものであり，表中のⅠ～Ⅳは，地図中の国A～Dのいずれかである。これについて，次の①，②の問いに答えなさい。

① 表中のⅡが表す国はどこか，国名を書きなさい。

② 表中のⅠ～Ⅳのうち，1990年から2021年までの期間に，経済が急速に発展して，電化製品の普及などによる国民の生活の変化が顕著であったと考えられる国はどれか，Ⅰ～Ⅳから一つ選び，その番号を書きなさい。また，表のどのような点を根拠として，その国で経済の急速な発展や国民の生活の変化があったと判断できるか。その根拠を書きなさい。ただし，具体的な数値は用いないこと。

国名	人口(百万人)		一人当たりのエネルギー供給量（石油換算ｔ）	
	1990年	2021年	1990年	2021年
Ⅰ	57	64	3.85	3.45
Ⅱ	253	337	7.66	6.47
Ⅲ	1,172	1,426	0.77	2.65
Ⅳ	95	213	0.70	0.77
日本	125	126	3.55	3.18

（「世界国勢図会」2023/24年版ほかによる）

〔7〕 次の地図1は日本列島の緯度，経度の範囲を世界地図上で示したものである。また，地図2は日本の7地方を示したものである。これらを見て，下の(1)〜(7)の問いに答えなさい。

地図1

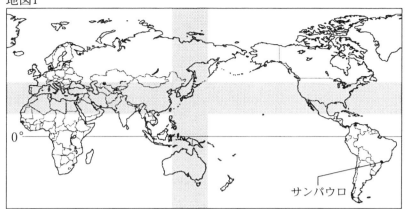

サンパウロ

地図2

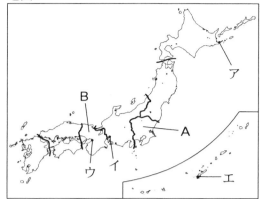

(1) 地図1を参考にして，日本列島とほぼ同じ緯度に位置している国を，次のア〜エから一つ選び，その符号を書きなさい。

　ア　インドネシア　　　　　イ　ペルー　　　　　ウ　イタリア　　　　　エ　スウェーデン

(2) 地図1を参考にして，日本列島の経度の範囲にまったく含まれない国を，次のア〜エから一つ選び，その符号を書きなさい。

　ア　ロシア連邦　　　　　　イ　インド　　　　　ウ　大韓民国　　　　　エ　オーストラリア

(3) 日本と地図1中のサンパウロとの時差は12時間である。成田国際空港を4月1日午後8時に出発した航空機が22時間40分後にサンパウロに着いたとき，現地の時刻は4月2日午前 [　　] 時40分であった。[　　] に当てはまる算用数字を書きなさい。

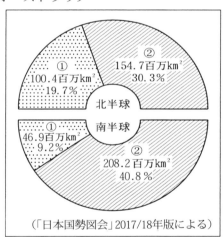

北半球
① 100.4百万km²
19.7%
② 154.7百万km²
30.3%

南半球
① 46.9百万km²
9.2%
② 208.2百万km²
40.8%

(「日本国勢図会」2017/18年版による)

(4) 地図1中の赤道より上の部分は北半球に当たり，下の部分は南半球に当たる。右の図は，北半球と南半球に分けて，地球の陸地・海洋面積を示したものであり，図中の①，②のどちらか一方が陸地で，もう一方が海洋である。これについて述べた次の文中の [　X　]，[　Y　] に当てはまる数字の組合せとして，最も適当なものを，下のア〜エから一つ選び，その符号を書きなさい。

> 図を参考にし，地球の総面積を10として陸地面積と海洋面積の比を表すと，陸地：海洋＝ [　X　] ： [　Y　] となる。

　ア〔X 2，Y 8〕　　イ〔X 8，Y 2〕　　ウ〔X 3，Y 7〕　　エ〔X 7，Y 3〕

(5) 地図2中の地方Aの名称を書きなさい。

(6) 地図2中の地方Bについて述べた文として，最も適当なものを，次のア〜エから一つ選び，その符号を書きなさい。

　ア　この地方には，府県名に「川」の字が使われている府県がある。

　イ　この地方は，1府6県によって構成されている。

　ウ　この地方には，府県名と府県庁所在地名が異なる府県が三つある。

　エ　この地方には，海に面していない内陸に位置する府県が三つある。

(7) 右の表は，三つの都市の1月1日における日の出時刻を示したものである。表中のaに当てはまる都市を，地図2中のア〜エから一つ選び，その符号を書きなさい。

場　所	日の出時刻
新潟市	6:59
高知市	7:10
a	7:17

(「理科年表」令和4年版による)

〔8〕 右の地図を見て，次の(1)〜(4)の問いに答えなさい。なお，地図中の緯線は赤道を基準として，また，経線は本初子午線を基準として，いずれも30度間隔で表している。

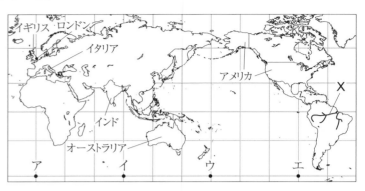

(1) 地図中のロンドンと・で示したア〜エの各地点とを地球上の最短距離で結ぶとき，その距離が最も大きくなる地点はどれか。地図中のア〜エから一つ選び，その符号を書きなさい。

(2) 地図中の河川 **X** の流域面積は世界最大である。**X** の河川名を書きなさい。

(3) 地図で示したイタリアについて，この国でさかんに栽培されている果樹を示したものとして，最も適当なものを，下の**I群**のア〜エから一つ選び，その符号を書きなさい。また，この国のようすについて述べた文として，最も適当なものを，下の**II群**のカ〜ケから一つ選び，その符号を書きなさい。

I群

ア	イ	ウ	エ

オリーブは，夏に乾燥する気候を生かして栽培され，果実は食用や油の原料になる。	あぶらやしは，卵形の果実から油をとり，せっけん，マーガリンなどの原料とする。	カカオは，果実から多数のカカオ豆がとれ，それらはチョコレートの原料となる。	コーヒーの赤く熟した果実からはコーヒー豆がとれ，飲用のコーヒーの原料となる。

II群

カ　この国はＡＳＥＡＮ加盟国の一つで，近年は工業化が進んで，機械類の輸出額が大きくなっている。

キ　この国では，さとうきびを原料とするバイオエタノール（バイオ燃料）の生産がさかんである。

ク　この国の首都市内には，カトリック教徒の総本山に当たるバチカン市国という世界最小の国がある。

ケ　この国では，少ない種類の農産物や鉱産資源の輸出にたよるモノカルチャー経済の傾向がみられる。

(4) 右の表は，イギリス，インド，オーストラリア，アメリカの人口に関する統計を示したものである。これについて，次の①，②の問いに答えなさい。

	人口（千人）		出生率（人口千人当たり）	死亡率（人口千人当たり）	自然増加率（人口千人当たり）
	1990年	2020年			
イギリス	57,134	67,886	10.7	9.0	1.7
インド	873,278	1,380,004	20.0	6.2	13.8
オーストラリア	16,961	25,500	12.6	6.3	6.3
アメリカ	252,120	331,003	12.4	8.5	3.9

（注）出生率，死亡率の調査年はイギリスが2019年，インドとオーストラリアが2018年，アメリカが2015年。自然増加率は出生率から死亡率を引いた数。

（「世界国勢図会」2021/22年版による）

① インドについて述べた次の文中の　I ，　II に当てはまる語句の組合せとして，最も適当なものを，下のア〜エから一つ選び，その符号を書きなさい。

> インドの急激な人口増加は，出生率が　I まま，死亡率が大幅に　II してきたことで進んだ。

ア〔I　高い，II　上昇〕　　イ〔I　高い，II　低下〕

ウ〔I　低い，II　上昇〕　　エ〔I　低い，II　低下〕

② オーストラリアとアメリカの人口増加の主な理由は，インドの人口増加の主な理由とは異なると考えられる。両国に共通するその理由を，それぞれが国家として形成されてきた過程に着目して書きなさい。

〔9〕 右の地図を見て，次の(1)～(5)の問いに答えなさい。

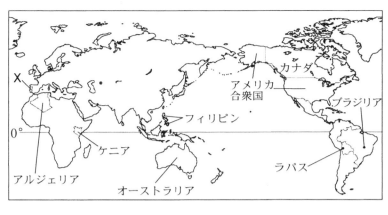

(1) 地図中のケニアについて，次の①，②の問いに答えなさい。

① ケニアが属する大陸の名称を書きなさい。

② ケニアの魅力について紹介した旅行用パンフレットに付けるタイトルとして，最も適当なものを，次のア～エから一つ選び，その符号を書きなさい。

ア 雪と氷の世界でトナカイに会おう　　イ 太陽の沈まぬ一日（白夜）を体験しよう

ウ 砂漠にそびえるピラミッドの神秘にふれよう　　エ 草原で大型野生動物を観察しよう

(2) 右の資料1は，地図中のラパスとブラジリアの位置を示したものである。また，資料2は，ラパスとブラジリアの月別平均気温を示したものである。二つの都市はほぼ同じ緯度に位置するが，ラパスはどの月も平均気温がブラジリアと比べて低い。その理由を「アンデス山脈」という語句を用いて書きなさい。

資料1

	緯　　度	標　　高
ラパス	南緯16度31分	4058m
ブラジリア	南緯15度47分	1159m

（「理科年表」平成29年版による）

資料2

気温（℃）

ブラジリア

ラパス

1月　　　7月　　12月

（「理科年表」平成29年版による）

(3) 地図中のアメリカ合衆国に住む，メキシコなどから移住してきたスペイン語系の移民やその子孫を何というか，カタカナで書きなさい。

(4) 地図中の国Xについて述べた文としてあてはまるものを，次のア～エから一つ選び，その符号を書きなさい。

ア 鎖国中の日本とは，長崎で貿易を行った。　　イ 1789年にこの国で市民革命が起こった。

ウ 日本にとって南蛮貿易の相手国であった。　　エ ルターがこの国で宗教改革を始めた。

(5) 次の表は，地図で示したアルジェリア，オーストラリア，カナダ，フィリピンについて，それぞれの国の人口，面積，65歳以上の人口の割合，一人当たり国内総生産，輸出額第1位の品目，主な宗教を示したものである。これについて，下の①～③の問いに答えなさい。

	人　口 （万人）	面　積 （万km²）	65歳以上の人口 の割合（％）	一人当たり国内 総生産（ドル）	輸出額第1位の 品目	主な宗教
A	3,662	999	17.0	43,206	原　油	Y
B	3,996	238	5.9	4,154	原　油	イスラム教
C	2,445	769	15.5	51,352	鉄鉱石	Y
D	10,156	30	4.8	2,904	機械類	Y

（「世界国勢図会」2017/18年版による）

① 表中のBに当てはまる国名を書きなさい。

② ［ Y ］ に共通して当てはまる宗教名を書きなさい。

③ 人口密度が最も高い国を，表中のA～Dから一つ選び，その符号を書きなさい。

〔10〕 右の地図を見て、次の(1)～(5)の問いに答えなさい。なお、地図は、緯線と経線が直角に交わり、緯線は赤道を基準として、また、経線は本初子午線を基準として、いずれも30度間隔で表している。

(1) 地図中に ―― で示したア～エは、いずれも同一緯線上の東経150度と経度180度を結んでいる。この部分の実際の距離が最も大きいものを、ア～エから一つ選び、その符号を書きなさい。

(2) 地図で示したアルゼンチンを流れるラプラタ川の流域に広がる大草原の名称を、カタカナで書きなさい。

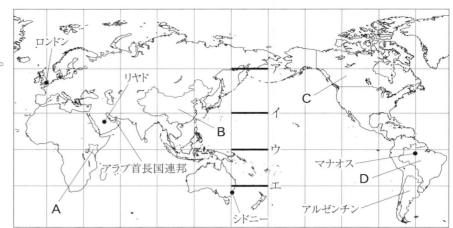

(3) 次のア～エのグラフは、地図中のロンドン、リヤド、シドニー、マナオスのいずれかの月降水量と月平均気温を表したものである。このうち、ロンドンに当てはまるものを、ア～エから一つ選び、その符号を書きなさい。なお、棒グラフは月降水量を、折れ線グラフは月平均気温を表している。

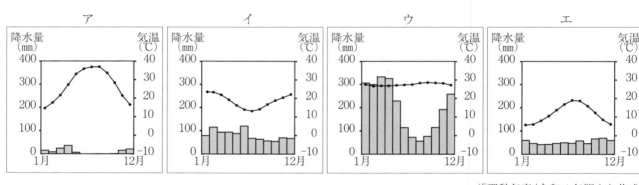

(「理科年表」令和4年版より作成)

(4) 地図中のアラブ首長国連邦は、特定の資源をもとに発展しており、**資料Ⅰ**と**資料Ⅱ**はその資源に関するものである。アラブ首長国連邦は、その資源に頼らない経済をめざし、近年は商業や観光に力を入れている。その理由について、**資料Ⅰ**と**資料Ⅱ**から読みとれることをもとにし、その資源名を明らかにして、50字以内で書きなさい。

資料Ⅰ:アラブ首長国連邦のある資源の統計

可採埋蔵量	155.5億kL
年生産量	1億6946万kL
可採年数	91.8年

(注)可採埋蔵量(とることが可能な埋蔵量)と年生産量は2020年の数値であり、可採年数(とることが可能な年数)は可採埋蔵量を年生産量で割った値を表す。
(「世界国勢図会」2021/22年版より作成)

資料Ⅱ:ある資源の国際価格の推移
（1バーレル当たりドルの推移）

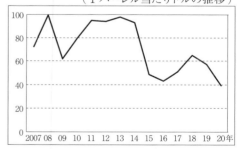

(注)1バーレルは約159リットル。
(「世界国勢図会」2021/22年版より作成)

(5) 右の表は、地図中の国A～Dについて、それぞれの国の国内総生産、穀物生産量、産業別就業人口の割合を示したものである。国Aと国Cに当てはまるものを、表中のア～エから一つずつ選び、その符号を書きなさい。

	国内総生産（億ドル）	穀物生産量（万t）	産業別就業人口の割合（%）		
			第一次	第二次	第三次
ア	17,415	6,114	1.6	19.3	79.2
イ	18,478	12,122	9.5	20.2	70.3
ウ	955	494	33.6	15.0	51.4
エ	143,429	61,272	23.6	28.7	47.7

(注)産業別就業人口の割合は合計が100になるよう調整していない。
(「世界国勢図会」2021/22年版ほかより作成)

〔11〕 右の地図は，東京を中心として，東京からの距離と方位を正しく表したものである。この地図を見て，次の(1)～(8)の問いに答えなさい。

(1) 地図中の緯線Xは赤道である。赤道が通る国として当てはまるものを，次のア～エから一つ選び，その符号を書きなさい。

　ア　スペイン　　　　　イ　カナダ
　ウ　インドネシア　　　エ　インド

(2) 地図中の東京から見た場合の都市⑧のおよその方位を，8方位で書きなさい。

(3) 地図中の ↘ は冬の風の向き，↗ は，夏の風の向きを示している。このように半年周期で向きを変える風を何というか，書きなさい。

(4) 地図中の国Aについて述べた文として当てはまるものを，次のア～エから一つ選び，その符号を書きなさい。

　ア　この国の通貨はドルである。　　　　　　　イ　この国の首都を本初子午線が通る。
　ウ　この国はASEAN加盟国である。　　　　エ　この国は環太平洋造山帯に含まれる。

(5) 地図中の国Bで，最も信者の多い宗教の名称を，次のア～エから一つ選び，その符号を書きなさい。

　ア　ヒンドゥー教　　　　　イ　キリスト教　　　　　ウ　イスラム教　　　　　エ　仏教

(6) 地図中の国Eが，1965年に東南アジアのある国の統一をめぐる戦いに介入したことから，1970年代半ばまで激しい戦争が続いた。この戦争の名称を書きなさい。

(7) 右の表中の⑧～⑨は，それぞれ地図中の国B，C，D，Eのいずれかである。表は，四つのことがらについて，4か国の間での順位（値の大きいものから並べたときの順位）を示したものである。表中のZに当てはまることがらを，次のア～エから一つ選び，その符号を書きなさい。

国	人口 （2021年）	人口密度 （2021年）	1人当たりの 国内総生産 （2021年）	Z （2021年）
⑧	4	4	3	2
⑨	2	1	4	4
⑩	3	3	1	1
⑪	1	2	2	3

（「世界国勢図会」2023/24年版による）

　ア　国土面積　　　　　イ　総人口に占める15歳未満の人口の割合
　ウ　米の生産量　　　　エ　1人当たりエネルギー供給量

(8) 地図中のオーストラリアの日本への輸出品の中に小麦が含まれている。主な国の小麦の収穫期を表した右の図をもとにして，オーストラリアが日本に小麦を輸出する際の利点を，「日本」，「収穫」，「輸出」の三つの語句を用いて書きなさい。

国＼月	1	2	3	4	5	6	7	8	9	10	11	12
アルゼンチン	■	■										■
オーストラリア	■	■										■
チ　リ			■									
イ　ン　ド				■	■							
中　国						■	■	■				
アメリカ合衆国						■	■	■				
日　本					■	■						
フ　ラ　ン　ス						■	■	■				

〔12〕 右の地図を見て，次の(1)〜(5)の問いに答えなさい。なお，地図中の緯線は赤道を基準として，また，経線は
本初子午線を基準として，いずれも30度間隔で表している。

(1) 地図中の**a**は，三大洋(三海洋)の
一つを示したものである。この大洋
の名称を書きなさい。

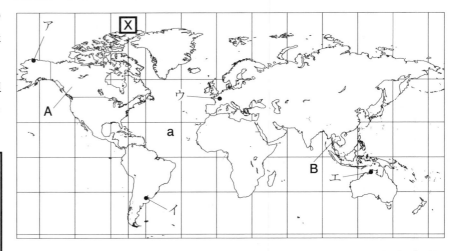

(2) 次の文を読んで，地図中の経線
X の経度を，東経または西経を
明らかにして書きなさい。

> 東経135度の経線を標準時子午
> 線とする日本が1月1日午前1
> 時であるとき，経線 **X** を標準
> 時子午線とするニューヨークは，
> 12月31日午前11時である。

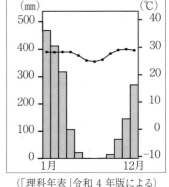

(3) 右のグラフは，ある都市の月降水量と月平均気温を表したものである。このグ
ラフに当てはまる都市を，地図中のア〜エから一つ選び，その符号を書きなさい。
なお，棒グラフは月降水量を，折れ線グラフは月平均気温を表している。

(「理科年表」令和4年版による)

(4) 地図中に示した国**A**について述べた文として，最も適当なものを，次のア〜エ
から一つ選び，その符号を書きなさい。

ア ツンドラや氷雪が広がる地域で，先住民のイヌイットが狩猟を行っている。

イ 冬でも温和で夏に乾燥する気候を利用したオリーブの栽培がさかんである。

ウ 国土の大部分は砂漠におおわれ，東部の沿岸部を中心に原油の産出量が多い。

エ 常緑の密林が広い範囲を占め，伝統的な焼畑農業が行われている地域もある。

(5) 地図中に示した国**B**について，次の①，②の問いに答えなさい。

① 国**B**で信仰されている宗教のうち，最も多
くの人に信仰されている宗教を，次のア〜エ
から一つ選び，その符号を書きなさい。

ア イスラム教　　　イ 仏教

ウ キリスト教　　　エ ヒンドゥー教

② 右の**資料Ⅰ**は，国**B**の1980年と2019年にお
ける輸出総額と輸出額の上位3品目を示した
ものであり，**資料Ⅱ**は，2014年の国**B**におけ
る自動車生産台数と販売台数を示したもので
ある。**資料Ⅰ**のように，近年になって自動車
が国**B**の代表的な輸出品となっている理由と
して，**資料Ⅱ**から考えられることを，「生産」，
「輸出」の二つの語句を用いて，40字以内で書
きなさい。

資料Ⅰ

1980年		(単位:百万ドル)	2019年		(単位:百万ドル)
順位	輸出品	輸出額	順位	輸出品	輸出額
1	米	953	1	機械類	67,894
2	野菜・果実	921	2	自動車	26,284
3	天然ゴム	603	3	プラスチック	10,652
輸出総額		6,505	輸出総額		233,674

(注)輸出総額は「その他」を含む。

(「世界国勢図会」2021/22年版ほかより作成)

資料Ⅱ (単位:万台)

自動車生産台数		188
	日本の自動車メーカーが生産した台数	152
国内での自動車販売台数		88
	日本の自動車メーカーの販売台数	62

(経済産業省資料より作成)

〔13〕 右の地図を見て，次の(1)〜(4)の問いに答えなさい。なお，この地図は，緯線と経線が直角に交わるように表している。

(1) 地図中の国A〜Dは，世界を分ける六つの州のうち，それぞれいずれかの州に属している。国A〜Dのいずれも属さない二つの州の名称を書きなさい。

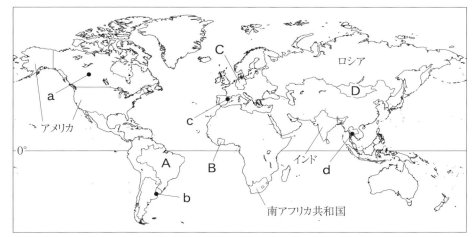

(2) 下のⅠ群のア〜エのグラフは，地図中の地点a〜dのいずれかの月降水量と月平均気温を表したものであり，棒グラフは月降水量を，折れ線グラフは月平均気温を表している。地点aに当てはまるものを，下のⅠ群のア〜エから一つ選び，その符号を書きなさい。また，地点aを含む国の農林業について述べた文として，最も適当なものを，下のⅡ群のカ〜ケから一つ選び，その符号を書きなさい。

Ⅰ群

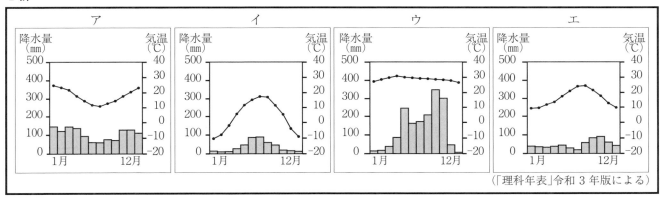

（「理科年表」令和3年版による）

Ⅱ群

カ	大河の下流域では，高温多雨の気候を生かした稲作がさかんで，米の輸出量も多い。
キ	夏に乾燥する気候を生かしたオリーブやオレンジなどの果樹栽培がさかんである。
ク	国土の中央部に位置するパンパとよばれる草原で，小麦の栽培や牧畜が行われている。
ケ	平野部では主に小麦の栽培が行われ，広大な針葉樹林帯では林業がさかんである。

(3) 右のグラフは，地図で示したアメリカの家庭で話される言語の内訳(2008年)を示したものである。グラフ中のXに当てはまる，ヒスパニックとよばれる人々が話す言語は何語か，書きなさい。

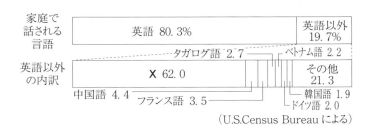

（U.S.Census Bureau による）

(4) 右の表は，地図で示したアメリカ，南アフリカ共和国，ロシア，インドについて，それぞれの国の人口，一人当たりの国民総所得，一人当たりの輸出額，日本への輸出額を示したものであり，表中のア〜エは，これらの四つの国のいずれかである。このうち，ロシアに当てはまるものを，一つ選び，その符号を書きなさい。

	人口 （万人）	一人当たりの 国民総所得 （ドル）	一人当たりの 輸出額 （ドル）	日本への 輸出額 （億円）
ア	138,000	2,034	239	5,855
イ	14,593	11,110	3,082	15,606
ウ	33,100	63,704	5,088	86,402
エ	5,931	6,168	1,632	5,591

（「世界国勢図会」2020/21年版ほかによる）

〔14〕 次の地図を見て，下の(1)〜(5)の問いに答えなさい。なお，地図中の緯線は赤道を基準として，また，経線は本初子午線を基準として，いずれも30度間隔で表している。

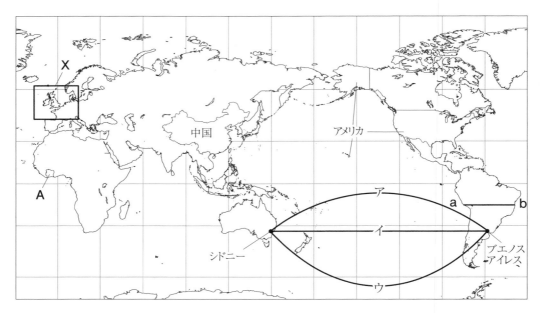

(1) 地図中のシドニーとブエノスアイレスの距離を，地球儀を使って調べるため，目盛りをつけた紙テープを地球儀上の2都市間に当てて，距離が最も短くなる経路で測った。このときの経路として，最も適当なものを，地図中のア〜ウから一つ選び，その符号を書きなさい。

(2) 右の図は，地図中の線a—bにおける断面図を示したものである。国土の東西の範囲を表す図中の ☐ X ☐ 〜 ☐ Z ☐ のそれぞれに当てはまる国名を，次のア〜ウから一つずつ選び，その符号を書きなさい。

ア ブラジル　　イ ボリビア　　ウ ペルー

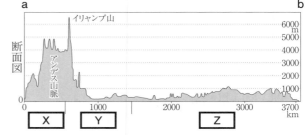

(3) 右の図は，地図中の地域Xの拡大図である。これについて述べた次の文中の ☐ ① ☐ に当てはまる海流の名称と，☐ ② ☐ に当てはまる風の名称を，それぞれ書きなさい。

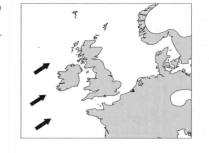

　　図中の ⬭ の地域は，この地域と同緯度にあるユーラシア大陸の東岸の地域に比べて，冬でも温暖である。これは，暖流の ☐ ① ☐ とその上空を一年中ほぼ一定の方向に吹く ➡ で示した ☐ ② ☐ の影響である。

(4) 地図中に示した国Aについて述べた文として，最も適当なものを，次のア〜エから一つ選び，その符号を書きなさい。

ア 国の経済は原油の輸出に支えられている。　　イ イスラム教の聖地メッカがある。

ウ 先住民族はアボリジニ（アボリジニー）である。　　エ カカオ豆の生産量は世界最大である。

(5) 右の表は，地図中に示したアメリカと中国の，2018年における小麦，米，とうもろこしの生産量と輸出量を示したものである。表から読みとれる，中国と比較したアメリカの農産物の生産量と輸出量の関係にみられる特徴を書きなさい。

	小麦		米		とうもろこし	
	生産量 （万t）	輸出量 （万t）	生産量 （万t）	輸出量 （万t）	生産量 （万t）	輸出量 （万t）
アメリカ	5,140	2,393	1,015	395	36,426	7,053
中　国	13,166	74	21,213	306	25,717	84

（「世界国勢図会」2021/22年版より作成）

〔15〕 右の地図を見て，次の(1)～(5)の問いに答えなさい。なお，地図中の緯線は赤道を基準として，また，経線は本初子午線を基準として，いずれも15度間隔で表している。

(1) 地図中のXは，造山帯（変動帯）に属する高くて険しい山脈である。同じ造山帯（変動帯）に属する山脈を，次のア～エから一つ選び，その符号を書きなさい。

ア　ロッキー山脈

イ　アンデス山脈

ウ　ウラル山脈

エ　ヒマラヤ山脈

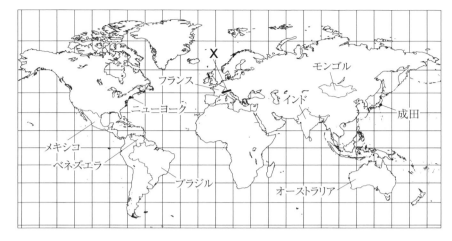

(2) 地図中の成田からニューヨークまで飛行する旅客機の出発時刻と到着時刻が右の表のようになるとき，飛行時間は何時間か，書きなさい。ただし，出発時刻と到着時刻はそれぞれ現地時間とし，ニューヨークの標準時は西経75度を基準とする。

	現地時間
成田：出発時刻	12月1日午後6時
ニューヨーク：到着時刻	12月1日午後5時

(3) 右の写真は，地図中のモンゴルにみられるテント式の住居である。これについて述べた次の文中の　P　に当てはまる語句を，漢字2字で書きなさい。

> モンゴルの高原では，草や水を求めて移動しながら羊やヤギなどを飼育する　P　とよばれる牧畜が行われている。写真に示したテント式の住居は，移動の生活に適している。

(4) 右のグラフは，南アメリカ州に属するブラジルとベネズエラの，輸出総額に占める品目別の輸出額の割合を示したものである。これについて述べた次の文中の　Q　に当てはまる適切な内容を書きなさい。

> 2013年の貿易を見ると，ブラジルは鉱産資源や工業製品など輸出品目が多様であるのに対し，ベネズエラは　Q　。

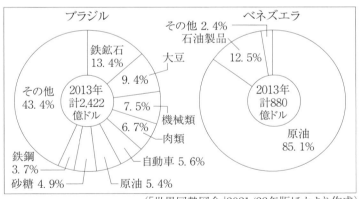

（「世界国勢図会」2021/22年版ほかより作成）

(5) 次の表は，地図中に示したメキシコ，フランス，インド，オーストラリアについて，2019年における輸出総額および輸出相手上位3か国と割合を示したものである。表中のAとCの国名をそれぞれ書きなさい。

	輸出総額（百万ドル）	輸出相手上位3か国と割合（％）					
		1 位		2 位		3 位	
A	570,950	ドイツ	13.9	アメリカ	8.3	イタリア	7.5
B	324,863	アメリカ	16.7	アラブ首長国連邦	9.2	中国	5.3
C	272,574	中国	38.2	日本	14.7	韓国	6.3
D	460,704	アメリカ	80.5	カナダ	3.1	中国	1.5

（「世界国勢図会」2021/22年版より作成）

〔16〕 次の地図1，2を見て，下の(1)〜(6)の問いに答えなさい。

地図1

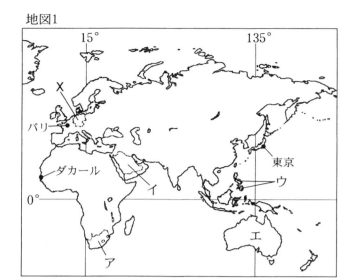

地図2

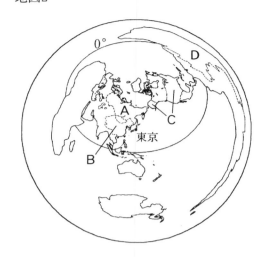

(1) 地図1中のア〜エのうち，次の①，②の条件のいずれにも当てはまる国を一つ選び，その符号を書きなさい。

　① 国土の一部は熱帯に属している。　　② インド洋に面している。

(2) 地図1中の国Xは，東経15度の経線を標準時子午線としている。現地時間の12月24日午後6時は，日本時間では何月何日何時になるか，午前または午後を明らかにして書きなさい。

(3) 地図1中の東京から見て，ダカールはどの方角に位置しているか。東京を中心として東京からの距離と方角を正しく表した地図2を参考にして，八方位で書きなさい。

(4) 右のグラフは，地図1中のパリの月別平均気温と降水量を示したものである。これについて述べた次の文中の ☐☐☐☐☐☐☐ に当てはまる適切なことばを，「大西洋」，「暖流」，「偏西風」の三つの語句を用いて書きなさい。なお，折れ線グラフは月平均気温を，棒グラフは月降水量を表している。

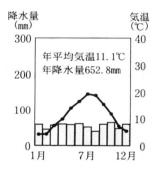

（「理科年表」平成29年版による）

> グラフからわかるように，パリでは一年を通じて雨が降る。それは，
> ☐☐☐☐☐☐☐ からである。

(5) 右の図は，南アメリカ大陸を表している。地図2を参考にして，図中に点線で示した四つの緯線のうち，赤道に当てはまるものをなぞって実線で示しなさい。

(6) 次の表は，地図2中の国A〜Dの人口，穀物生産量，100人当たり自動車保有台数，産業別就業人口割合を示したものである。地図2中の国AとCのそれぞれに当てはまるものを，表中のア〜エから一つずつ選び，その符号を書きなさい。

| | 人口（万人）2021年 | 穀物生産量（万t）2021年 | 100人当たり自動車保有台数（台）2020年 | 産業別就業人口割合（％）2021年 | | |
				第一次産業	第二次産業	第三次産業
ア	14,510	11,757	38.9	15.9	26.6	67.5
イ	142,589	63,207	22.3	22.9	29.1	48.0
ウ	21,433	11,222	21.5	9.6	20.6	69.8
エ	33,700	45,263	86.0	1.6	19.3	79.1

（「世界国勢図会」2023/24年版などによる）

－22－

〔17〕 次の地図を見て，下の(1)～(6)の問いに答えなさい。

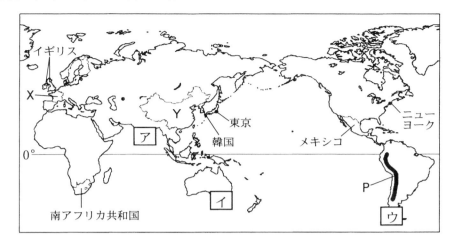

(1) 地図中のニューヨークは，西経75度の経線をもとにして標準時を定めている。ニューヨークの時刻は，東経135度の経線をもとにして標準時を定めている東京の時刻よりも何時間遅れているか，書きなさい。

(2) 地図中の山脈Pを含む造山帯とその造山帯に含まれる国の組合せとして，最も適当なものを，次のア～エから一つ選び，その符号を書きなさい。

ア 〔環太平洋造山帯，ニュージーランド〕　　イ 〔アルプス・ヒマラヤ造山帯，ニュージーランド〕
ウ 〔環太平洋造山帯，トルコ〕　　エ 〔アルプス・ヒマラヤ造山帯，トルコ〕

(3) 右の図に示した海岸線が見られる場所を，地図中のア～ウから一つ選び，その符号を書きなさい。なお，図と地図の縮尺は異なる。

(4) 地図中の国Xでは，1789年に革命が起こり，平民代表の議会は自由，平等，人民主権などをうたう宣言を発表した。この宣言の名称を漢字4字で書きなさい。

(5) 次の二つの表は，地図中の国Yの人口の推移を示したものである。1980年以降，国Yの人口と年平均人口増加率のおおよその推移について，「人口」，「一人っ子政策」，「人口増加率」の三つの語句を用いて書きなさい。（具体的な数値をあげる必要はない。）

年	人口 （万人）
1980年	98,317
1990年	117,245
2000年	128,320
2010年	135,976
2020年	143,932

期　間	年平均人口 増加率(%)
1980～1990年	1.5
1990～2000年	0.9
2000～2010年	0.6
2010～2020年	0.5

（「世界国勢図会」2021/22年版などによる）

(6) 次の表は，地図で示したイギリス，南アフリカ共和国，韓国，メキシコについて，それぞれの国の人口，首都の1月と7月の平均気温，国内総生産，輸出額上位3品目を示したものである。表中のDに当てはまる国名を書きなさい。

	人口 （万人） 2022年	首都の平均気温（℃）			国内総生産 （億ドル） 2021年	輸出額上位3品目　2021年		
		1月	7月	観測地点標高(m)		第1位	第2位	第3位
A	12,750	14.4	17.5	2,309	12,728	機械類	自動車	自動車部品
B	5,989	21.6	12.5	1,308	4,190	白金族	自動車	鉄鉱石
C	6,751	5.7	19.0	24	31,314	機械類	金(非貨幣用)	自動車
D	5,182	-1.9	25.3	86	18,110	機械類	自動車	石油製品

（「世界国勢図会」2023/24年版などによる）

〔18〕 右の地図を見て，次の(1)～(4)の問いに答えなさい。

(1) 地図中の大陸**X**の赤道上に位置している国を，次のア～エから一つ選び，その符号を書きなさい。

ア　ケニア　　　イ　エクアドル

ウ　メキシコ　エ　インドネシア

(2) 地図中の**P**の線は，経度180度の経線を基準に設けられている。この線の名称を書きなさい。

(3) 地図中の都市**a**～**d**について，次の①，②の問いに答えなさい。

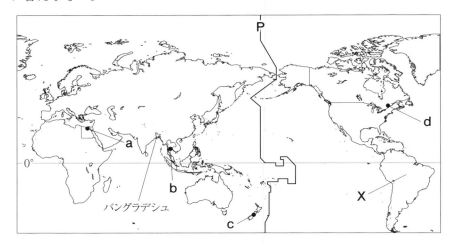

① 次のア～エのグラフは，都市**a**～**d**のいずれかの月降水量と月平均気温を示したものである。このうち，都市**a**に当てはまるものを，ア～エから一つ選び，その符号を書きなさい。なお，棒グラフは月降水量を，折れ線グラフは月平均気温を表している。

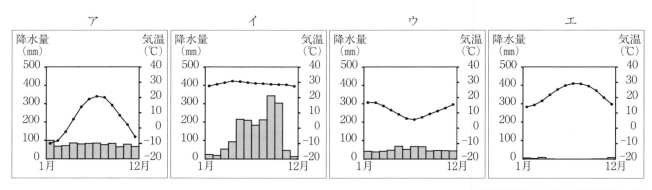

（「理科年表」令和4年版より作成）

② 次のア～エのカードは，都市**a**～**d**が位置する国についてまとめたものである。都市**d**が位置する国に当てはまるものを，ア～エから一つ選び，その符号を書きなさい。

ア	イ	ウ	エ
仏教徒が多いこの国は，世界有数の米の輸出国であるが，近年は工業が発達し，機械類の輸出額が増えている。	世界最長の川が流れるこの国は，広く砂漠におおわれ，ピラミッドなどの古代文明の遺跡が多数みられる。	広大な針葉樹林帯がみられ，木材の生産がさかんなこの国では，英語とフランス語が公用語となっている。	ヨーロッパ系住民のほか，先住民のマオリが暮らすこの国では，乳牛や肉用の羊の飼育がさかんである。

(4) 地図中のバングラデシュについて，右の**資料Ⅰ**は進出している日系企業数を，**資料Ⅱ**は日本との比較を示したものである。近年，バングラデシュへ進出する日系企業が増加した理由として考えられることを，**資料Ⅱ**を参考にし，「労働力」，「市場」の二つの語句を用いて書きなさい。

資料Ⅰ

	日系企業数
2012年	134社
2020年	254社

（外務省「海外在留邦人数調査統計」より作成）

資料Ⅱ

	バングラデシュ	日本
人口	1億6,469万人	1億2,648万人
経済成長率	5.0%	3.3%
月額賃金	149ドル	2,773ドル

(注)人口は2020年，経済成長率は2021年，月額賃金は2019年の数値。

（「世界国勢図会」2021/22年版より作成）

〔19〕 右の地図を見て，次の(1)～(5)の問いに答えなさい。

(1) 地図中のインド洋に面している
国を，次のア～エから一つ選び，そ
の符号を書きなさい。

ア　パキスタン　　　イ　ペルー
ウ　イタリア　　　　エ　ガーナ

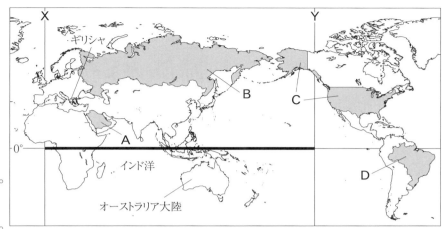

(2) 地図中のオーストラリア大陸は，
世界の六つの州のうちのどれに属
しているか。その州名を書きなさい。

(3) 地図中の線Xは本初子午線を，線
Yは西経135度の経線を示している。
地図中の赤道上に示した ━━━━ の実際の距離として，最も適当なものを，次のア～エから一つ選び，その
符号を書きなさい。なお，赤道の全周は約4万kmである。

ア　約22,500km　　　　イ　約25,000km　　　　ウ　約27,500km　　　　エ　約30,000km

(4) 地図中に示したギリシャについて，この国にみられる伝統的な住居を，下のI群のア～エから一つ選び，そ
の符号を書きなさい。また，この国のようすについて述べた文として，最も適当なものを，下のⅡ群のカ～ケ
から一つ選び，その符号を書きなさい。

I群

ア	イ	ウ	エ

遊牧民が使用する「ゲル」というテント。たたんで持ち運ぶことができる。	木造の住居。暑さをしのぎ，湿気をさけるために床を高くしている。	先住民が漁や狩猟を行うため，雪のかたまりでつくった仮設の住居である。	強い日差しによる室内の高温を防ぐため，白い石灰が壁に塗られている。

Ⅱ群

カ　農業ではパーム油や天然ゴムの生産がさかんで，近年は機械類などの工業が発達している。

キ　地下資源が豊富であり，広大な針葉樹林は木材の産地となっている。

ク　国土の大部分は高原に位置し，草原や砂漠が広い範囲を占め，鉱工業が産業の中心になっている。

ケ　夏に高温になって乾燥する気候を生かし，オリーブなどの果樹栽培がさかんである。

(5) 右の表のア～エは，アメリカ，ブラジル，サウジア
ラビア，ロシアのいずれかについて，それぞれの国の
人口，国内総生産，2019年における原油の産出量と可
採埋蔵量(採掘可能な埋蔵量)を示したものである。原
油の可採年数(可採埋蔵量÷2019年の産出量)が最も長
い国を，表中のア～エから一つ選び，その符号を書き
なさい。また，その国の位置を，地図中のA～Dから
一つ選び，その符号を書きなさい。

	人口 (万人) 2020年	国内総生産 (十億ドル) 2018年	原油の 産出量 (百万kL) 2019年	原油の 可採埋蔵量 (百万kL) 2019年
ア	3,481	782	569	42,457
イ	33,100	20,580	710	11,288
ウ	14,593	1,661	652	12,720
エ	21,256	1,869	162	2,105

(「世界国勢図会」2020/21年版による)

〔20〕 右の地図を見て，次の(1)～(3)の問いに答えなさい。なお，地図中の緯線は赤道を基準として，また，経線は本初子午線を基準として，いずれも30度間隔で表している。

(1) 地図中の経線Xについて，次の①，②の問いに答えなさい。

① 次は，経線X上を北極から南極に向かって移動するときに通過する主な海洋と陸地を並べたものである。□□□に当てはまる海洋の名称を書きなさい。

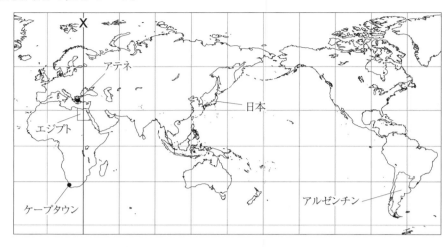

北極海→ユーラシア大陸→アフリカ大陸→□□□→南極海

② 経線Xは，エジプトの標準時子午線である。東経135度の経線を標準時子午線とする日本が3月5日午前1時のとき，エジプトの現地時間は何月何日何時か。午前または午後を明らかにして書きなさい。

(2) 地図中のアテネとケープタウンは，どちらも地中海性気候に属している。右の表は，アテネとケープタウンの1月と7月の降水量を示したものである。これについて述べた次の文中の□Ⅰ□，□Ⅱ□に当てはまる語句の組合せとして，最も適当なものを，下のア～エから一つ選び，その符号を書きなさい。

	1月の降水量(mm)	7月の降水量(mm)
P	9.6	81.2
Q	52.2	9.4

（「理科年表」令和4年版による）

　地中海性気候の特徴は，□Ⅰ□に乾燥することなので，1月の降水量が少ないPは，□Ⅱ□である。

ア 〔Ⅰ 夏， Ⅱ アテネ〕　　　　　イ 〔Ⅰ 夏， Ⅱ ケープタウン〕
ウ 〔Ⅰ 冬， Ⅱ アテネ〕　　　　　エ 〔Ⅰ 冬， Ⅱ ケープタウン〕

(3) Nさんは，地図中のアルゼンチンと日本の農業について調べ，次の資料Ⅰと資料Ⅱを作成し，日本と比べたアルゼンチンの農業の特色を下の文にまとめた。文中の□A□に当てはまる内容を15字以内，□C□に当てはまる内容を10字以内で書きなさい。また，□B□に当てはまる家畜の名称を書きなさい。

資料Ⅰ　農地面積の内訳(2018年)

耕地・樹園地 27.1%
アルゼンチン 14,877万ha　牧場・牧草地 72.9%
日本 442万ha　86.4　13.6

（「世界国勢図会」2021/22年版より作成）

資料Ⅱ　主な家畜頭数(羽数)(2019年)

	牛（千頭）	豚（千頭）	羊（千頭）	にわとり（百万羽）
アルゼンチン	54,461	5,129	14,774	121
日本	3,835	9,156	16	323

（「世界国勢図会」2021/22年版より作成）

　資料Ⅰから，アルゼンチンは日本と比べて農地が広く，その内訳については，□A□ということがわかる。また，資料Ⅱから，主な家畜のうち，□B□の頭数(羽数)は日本の900倍以上であり，特に多いことがわかる。これらのことから，アルゼンチンの農業の目立った特色は，日本と比べ，□B□の飼育などの□C□ことだと考えられる。

日 本 地 理

日本地理分野

《解法の要点》

　日本地理分野は，特定の地方（東北地方・西日本地方など）に関する問題が出題される。自然・産業・気候など
に関して，表やグラフから適切に情報を読み取り，知識と組み合わせて解く問題が多く出題される。さまざまな表
やグラフを用いた問題に慣れておきたい。

　入試では，日本地理分野における設問（小問）のパターンは，世界地理分野と同様で，次のように分けられる。設
問によっては計算が必要な場合があることも，世界地理分野と同様である。

　・語句（名称）を書かせる問題
　・語句（名称）または文を選択肢の中から選ぶ問題
　・該当する場所・物などを地図や表・グラフ中の選択肢から選ぶ問題
　・長文または短文を記述させる問題
　・地図やグラフなどに作図させる問題

●地図を使った問題

　新潟県の入試問題の日本地理分野では，特定の地方の地図を一つ以上用いて小問を構成する形式がほぼ定着し
ている。以下に問題のパターンをいくつかあげておく。

○地図中の平野・盆地・台地・山地・河川・都道府県などの名称を書かせたり選ばせたりする問題 ➡ 47都道府県
　の位置・都道府県名・都道府県庁所在地名は確実に覚えること。また，主な平野・盆地・台地・山地・河川な
　どの位置も，地図帳などで必ず確認しておくこと。地図中の特定の地域に該当する地名・用語・説明などが選
　択肢になっている場合もある。

○特定の地域に関する情報が与えられて，その地域を地図中の選択肢から選ぶ問題 ➡ これも地域の位置を理解し
　ているかどうかがポイント。

○地図中の特定の地域に見られる特徴や関連する用語を書かせたり説明させたりする問題 ➡ 多くは地図だけでな
　く資料に関連づけられている。また，説明記述の場合は使用語句が指定される場合もある。設問条件を満たし
　た上で，国語的にきちんと整理された文を書く練習をしよう。

○地図中に作図させる問題 ➡ 特定の地域に関する情報が与えられて，その地域の位置を地図中に斜線などで示す
　問題などがある。特に多いのは，特定の地方を示した地図を用い，条件に合う都道府県を，凡例にもとづいて
　ぬりつぶしたり，斜線で示したりするという問題である。

●写真を使った問題

　入試問題の日本地理分野においても，地図や地形図と組み合わせて写真が用いられることがある。自然環境や
都市風景などにかかわる景観写真・空中写真や，産業などにかかわる写真が用いられる可能性が高い。

　被写体となっている地形や事物などの名称を書かせたり，選択肢の中から選ばせたりする問題，写真に示され
た景観に該当する地域を地図中から選ぶ問題，また，写真の内容について説明させる問題などが考えられる。教
科書や資料集の写真にも目を通しておこう。

●表やグラフを使った問題

　　日本地理分野では，都道府県別統計表がしばしば用いられる。都道府県の人口・面積・農業産出額（及びその内訳）・製造品出荷額（及びその内訳）などの項目がよく用いられるので，都道府県のおよその人口・面積は把握しておきたい。項目別に数値の最も大きい都道府県と最も小さい都道府県に注目しよう。人口や製造品出荷額などは，太平洋ベルトに位置する都府県とそれ以外の道県との間で特徴のちがいがあるので，手がかりにするとよい。

　　人口密度（人口÷面積，単位は人/km²）や「農業産出額に占める米の割合」など，統計数値を使った計算が必要となる場合があるので，そういった問題に慣れておこう。

　　グラフを使った問題では，農産物や工業製品の都道府県別生産量（生産額）の割合や日本及び都道府県の産業別就業人口の割合など，帯グラフまたは円グラフが用いられるほか，事物の生産量の推移などの折れ線グラフが用いられることもある。グラフの種類に応じた読み取りの練習をしておこう。また，与えられた数値をもとにグラフを実際にかかせる作図問題が出題されることも考えられるので，その練習も必要である。

　　新潟県の入試問題で，特によく用いられるのが日本の各都市の雨温図（月別平均気温・降水量を表したグラフ）である。主な都市の雨温図を地域（気候区）別に整理して，気温を表す折れ線グラフと降水量を表す棒グラフのだいたいの形を把握しておこう。

　　そのほか，日本や都道府県の人口ピラミッド（男女別・年齢階級別人口構成）が用いられることも考えられる。これも大都市圏の中心に位置する都府県と大都市圏から遠い地方の道県とで形にちがいがあらわれるので，それぞれの特徴をつかんでおくことが必要である。

●地形図を使った問題

　　新潟県の入試問題の日本地理分野では，国土地理院発行の2万5千分の1または5万分の1の地形図を用いることが多くなっている。地形図の読み取りの問題で押さえておきたいポイントは以下のとおり。

・地形を読み取る…等高線の間隔や曲がり方，標高，海岸線の形などに着目して，全体の地形を把握する。等高線（主曲線）は，2万5千分の1地形図では10mごと，5万分の1地形図では20mごとに引かれている。

・土地利用を読み取る…地図記号で表された田・畑・果樹園・針葉樹林・広葉樹林・建物などの分布に注意する。

・施設の位置を読み取る…学校，工場など主な施設の地図記号は確実に覚えて，地形図上での位置を確認しよう。

・距離を計算する…実際の距離＝地形図上の距離×縮尺の分母。1kmは2万5千分の1地形図では4cm，5万分の1地形図では2cmで表される。

〔1〕 右の地図を見て，次の(1)〜(6)の問いに答えなさい。

(1) 地図中の山脈Xの名称を書きなさい。

(2) 次の文は，地図中に ——→ で示した風について
述べたものである。この風の名称を書きなさい。

> この風は，夏には海洋から大陸に向かって吹
> く南東の風となり，冬には大陸から海洋に向か
> って吹く北西の風となる。

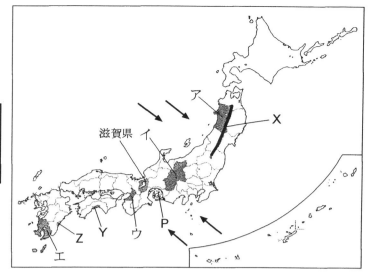

(3) 地図中の平野Yと平野Zで行われている農業に
は共通点がある。その共通点について述べた文と
して，最も適当なものを，次のア〜エから一つ選
び，その符号を書きなさい。

ア やせた土地を開墾して広い牧草地をつくり，大規模な酪農を行って，生乳を大量に出荷している。

イ ねぎやほうれんそうなどを栽培し，新鮮な状態で近くの大都市圏に出荷する近郊農業を行っている。

ウ 涼しい気候を生かしてキャベツ，レタス，白菜などを栽培し，気温の高い季節に大量に出荷している。

エ 冬でも温暖な気候を生かし，ビニールハウスなどを用いて，なすやピーマンの促成栽培を行っている。

(4) 地図中の工業地帯Pは，製造品出荷額が日本最大となっている。この工業地帯の名称を書きなさい。

(5) 地図中の滋賀県に関する歴史的なできごとについて述べた文として，最も適当なものを，次のア〜エから一
つ選び，その符号を書きなさい。

ア 律令制のもとで，地方の政治のほか，外交や防衛などを担当する地方機関として，大宰府が設置された。

イ 征夷大将軍に任じられた坂上田村麻呂が胆沢城を築き，蝦夷とよばれる人々の抵抗をおさえた。

ウ 全国統一をめざす織田信長が，統一事業の拠点となる壮大な城を築き，城下では楽市・楽座を実施した。

エ 多くのキリスト教徒を含む数万の民衆が，16歳の少年を首領として大規模な一揆を起こした。

(6) 次の表は，地図中の府県ア〜エの面積，人口，米・野菜・果実・畜産の産出額と製造品出荷額等を示したも
のである。これを見て，下の①，②の問いに答えなさい。

	面 積 （千km²）	人 口 （千人）	米の産出額 （億円）	野菜の産出額 （億円）	果実の産出額 （億円）	畜産の産出額 （億円）	製造品出荷額等 （億円）
A	13.6	2,099	402	837	544	301	54,968
B	1.9	8,839	77	141	52	23	167,336
C	9.2	1,648	183	506	95	2,710	19,342
D	11.6	1,023	773	235	63	332	12,249

（「データでみる県勢」2017年版による）

① 表中の府県A〜Dのうち，人口密度が最も高いのはどこか。表中のA〜Dから一つ選び，その符号を書き
なさい。

② 表中の府県Aと府県Cに当てはまるものを，それぞれ地図中のア〜エから一つずつ選び，その符号を書き
なさい。

〔2〕 右の地図を見て，次の(1)〜(6)の問いに答えなさい。

(1) 地図中の███で示した2県に共通することがらとして，最も適当なものを，次のア〜エから一つ選び，その符号を書きなさい。

ア　県庁所在地が盆地に位置している。

イ　県名と県庁所在地名が一致している。

ウ　県庁所在地は北緯40度よりも北に位置している。

エ　県庁所在地の人口が100万人を超えている。

(2) 地図中の平野Xと河川Yの組合せとして，正しいものを，次のア〜エから一つ選び，その符号を書きなさい。

ア　〔X　十勝平野，　Y　北上川〕

イ　〔X　十勝平野，　Y　最上川〕

ウ　〔X　石狩平野，　Y　北上川〕

エ　〔X　石狩平野，　Y　最上川〕

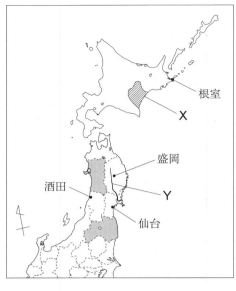

(3) 右のア〜ウのグラフは，地図中の根室，酒田，仙台のいずれかの月降水量と月平均気温を表したものである。それぞれの都市に当てはまるものを，ア〜ウから一つずつ選び，その符号を書きなさい。なお，棒グラフは月降水量を，折れ線グラフは月平均気温を表している。

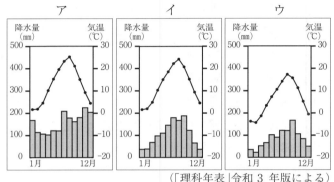

（「理科年表」令和3年版による）

(4) 地図中の盛岡市で生産されている伝統的工芸品を，次のア〜エから一つ選び，その符号を書きなさい。

ア　津軽塗　　　　　イ　樺細工　　　　　ウ　会津塗　　　　　エ　南部鉄器

(5) 右のグラフは，りんごの都道府県別生産量の割合を示したものである。グラフ中のA，Bには，それぞれ東北地方の6県のうちのいずれかが当てはまる。Aに当てはまる県を▨▨で，解答用紙の地図中に示しなさい。

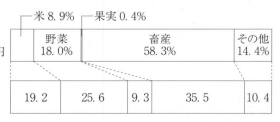

| 2019年
701,600t | A 58.4% | 長野
18.2% | B 6.5% | その他
16.9% |

（「データでみる県勢」2021年版より作成）

(6) 次の資料1は，北海道と全国の農家数と耕地面積，農家1戸当たりの耕地面積を示したものである。また，資料2は，北海道と全国の農業産出額の内訳を示したものである。これらについて，下の①，②の問いに答えなさい。

資料1

	農家数 （万戸）	耕地面積 （万ha）	農家1戸当たり の耕地面積(ha)
北海道	3	114	Z
全　国	103	437	4

(注) 耕地には田・普通畑・樹園地・牧草地が含まれる。

（「朝日ジュニア学習年鑑」2021年版より作成）

資料2

	米 8.9%	果実 0.4%		
北海道 1兆2,593億円	野菜 18.0%	畜産 58.3%		その他 14.4%

| 全　国
9兆558億円 | 19.2 | 25.6 | 9.3 | 35.5 | 10.4 |

（「データでみる県勢」2021年版より作成）

① 資料1中の Z に当てはまる最も適当な数値を，整数で書きなさい。

② 資料1と資料2から，全国と比べた北海道の農業の特色を読みとり，「農家」，「経営規模」の二つの語句を用いて書きなさい。ただし，具体的な数値は使わないこと。

〔3〕 次の地図1, 2を見て, 下の(1), (2)の問いに答えなさい。

地図1

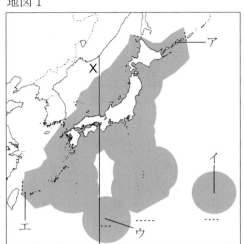

地図2

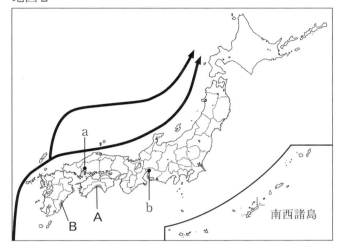

南西諸島

(1) 地図1について, 次の①～③の問いに答えなさい。

①　地図1中の　　　　は, 日本の排他的経済水域 (領海もふくむ) を示している。排他的経済水域について述べた文として, 最も適当なものを, 次のア～エから一つ選び, その符号を書きなさい。

ア　外国の船はこの水域内を自由に航行することができない。

イ　この水域の上空は, すべて日本の領空に含まれる。

ウ　この水域の面積は, 日本の国土面積の約2倍に当たる。

エ　この水域内の水産資源や鉱産資源を利用する権利は, 日本にある。

②　地図1中の経線Xは日本の標準時子午線であり, 次の文は, この線が通る県について述べたものである。この県名を書きなさい。

> この線が通る県は, 日本海に面している。また, この線はこの県の県庁所在地の西隣に位置する都市を通っている。なお, 県名と県庁所在地名は一致していない。

③　地図1中の島ア～エは, それぞれ日本の北端, 東端, 南端, 西端に位置している。沖ノ鳥島に当たるものを, ア～エから一つ選び, その符号を書きなさい。

(2) 地図2について, 次の①～④の問いに答えなさい。

①　右の写真は, 地図2中の都市aを上空から見たときの地形の様子を示したものである。川によって形成されたこのような地形を何というか, 漢字3字で書きなさい。

②　地図2中の　　　　が示している海流として, 正しいものを, 次のア～エから一つ選び, その符号を書きなさい。

ア　暖流の黒潮（日本海流）　　　イ　暖流の対馬海流

ウ　寒流の黒潮（日本海流）　　　エ　寒流の対馬海流

③　地図2中の平野A, Bでは, 温暖な気候を生かし, ビニールハウスで野菜を栽培して収穫を早め, 季節をずらして出荷する農業がさかんである。このような野菜の栽培を何というか, 漢字4字で書きなさい。

④　右のグラフは, 日本の総人口 (2016年1月1日現在) に占める三大都市圏の人口の割合を示したものである。グラフ中の　Y　には, 地図2中の都市bの都市名が当てはまる。この都市名を書きなさい。

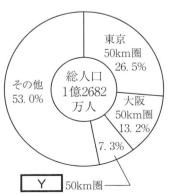

（「日本国勢図会」2017/18年版
ほかによる）

〔4〕 東北地方を示した右の地図を見て，次の(1)〜(4)の問いに答えなさい。

(1) 地図中の緯線Xの緯度として正しいものを，次のア〜エから一つ選び，その符号を書きなさい。

ア　北緯20度　　　　イ　北緯30度
ウ　北緯40度　　　　エ　北緯50度

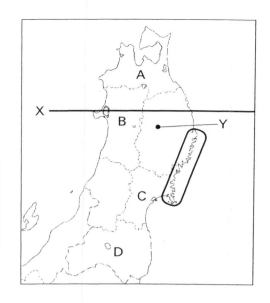

(2) 次の文は，地図中の　　　　　　　で示した海岸について述べたものである。文中の　　　　　　に当てはまる語句を書きなさい。

> この海岸は，山地が海に沈み，谷の部分に海水が浸入してできたものであり，複雑に入り組んでいる。このような海岸地形を　　　　　　という。

(3) 次の表は，地図中の県A〜Dの，県庁所在地の人口，米，果実，畜産の産出額，製造品出荷額を示したものである。県Aに当てはまるものを，表中のア〜エから一つ選び，その符号を書きなさい。また，その県名を書きなさい。

	県庁所在地の人口（千人）2023年	米の産出額（億円）2021年	果実の産出額（億円）2021年	畜産の産出額（億円）2021年	製造品出荷額（億円）2021年
ア	271	574	297	475	51,627
イ	300	876	75	356	14,057
ウ	272	389	1,094	947	16,947
エ	1,067	634	22	753	50,034
岩手県	283	460	132	1,701	27,133
山形県	240	701	694	392	30,239

（「データでみる県勢」2024年版による）

(4) 右の2万5千分の1の地形図は，地図中の都市Y付近を表している。この地形図を見て，次の①，②の問いに答えなさい。

① 地形図中の地点　a　と「高陣山」の頂上との標高差として，最も適当なものを，次のア〜エから一つ選び，その符号を書きなさい。

ア　28.5m　　　　イ　38.5m
ウ　58.5m　　　　エ　68.5m

② 地形図中の「聾学校」と「浄化センター」との間の直線距離は，地形図上では約8cmである。実際の直線距離は約何mか，算用数字で書きなさい。

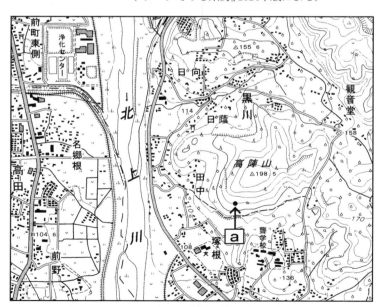

（国土地理院1:25,000地形図「矢幅」(平成18年発行)により作成)

〔5〕 右の地図を見て，次の(1)～(6)の問いに答えなさい。

(1) 地図中の台地Xは，古い火山噴出物が厚く積もって形成された。この台地名を書きなさい。

(2) 地図中の河川Yについて述べた文として，最も適当なものを，次のア～エから一つ選び，その符号を書きなさい。

ア　日本で最長の河川であり，下流に広がる平野は，日本有数の水田単作地帯となっている。

イ　河口の三角州に位置する県庁所在地は地方中枢都市であり，人口が100万人を超えている。

ウ　流域面積が日本最大であり，中流域の台地は，火山灰が積もってできた赤土におおわれている。

エ　河口付近には，オートバイや楽器の製造で知られる工業都市がある。

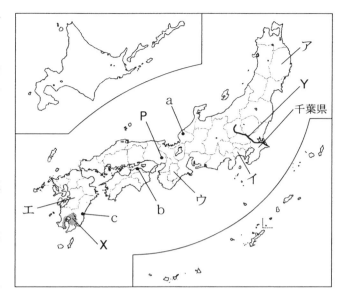

(3) 次の文はある県について述べたものである。この県を，地図中のア～エから一つ選び，その符号を書きなさい。また，その県名を書きなさい。

　　平安時代初期に，朝廷から派遣された坂上田村麻呂が胆沢城を築き，朝廷の支配に抵抗していた蝦夷を平定した。また，平安時代後期には，豪族の藤原氏が中尊寺金色堂とよばれる阿弥陀堂を建てた。

(4) 右のグラフ①～③は，地図中の都市a～cの月別平均気温と降水量を示したものである。グラフの番号と都市の記号の組合せとして，最も適当なものを，次のア～エから一つ選び，その符号を書きなさい。なお，折れ線グラフは月平均気温を，棒グラフは月降水量を表している。

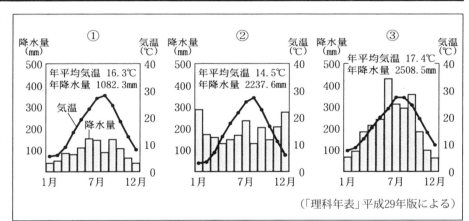

（「理科年表」平成29年版による）

ア〔① c，② a，③ b〕　　　　イ〔① c，② b，③ a〕
ウ〔① b，② a，③ c〕　　　　エ〔① b，② c，③ a〕

(5) 地図中の千葉県では近郊農業がさかんに行われている。近郊農業とはどのような農業か。「大消費地」，「新鮮」，「農産物」の三つの語句を用いて書きなさい。

(6) 地図中の都市Pの一部を示した右の2万5千分の1の地形図を見て，次の①，②の問いに答えなさい。

① この地形図中に地図記号で示されていないものを，次のア～エから一つ選び，その符号を書きなさい。

ア　高等学校　イ　寺院　ウ　図書館　エ　博物館

② 市役所と「よこやま」駅との間の直線距離は，地形図上では6cmである。実際の距離は何mか，書きなさい。

（国土地理院1：25,000地形図「三田」より作成）

〔6〕 右の地図を見て、次の(1)～(6)の問いに答えなさい。

(1) 次のア～ウは、地図中の都市a～cのいずれかの月降水量と月平均気温を表したものである。都市a～cに当てはまるものを、ア～ウから一つずつ選び、その符号を書きなさい。なお、棒グラフは月降水量を、折れ線グラフは月平均気温を表している。

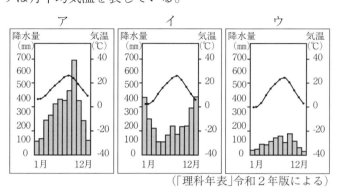

（「理科年表」令和2年版による）

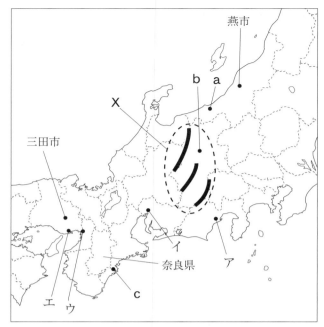

(2) 地図中のXに位置する三つの山脈は、ヨーロッパの山脈にちなみ、まとめて何とよばれるか、書きなさい。

(3) 次の文に当てはまる都市を、地図中のア～エから一つ選び、その符号を書きなさい。

> この都市は、府県庁所在地であるとともに地方の中心都市でもある。この都市を中心とする大都市圏が形成されている。周辺の工業地帯では、自動車を中心とした輸送用機器工業がさかんであり、この都市の貿易港から輸出される自動車や自動車部品の輸出額は日本最大である。

(4) 右のグラフは、地図中の奈良県の林業従事者数と年齢別割合の変化を示したものである。このグラフから読み取れる、奈良県の林業が抱えている問題について、「林業従事者数」、「60歳以上」の二つの語句を用いて書きなさい。ただし、具体的な数値にはふれないこと。

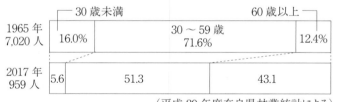

（平成29年度奈良県林業統計による）

(5) 地図中の燕市の金属洋食器づくりのように、古くから受け継がれてきた技術を生かし、地域と密接に結びついて発達してきた産業を、伝統産業を含めて何とよぶか。漢字4字で書きなさい。

(6) 地図中の三田市を表す右の2万5千分の1の地形図を見て、次の①、②の問いに答えなさい。

① 地点Aの警察署から見て、「城山運動公園」はどの方位にあるか。八方位で書きなさい。

② ■の区画は、地形図上では1辺が2cmの正方形である。この区画の実際の面積を、次のア～エから一つ選び、その符号を書きなさい。

ア 25,000㎡　　　イ 40,000㎡
ウ 250,000㎡　　エ 400,000㎡

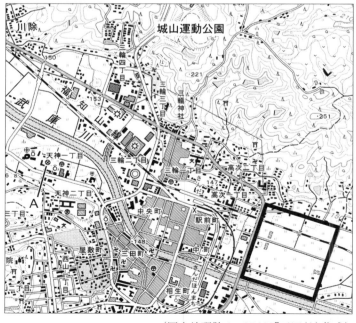

（国土地理院1：25,000「三田」より作成）

〔7〕 右の地図1，地図2を見て，次の(1)～(6)の問いに答えなさい。

(1) 地図1中の ⟶ で示した風は，夏に東北地方の太平洋側に吹く風で，寒流の親潮の上を通って吹くため，冷たくて湿っている。この風の名称を書きなさい。

(2) 次の文で述べた地域を，地図中のア～エから一つ選び，その符号を書きなさい。

> なだらかな傾斜地の多い扇状地では，ぶどうや桃の栽培がさかんで，ぶどうと桃の生産量は，どちらもこの地域を含む県が全国第1位となっている。

地図1

(3) 地図1中の工業地域 X，Y について，次の①，②の問いに答えなさい。

① 工業地域 Y の名称を書きなさい。

② 次のグラフは，工業地域 X，Y の製造品出荷額等の内訳（2018年）を示したものである。グラフ中の a ～ c に当てはまる工業の組合せとして，最も適切なものを，下のア～エから一つ選び，その符号を書きなさい。

				繊維 0.2%
X 計13.2兆円	a 41.5%	金属 20.8%	b 13.0%	c 15.4% / その他 9.1%
Y 計17.7兆円	10.9% / 8.2%	52.0%	13.2%	15.0%

0.7%

（「日本国勢図会」2021/22年版による）

ア 〔a 機械，b 化学，c 食料品〕　　イ 〔a 機械，b 食料品，c 化学〕
ウ 〔a 化学，b 食料品，c 機械〕　　エ 〔a 化学，b 機械，c 食料品〕

(4) 地図1中の燕市(つばめ)の洋食器づくりなどのように，資金や原材料の調達などの面で，特定の地域と密接に結びついている産業を何というか，漢字4字で書きなさい。

(5) 地図1中の京都市の歴史についての説明として，最も適当なものを，次のア～エから一つ選び，その符号を書きなさい。

ア 律令時代に，平城京とよばれる都が置かれた。
イ 平安時代に，豪族の藤原氏が中尊寺金色堂を建てた。
ウ 室町時代に，この都市を中心として応仁の乱が起こった。
エ 江戸時代に，「天下の台所」とよばれて栄えた。

(6) 右の地図2中の●は，九州地方におけるＩＣ（集積回路）の主な工場の分布を示している。地図2を参考にし，ＩＣが小型で軽量のわりに高価であることから考えて，工場の立地条件を，輸送の面から書きなさい。

地図2

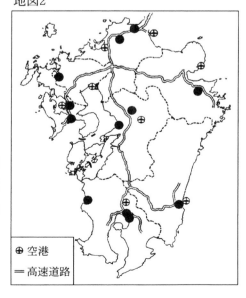

⊕ 空港
＝ 高速道路

〔8〕 右の地図中の ━━➤ は台風が進んだ向きを示している。次のA〜Dの文は，この台風の進路に当たる ⌐ ⌐ 中
に位置する地域についての説明である。これらの説明について，下の(1)〜(8)の問いに答えなさい。

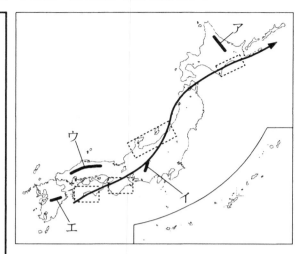

A この地域は，わが国でも最も雨の多い地域の一つで，a森林が育ち，古くから林業が行われてきた。この地域の山地の霊場と参詣道は b世界遺産に登録されている。

B この地域は，わが国の代表的な米どころで，稲作の副業として陶磁器や織物など，cさまざまな伝統工業が発達してきた。

C この地域は，d水産業が発達している。また，農家1戸当たりの耕地面積が大きく，畑作や酪農・畜産e がさかんである。

D この地域では，冬でも温暖な気候を利用して，ビニールハウスなどでなすの生育を早める □ f □ 栽培を行い，g東京や大阪などの大都市圏に出荷している。

(1) A〜Dの文で述べた地域を，台風が通過した順に並べ，その符号を書きなさい。

(2) 下線部分aについて，「秋田すぎ」，「青森ひば」と並ぶ三大美林の一つである「木曽ひのき」の産地として知られる山脈(山地)を，地図中のア〜エから一つ選び，その符号を書きなさい。

(3) 下線部分bについて，金剛峯寺は，Aの文で述べている地域に位置する世界遺産(文化遺産)の一つである。この寺を拠点として新しい仏教を広めた僧と，その宗派の組合せとして正しいものを，次のア〜エから一つ選び，その符号を書きなさい。

ア 〔僧　最澄，宗派　天台宗〕　　　　　イ 〔僧　最澄，宗派　真言宗〕

ウ 〔僧　空海，宗派　天台宗〕　　　　　エ 〔僧　空海，宗派　真言宗〕

(4) 下線部分cについて，岩手県の伝統的工芸品として当てはまるものを，次のア〜エから一つ選び，その符号を書きなさい。

ア　南部鉄器　　　　　イ　津軽塗

ウ　西陣織　　　　　　エ　会津塗

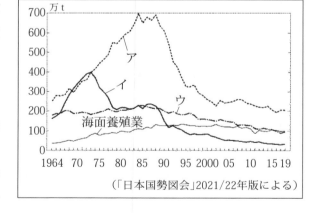

(「日本国勢図会」2021/22年版による)

(5) 下線部分dについて，右のグラフは，日本の漁業形態の変化を示したものであり，グラフ中のア〜エは，遠洋漁業，沖合漁業，沿岸漁業，海面養殖業のいずれかである。遠洋漁業に当てはまるものを，ア〜エから一つ選び，その符号を書きなさい。

(6) 下線部分eについて，右の表は，鹿児島県における豚の飼育頭数と飼育農家数の推移を示したものである。表から読み取れるおおよその傾向を，「1戸当たり」という語句を用いて書きなさい。

(7) □ f □ に当てはまる用語を漢字2字で書きなさい。

(8) 下線部分gについて，京浜工業地帯と阪神工業地帯にはさまれた地域にあり，工業製品出荷額が全国第1位となっている工業地帯の名称を書きなさい。

	飼育頭数(頭)	飼育農家数(戸)
1985年	850,500	5,430
1990年	1,284,000	2,770
1995年	1,359,000	1,530
2000年	1,397,000	1,170
2006年	1,396,000	926
2011年	1,372,000	735
2016年	1,263,000	575
2019年	1,269,000	514

(農林水産省「畜産長期統計」による)

〔9〕 次の地形図を見て，下の(1)〜(5)の問いに答えなさい。

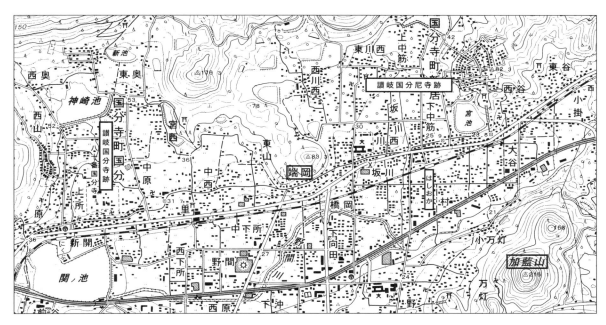

(国土地理院1：25,000地形図「白峰山」より作成)

(1) 次の文中の ① ， ② に当てはまる語句の組合せとして，最も適当なものを，下のア〜エから一つ選び，その符号を書きなさい。

> 地形図中に「讃岐国分寺跡」や「讃岐国分尼寺跡」があるが，「讃岐」という地名から，この地域が ① の一部であることがわかる。奈良時代に ② が出した命令により，日本各地に国分寺と国分尼寺が建てられたが，「讃岐国分寺」と「讃岐国分尼寺」もそれぞれその一つである。

ア 〔① 徳島県， ② 聖武天皇〕　　　　　イ 〔① 徳島県， ② 天智天皇〕
ウ 〔① 香川県， ② 聖武天皇〕　　　　　エ 〔① 香川県， ② 天智天皇〕

(2) 「讃岐国分寺跡」と「讃岐国分尼寺跡」の間の地形図上の直線距離は7cmである。実際の距離は何mか，算用数字で書きなさい。

(3) 地形図中の「端岡」の丘陵の斜面に見られる土地利用として，最も適当なものを，次のア〜エから一つ選び，その符号を書きなさい。

ア 田　　　　イ 果樹園　　　　ウ 畑　　　　エ 茶畑

(4) 地形図中のJR「はしおか」駅から見て，「加藍山」の山頂はどの方位にあるか。八方位で書きなさい。

(5) 右のグラフは，地形図に示した地域を含む都市の月別降水量と新潟市の月別降水量を示したものである。地形図中には，「神崎池」や「関ノ池」など，多くの池が見られるが，それらの池がつくられた目的は何か。このグラフからわかることにふれて書きなさい。

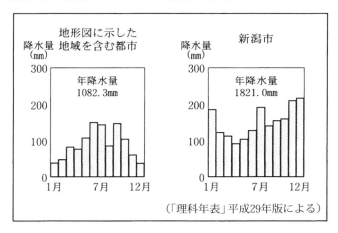

(「理科年表」平成29年版による)

〔10〕 右の地図を見て，次の(1)～(6)の問いに答えなさい。

地図1

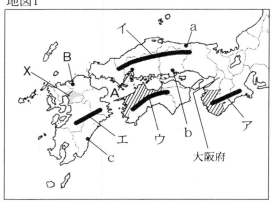

(1) 次のア～ウのグラフは，地図1中のa～cのいずれかの都市の月降水量と月平均気温を表したものである。a～cのそれぞれに当てはまるものを，ア～ウから一つずつ選び，その符号を書きなさい。なお，折れ線グラフは月平均気温を，棒グラフは月降水量を表している。

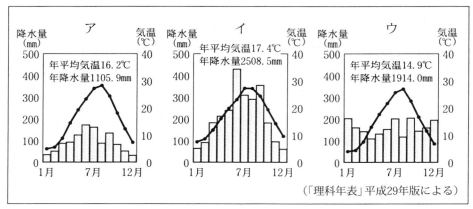

（「理科年表」平成29年版による）

(2) 日本で最も降水量が多い地域の一つで，有名な「吉野すぎ」やひのきなどの私有林が多い山地を，地図1中のア～エから一つ選び，その符号を書きなさい。また，その山地名を書きなさい。

(3) 地図1中のA，Bの都市に共通することがらとして，当てはまらないものを，次のア～エから一つ選び，その符号を書きなさい。

ア 人口が100万人を超えている。　　イ 原子爆弾を投下されたことがある。
ウ 地方中枢都市となっている。　　エ 新幹線の発着駅がある。

(4) 地図1中の▨は，2015年の，ある果実の収穫量の上位2県を示している。その果実を，次のア～エから一つ選び，その符号を書きなさい。

ア りんご　　イ 日本なし　　ウ ぶどう　　エ みかん

地図2

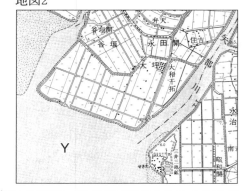

（国土地理院1：50,000地形図「大牟田」より作成）

(5) 右の地図2は，地図1中の平野Xの一部を示した5万分の1地形図を65％縮小したものである。これについて，次の①，②の問いに答えなさい。

① 地図2中の海Yの名称を書きなさい。

② 地図2中のいくつかの地名に「開」という字が見られることから，この地域で土地開発が行われてきたことがわかる。そのほかに土地開発が行われてきたことがわかる特徴を，「海岸線」という語句を用いて書きなさい。

(6) 右の表は，地図1中の大阪府とその周辺の3県の昼間人口と夜間人口を示したものである。これを見ると，大阪府では昼間人口が夜間人口を大きく上回っているが，大阪府周辺の3県では逆に昼間人口が夜間人口を大きく下回っていることがわかる。そのような現象が起こる理由を，「通勤・通学」という語句を用いて書きなさい。

	昼間人口（万人）	夜間人口（万人）
大阪府	922.8	883.8
兵庫県	521.0	546.5
奈良県	119.5	132.4
和歌山県	90.8	92.3

（「データでみる県勢」2024年版による）

〔11〕 右の地図を見て，次の(1)～(7)の問いに答えなさい。

(1) 地図中の平野Aでは畑作や酪農がさかんである。この平野名を書きなさい。

(2) 地図中の平野Bを流れる川とその川がそそぐ海の組合せとして正しいものを，次のア～エから一つ選び，その符号を書きなさい。

　ア 〔筑後川，瀬戸内海〕　　　イ 〔筑後川，有明海〕
　ウ 〔淀川，瀬戸内海〕　　　　エ 〔淀川，有明海〕

(3) 日本の気候に影響を与える対馬海流を，地図中のア～エから一つ選び，その符号を書きなさい。

(4) 地図中の の地域には日本アルプスとよばれる三つの山脈がある。日本アルプスに含まれない山脈を，次のア～エから一つ選び，その符号を書きなさい。

　ア 赤石山脈　　　イ 飛驒山脈　　　ウ 越後山脈　　　エ 木曽山脈

(5) 次の文は，地図中の北海道について述べたものである。文中の [　　] に当てはまる語句を書きなさい。

> かつて蝦夷地とよばれていた北海道は，明治時代に置かれた開拓使のもとで開拓事業が進められた。開拓の中心となったのは，各地から移住してきた [　　] とよばれる，農業兼業の兵士であった。

(6) 次の表は，地図中の で示した四つの県の人口，人口に占める65歳以上の割合，米の収穫量，海面漁業の生産額，輸送用機器の出荷額を示したものである。表中の①の県名を書きなさい。

	人　口（千人）	人口に占める65歳以上の割合（％）	米の収穫量（千t）	海面漁業の生産額（億円）	輸送用機器の出荷額（億円）
①	6,223	25.9	307	324	1,294
②	1,377	29.6	60	964	3,678
③	7,483	23.8	141	213	235,169
④	1,124	30.8	401	x	1,262

　　xは秘匿分　　　　　　　　　　　　　　　　　　（「データでみる県勢」2017年版による）

(7) 地図中の都市aの一部を示した右の地形図を見て，次の①，②の問いに答えなさい。

① 地形図中の地域Xに地図記号で表されているものを，次のア～エから一つ選び，その符号を書きなさい。

　ア 警察署　　　イ 裁判所
　ウ 病院　　　　エ 寺院

② 都市aは，伝統的に陶器の生産がさかんである。そのことは，地形図中の「陶原町」，「陶栄町」，「陶生町」などの町名からうかがうことができる。町名以外では，どんなことからうかがうことができるか，地形図から読み取って書きなさい。

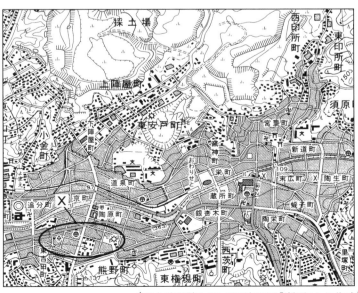

（国土地理院1:25,000地形図「瀬戸」より作成）

-41-

〔12〕 次の地図を見て，下の(1)〜(4)の問いに答えなさい。

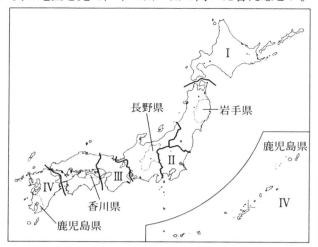

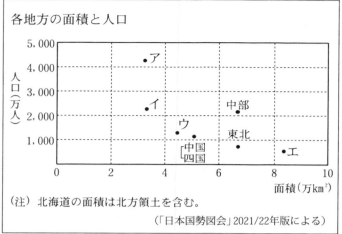

(注) 北海道の面積は北方領土を含む。

（「日本国勢図会」2021/22年版による）

(1) 次のA〜Dは，地図中に県名を示した4県のいずれかについて述べたものである。このうちのA，Cの県名をそれぞれ書きなさい。

A 降水量が少なく，平野に多くのため池がある。　　B 古い火山噴出物が積もったシラス台地が広がる。

C 南東部の海岸はリアス海岸になっている。　　D 日本アルプスの三つの山脈が県内を走っている。

(2) 地図中の7地方の，面積と人口を示した右上のグラフを見て，次の①，②の問いに答えなさい。

① 地方Ⅰ，Ⅲに当てはまるものを，グラフ中のア〜エから一つずつ選び，その符号を書きなさい。

② グラフについて述べた次の文中の　X　，　Y　に当てはまる地方名を，それぞれ書きなさい。

> 中国・四国地方，中部地方，東北地方のうち，　X　地方と　Y　地方の面積はほぼ等しい。しかし，人口密度は　Y　地方の方が　X　地方よりもかなり高い。

(3) 右のグラフは，2010年における地方別農業産出額と地方別販売農家数を示している。地図中の地方Ⅰの農業には，他の地方と比べたとき，どのような特徴が見られるか。「販売農家1戸当たり」，「農業経営」という語句を用いて書きなさい。

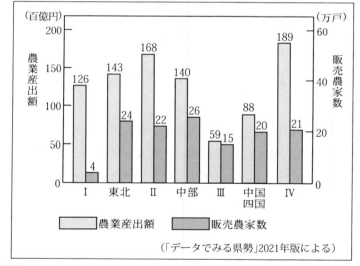

（「データでみる県勢」2021年版による）

(4) 次の表をもとに全国の製造品出荷額等に占める上位5都道府県の割合を円グラフに表したい。右下の円グラフの点線a〜dから1本を選んで実線に直し，上位5都道府県の合計の割合を示す部分を斜線////で表して，グラフを完成させなさい。

順位	都道府県	製造品出荷額等（兆円）
1	愛知県	49.0
2	神奈川県	18.6
3	大阪府	17.9
4	静岡県	17.7
5	兵庫県	16.6
全国（47都道府県）合計		334.6

2018年（「データでみる県勢」2021年版による）

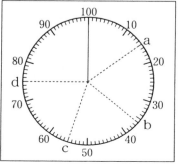

〔13〕 右の地図を見て，次の(1)～(4)の問いに答えなさい。

(1) 地図中の都市**X**付近の気候について述べた文として，最も適当なものを，次のア～エから一つ選び，その符号を書きなさい。

ア 暖流や季節風の影響で冬よりも夏に降水量が多い。

イ 夏にやませが吹くと，気温の低くなる日が続く。

ウ 季節風が山地によりさえぎられ，夏は雨が少ない。

エ 冬の季節風が山地にぶつかって多量の雪を降らせる。

(2) 地図中の都市**Y**の市街地は，川が運んできた土砂が河口に積もってできた地形の上に広がっている。この地形の名称を書きなさい。

(3) 右の表は，地図中の府県**A**～**D**と千葉県，全国平均の海面漁業生産量，小売業の年間商品販売額，製造品出荷額，製造事業所数を示したものである。これについて，次の①，②の問いに答えなさい。

	海面漁業生産量（t）	小売業の年間商品販売額（十億円）	製造品出荷額（億円）	製造事業所数
ア	197,137	3,722	161,289	20,797
イ	27,879	1,286	65,309	3,749
ウ	114,031	1,250	22,843	3,989
エ	18,604	8,401	167,336	46,051
千葉県	135,383	5,289	139,232	11,885
全国平均	95,284	2,600	65,321	10,366

（「データでみる県勢」2017年版による）

① 県**A**，県**B**に当てはまるものを，表中のア～エから一つずつ選び，その符号を書きなさい。

② 右のグラフは，全国平均と千葉県の従業者規模別の製造事業所数の割合を示している。千葉県の製造業は，全国平均と比べて1事業所当たりの製造品出荷額が多い。その他の特徴を，グラフから読み取り，「全国平均」と「従業者規模」の二つの語句を用いて書きなさい。

（「データでみる県勢」2017年版による）

(4) 右の2万5千分の1の地形図は，地図中の富岡市の一部を示したものである。これを見て，次の①，②の問いに答えなさい。

① 明治時代に富岡市で起こったできごととして，最も適当なものを，次のア～エから一つ選び，その符号を書きなさい。

ア 西南戦争の戦場となった。　　イ 官営の製糸場が創設された。

ウ 銅山の鉱毒が川を汚染した。　エ 官営の製鉄所が創設された。

○出発点 ●到着点
（国土地理院1：25,000地形図「富岡」より作成）

② 次の文は，地形図に示した ○━━● のコースを歩いた人が書いたものである。文中の P ， Q に当てはまる語句の組合せとして，最も適当なものを，下のア～エから一つ選び，その符号を書きなさい。

「ひがしとみおか」駅の南口を出発して西に向かって歩き，突き当たりを左に曲がり，南に向かってまっすぐ進むと，左手には工場，右手には P が見えた。そのまままっすぐ歩き，「瀬下」の交差点を過ぎたところで右に曲がり，学校に到着した。歩いた距離は地形図上では約3cmだったので，実際の距離は約 Q となる。

ア 〔P 警察署，Q 750m〕　　　　イ 〔P 警察署，Q 1500m〕

ウ 〔P 消防署，Q 750m〕　　　　エ 〔P 消防署，Q 1500m〕

〔14〕 右の地図を見て，次の(1)〜(4)の問いに答えなさい。

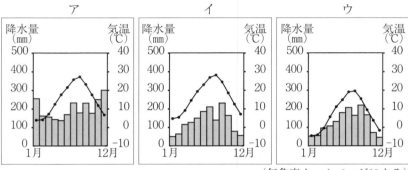

(1) 地図中のXは山地を示している。この山地について述べた次の文中の
Ⅰ，Ⅱに当てはまる語句の組合せとして，最も適当なもの
を，下のア〜エから一つ選び，その符号を書きなさい。

> Xは　Ⅰ　で，温暖多雨の気候が樹木の生育に適しており，「吉
> 野　Ⅱ　」などが，古くから木材として利用されてきた。

ア 〔Ⅰ 木曽山脈，Ⅱ すぎ〕　　イ 〔Ⅰ 木曽山脈，Ⅱ ひのき〕
ウ 〔Ⅰ 紀伊山地，Ⅱ すぎ〕　　エ 〔Ⅰ 紀伊山地，Ⅱ ひのき〕

(2) 右のア〜ウのグラフは，地図中に示した嬬恋（つまごい），金沢，名古屋のいずれかの月降水量と月平均気温を示したものである。それぞれの地点に当てはまるものを，ア〜ウから一つずつ選び，その符号を書きなさい。なお，棒グラフは月降水量を，折れ線グラフは月平均気温を表している。

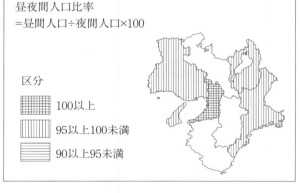

（気象庁ホームページによる）

(3) 次の表は，近畿地方の2府5県の，2015年における昼間人口，夜間人口，昼夜間人口比率を示したものである。また，右の図は，この表をもとにして，府県別の昼夜間人口比率を区分にしたがって作図したものである。この表を見て，下の①，②の問いに答えなさい。

	昼間人口（千人）	夜間人口（千人）	昼夜間人口比率
P	1,785	1,816	98.3
滋賀県	1,364	1,413	96.5
京都府	2,656	2,610	＊
大阪府	9,224	8,839	104.4
兵庫県	5,294	5,535	95.6
奈良県	1,228	1,364	＊
和歌山県	946	964	＊

(注)昼夜間人口比率は表中の数値を使って計算した結果。＊は当てはまる数値を省略。 （「データでみる県勢」2022年版より作成）

昼夜間人口比率
=昼間人口÷夜間人口×100

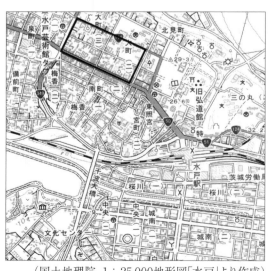

区分
100以上
95以上100未満
90以上95未満

① 表中のPに当てはまる県名を書きなさい。

② 京都府，奈良県，和歌山県の昼夜間人口比率を，図中の区分にしたがって，解答用紙の地図中に作図しなさい。

(4) 右の地形図は，水戸市の一部を表す2万5千分の1の地形図である。これを見て，次の①，②の問いに答えなさい。

① 水戸駅から見て市役所はどの方角にあるか。8方位で書きなさい。

② 地形図中の　　　　の区画は，地形図上では1cm×2cmの長方形で表されている。この区画の実際の面積は何㎡か，書きなさい。

（国土地理院 1：25,000地形図「水戸」より作成）

〔15〕 右の地図を見て，次の(1)〜(5)の問いに答えなさい。

(1) 地図中の河川**X**と山地**Y**の組合せとして，正しいものを，次のア〜エから一つ選び，その符号を書きなさい。

　ア〔**X**　木曽川，**Y**　中国山地〕　　イ〔**X**　木曽川，**Y**　紀伊山地〕

　ウ〔**X**　天竜川，**Y**　中国山地〕　　エ〔**X**　天竜川，**Y**　紀伊山地〕

(2) 次のア〜エのグラフは，気象観測地点である神戸，尾鷲，金沢，松本のいずれかの月降水量と月平均気温を表したものである。このうち，神戸に当てはまるものを，ア〜エから一つ選び，その符号を書きなさい。なお，棒グラフは月降水量を，折れ線グラフは月平均気温を表している。

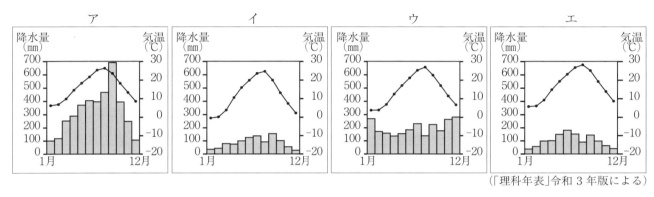

（「理科年表」令和3年版による）

(3) 右のグラフは，富山県，静岡県，山梨県，それぞれの県の果実の産出額と米の産出額を示したものであり，グラフ中の点**a**〜**c**は，これら3県のいずれかのものである。グラフ中の点**b**に当てはまる県を　██████　で，解答用紙の地図中に示しなさい。

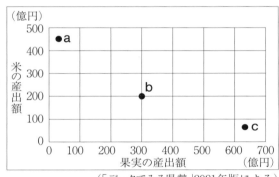

（「データでみる県勢」2021年版による）

(4) 次の**資料1**は，我が国の牛肉の需要の推移を示したものである。また，**資料2**は，三重県松阪市で食肉用に生産される松阪牛についてまとめたものである。松阪牛生産の背景について，**資料1**にみられる状況に関連づけ，「外国産」，「ブランド牛肉」，「国際競争力」の三つの語句を用いて，60字以内で書きなさい。

資料1

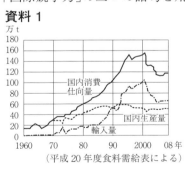

（平成20年度食料需給表による）

資料2　松阪牛

> 松阪牛は肉質がやわらかいブランド牛肉として知られている。兵庫県但馬地域などで生まれ，生後8か月くらいまで育った子牛を，三重県松阪市の周辺地域に連れてきて肥育する。生産された肉は海外へも輸出されている。

（国土地理院 1:25,000地形図「京都東南部」より作成）

(5) 地図中の京都市の一部を示した右の2万5千分の1の地形図について，次の①，②の問いに答えなさい。

① 地形図中の「後白河天皇陵」の後白河天皇は，12世紀後半，天皇の地位をゆずったあとも，上皇となって政治を行った。上皇による政治を何というか，書きなさい。

② 地形図中の地点**P**から　━━▶　の道を通って清水寺へ行くとき，地形図上での移動距離は6cmとなる。実際の移動距離は何mか，書きなさい。また，地点**P**から見た清水寺の方角を，8方位で書きなさい。

〔16〕 右の地図を見て，次の(1)～(6)の問いに答えなさい。

(1) 地図中の**X**は日本固有の北方領土を形成する島の一つで，日本の北端に当たる。この島の名称を，次のア～エから一つ選び，その符号を書きなさい。

ア 択捉島　　　イ 礼文島　　　ウ 国後島　　　エ 色丹島

(2) 次の文は，ある都市について述べたものである。この都市を，地図中のア～エから一つ選び，その符号を書きなさい。また，その都市名を書きなさい。

> 地方の政治・経済の中心となる都市であり，人口は100万人を超えている。毎年8月に行われる七夕まつりには，全国から多くの観光客が訪れる。

(3) 次の表は，ほぼ同緯度に位置する秋田市と宮古市の月平均気温を示したものである。秋田市と比べた宮古市の気温の特徴を，地図中の ↙ で示した向きに吹く風の名称と「夏」という語句を用いて書きなさい。

(℃)

	1月	2月	3月	4月	5月	6月	7月	8月	9月	10月	11月	12月
秋田市	0.4	0.8	4.0	9.6	15.2	19.6	23.4	25.0	21.0	14.5	8.3	2.8
宮古市	0.5	0.8	3.9	8.9	13.5	16.5	20.3	22.1	19.1	13.6	8.1	2.9

（「理科年表」令和4年版による）

(4) 右のグラフは，千葉県の2019年における製造品出荷額等の割合を示したものである。グラフ中の**P**と**Q**に当てはまる工業の組合せとして，最も適当なものを，次のア～エから一つ選び，その符号を書きなさい。

125,183 億円	P 22.6%	Q 17.5%	食料品 12.9%	鉄鋼 12.9%	金属製品 5.6% その他 28.5%

（「データでみる県勢」2022年版による）

ア 〔**P** 輸送用機械，　　**Q** 化学〕　　　イ 〔**P** 輸送用機械，　　**Q** 印刷〕

ウ 〔**P** 石油・石炭製品，　**Q** 化学〕　　　エ 〔**P** 石油・石炭製品，　**Q** 印刷〕

(5) 右の表は，青森県，山形県，群馬県，神奈川県の，2019年における農業産出額と漁業産出額，2015年における小売業の年間商品販売額を示したものである。表中のⅠに当てはまる県を，解答用紙の地図中に [///////] で示しなさい。

	農業産出額 （億円）	漁業産出額 （億円）	小売業の年間商品販売額（十億円）
Ⅰ	2,557	20	1,198
Ⅱ	655	172	9,377
Ⅲ	2,361	－	2,243
Ⅳ	3,138	527	1,472

（注）－はデータなし。　（「データでみる県勢」2022年版による）

(6) 地図中の大石田町の一部を表す右の2万5千分の1の地形図から読みとれることを，次のア～エから一つ選び，その符号を書きなさい。

ア この地域に神社はみられるが，寺院はみられない。

イ ◯で示した範囲には，町役場，消防署などがある。

ウ 大石田駅は，標高100mを超える地点に位置している。

エ 地点 **A** と地点 **B** との間の，実際の直線距離は1km以上である。

（国土地理院 1：25,000地形図「尾花沢」より作成）

〔17〕 右の地図を見て，次の(1)〜(4)の問いに答えなさい。

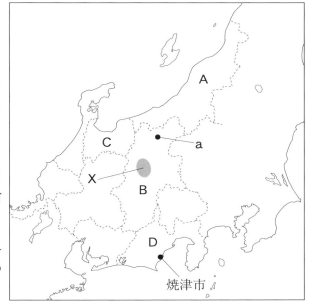

(1) 地図中の盆地Xの気候の特徴として，最も適当なものを，次のア〜エから一つ選び，その符号を書きなさい。

　ア　夏は高温で冬でも比較的暖かく，年間降水量が少ない。

　イ　冬と夏の気温差が比較的大きく，年間降水量が少ない。

　ウ　夏は高温になり，夏と秋の降水量がひじょうに多い。

　エ　年間を通して降水量が多く，特に冬の降水量が多い。

(2) 地図中の都市aは，寺院を中心に発達してきた町を始まりとしている。このように寺院を中心に形成された町を何というか，書きなさい。

(3) 右の表は，地図中の県A〜Dの2016年における面積，人口などを示したものである。これについて，次の①，②の問いに答えなさい。

　① 4県のうち，人口密度が最も高い県はどこか，県名を書きなさい。

　② 表中の　Ｙ　に当てはまる項目を，次のア〜エから一つ選び，その符号を書きなさい。

　　ア　工業製品出荷額に占める，機械の出荷額の割合

　　イ　総人口に占める，65歳以上の人口の割合

　　ウ　全就業者数に占める，第三次産業の就業者数の割合

　　エ　耕地面積に占める，田の面積の割合

	面積 （km²）	人口 （万人）	Ｙ （％）
A	12,584	229	88.7
B	13,562	209	49.5
C	4,248	106	95.6
D	7,777	369	33.5

（「データでみる県勢」2018年版による）

(4) 地図中の焼津市について，次の①，②の問いに答えなさい。

　① 焼津市は，遠洋漁業の拠点として発展してきた。日本の漁業種類別生産量を示した右のグラフを見ると，1970年以降，現在までの間に，遠洋漁業の生産量（漁獲量）は大きく減少してきている。この原因として考えられることは何か。「排他的経済水域」，「漁業活動」の二つの語句を用いて書きなさい。

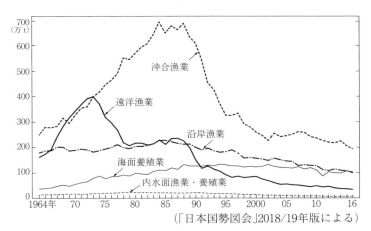

（「日本国勢図会」2018/19年版による）

　② 右の地形図は，地図中の焼津市の一部を表す2万5千分の1の地形図である。地形図から読み取れることについて述べた文として，最も適当なものを，次のア〜エから一つ選び，その符号を書きなさい。

　　ア　地点　Ｚ　には小学校または中学校がある。

　　イ　「やいづ」駅から見て市役所は南西に位置している。

　　ウ　焼津港の一部は，海岸を掘りこんで造成された。

　　エ　「やいづ」駅と市役所との地形図上の直線距離は約3cmなので，実際の直線距離は約1500mである。

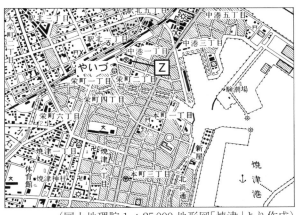

（国土地理院1：25,000地形図「焼津」より作成）

〔18〕 右の地図を見て，次の(1)～(6)の問いに答えなさい。

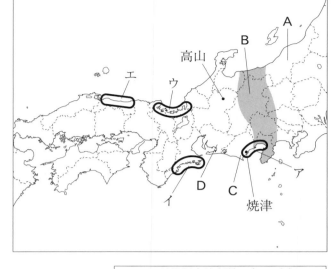

(1) 地図中の　　　　　で示した部分は，地盤が大きく陥没しており，本州の地形や岩石の特徴は，この部分を境に東と西とに分かれている。この部分の名称を，カタカナで書きなさい。

(2) 次の文は，ある海岸のようすについて述べたものである。この海岸を，地図中のア～エから一つ選び，その符号を書きなさい。

> この海岸には，リアス海岸とよばれる複雑に入り組んだ地形がみられる。沖合を暖流の黒潮が流れるため，一年を通して気候も温暖である。

(3) 右のグラフは，地図中の県A～Dについて，2013年における目的別宿泊者数を示したものであり，グラフ中のア～エは，県A～Dのいずれかに当てはまる。県Dに当てはまるものを，ア～エから一つ選び，その符号を書きなさい。

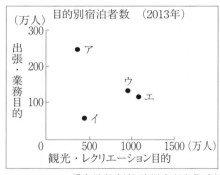

（「宿泊旅行統計調査」より作成）

(4) 地図中の焼津には遠洋漁業の基地がある。右下の**資料Ⅰ**は，我が国の遠洋漁業の漁獲量の推移を示したものである。これについて述べた次の文中の　　X　　に当てはまる，最も適当な内容を，「設定」，「他国」，「規制」の三つの語句を用いて書きなさい。

> 我が国は世界有数の水産国であるが，多くの国が沿岸から200海里以内を　　X　　ことなどにより，我が国の遠洋漁業の漁獲量は大きく減少してきた。

資料Ⅰ　我が国の遠洋漁業の漁獲量の推移

	1970年	1990年	2020年
漁獲量（万 t）	343	150	30

（「数字でみる日本の100年」第 7 版などより作成）

(5) 右の**資料Ⅱ**は，四国地方の各県の総面積と過疎地域面積を示したものである。また，右の図は，**資料Ⅱ**と次の【区分】をもとに，各県の総面積に占める過疎地域面積の割合を表そうとしたものであり，1 県についてのみ表されている。残りの3県について，【区分】にしたがって，解答用紙の地図中に作図しなさい。

(注)周辺の小島は省略している。

資料Ⅱ　　　　　　　　(2021年)

	総面積（km²）	過疎地域面積（km²）
徳島県	4,147	2,949
香川県	1,877	770
愛媛県	5,676	3,548
高知県	7,104	5,655

（「データでみる県勢」2022年版より作成）

【区分】

▦ 70%以上　　▨ 50%以上70%未満　　⬚ 50%未満

(6) 右の2万5千分の1の地形図は，地図中の高山市の市街地を示したものである。地点aの神社と地点bの図書館は，地形図上では約3.5cm離れている。地点aから見た地点bの方角を8方位で書きなさい。また，2地点間の実際の距離として，最も適当なものを，次のア～エから一つ選び，その符号を書きなさい。

ア　約88m　　イ　約175m　　ウ　約875m　　エ　約1,750m

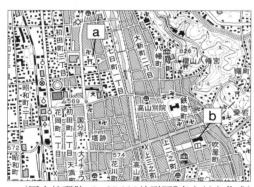

（国土地理院　1 : 25,000地形図「高山」より作成）

〔19〕 右の地図や資料を見て，次の(1)〜(5)の問いに答えなさい。

(1) 地図1中の ➡ の海流名を書きなさい。

(2) 次の文は，地図1中の都市Xの歴史的なできごとについて述べたものである。この文で述べているできごとを何というか，漢字3字で書きなさい。

> この都市は，かつて漁村であった。1918年，シベリア出兵を見こした商人が米を買い占めたことなどから米価が急激に上昇した。そのため，村の主婦たちが米の安売りを求めて米屋に押しかけた。このようなできごとは全国に広がった。

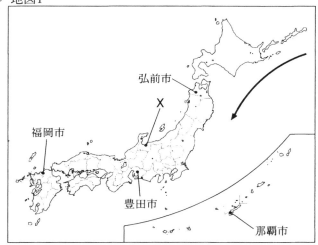

地図1

(3) 次の表中のア〜エは，地図1中の弘前市，豊田市，福岡市，那覇市のいずれかである。これについて，下の①，②の問いに答えなさい。

| | 面積（km²） | 人口（万人） | 産業別就業者割合（%） | | | 製造品出荷額等（億円） | 年間商品販売額（億円） |
			第一次	第二次	第三次		
ア	524	17.7	15.5	16.7	67.8	2,023	4,724
イ	918	42.3	2.1	47.7	50.1	130,847	16,729
ウ	343	150.1	0.7	13.9	85.4	6,365	113,354
エ	40	32.4	0.8	11.3	87.9	287	7,691

（「データでみる県勢」2017年版による）

① 表中のア〜エの中から人口密度が最も高い都市を選び，その符号を書きなさい。

② 弘前市に当てはまるものを，表中のア〜エから一つ選び，その符号を書きなさい。

(4) 日本の発電の中心となっている火力発電について，次の①，②の問いに答えなさい。

① 火力発電所が特に多い地域を，次のア〜エから一つ選び，その符号を書きなさい。

ア 中央高地
イ 山陰地方
ウ 東京湾岸
エ 三陸海岸

② エネルギー資源の自給と輸入の比率を表した右のグラフをもとに，日本の火力発電の問題点を，「エネルギー資源」，「輸入」の二つの語句を用いて書きなさい。

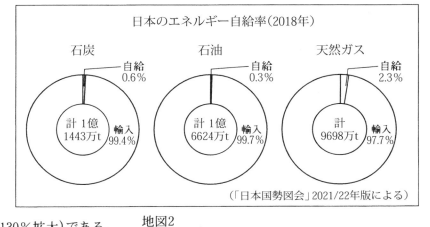

日本のエネルギー自給率（2018年）

石炭　自給 0.6%　計 1億1443万t　輸入 99.4%
石油　自給 0.3%　計 1億6624万t　輸入 99.7%
天然ガス　自給 2.3%　計 9698万t　輸入 97.7%

（「日本国勢図会」2021/22年版による）

(5) 右の地図2は，2万5千分の1の地形図（130%拡大）である。地図2から読み取れることとして誤っているものを，次のア〜エから一つ選び，その符号を書きなさい。

ア 「龍光寺」付近に建物が密集している。
イ 図書館付近は，標高100m以上である。
ウ 「小沢」に桑畑が広がっている。
エ この地域に郵便局はあるが，病院はない。

地図2

（国土地理院 1：25,000地形図「富岡」より作成）

〔20〕 右の地図を見て，次の(1)～(5)の問いに答えなさい。

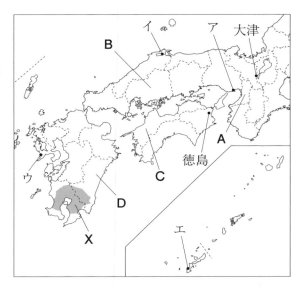

(1) 地図中の ▨▨▨ で示した **X** には，古い火山噴出物が厚く積もってできた台地が広がっている。この火山噴出物を何というか。カタカナで書きなさい。

(2) 右のグラフは，地図中に示したア～エのいずれかの都市の月降水量と月平均気温を示したものである。この都市を，ア～エから一つ選び，その符号を書きなさい。なお，棒グラフは月降水量を，折れ線グラフは月平均気温を表している。

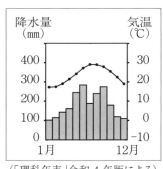

（「理科年表」令和4年版による）

(3) 次の表は，地図中に示した**A～D**の各府県の人口(2020年)，農業産出額(2019年)，漁業産出額(2019年)，製造品出荷額等(2019年)，小売業の年間商品販売額(2015年)を示したものである。地図中の**C**に当てはまる府県を，表中のア～エから一つ選び，その符号を書きなさい。

	人口（千人）	農業産出額（億円）	漁業産出額（億円）	製造品出荷額等（億円）	小売業の年間商品販売額（億円）
ア	1,070	3,396	323	16,523	11,548
イ	1,336	1,207	862	43,303	15,286
ウ	8,843	320	40	172,701	103,252
エ	2,801	1,168	240	98,047	33,097

（「データでみる県勢」2022年版による）

(4) 右上の**資料Ⅰ**は，地図中の徳島市の小売業の年間商品販売額の推移を示したものである。また，右の**資料Ⅱ**は，四国地方と近畿地方を結ぶ高速バスの本数の変化を示したものである。**資料Ⅰ**を見ると，1990年代末から，徳島市の小売業の年間商品販売額は減少傾向にある。その理由を，**資料Ⅱ**を参考に，「明石海峡大橋」，「大都市」の二つの語句を用いて書きなさい。

資料Ⅰ 徳島市の小売業の年間商品販売額の推移

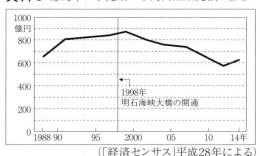

1998年
明石海峡大橋の開通

（「経済センサス」平成28年による）

資料Ⅱ 四国・近畿間の高速バスの本数の変化

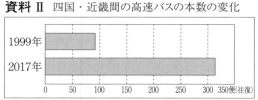

（本州四国連絡高速道路株式会社資料による）

(5) 地図中の大津市を表す右の2万5千分の1の地形図について，次の①，②の問いに答えなさい。

① 地形図中の □□□□ の範囲で標高が230mよりも高いところはどこか。解答用紙の地形図中の当てはまる部分をぬりつぶしなさい。

② この地形図について述べた文として，最も適当なものを，次のア～エから一つ選び，その符号を書きなさい。

ア この地域には，学校はあるが，消防署はない。

イ この地域の平地は，主に畑として利用されている。

ウ 大谷川周辺の斜面には，針葉樹林がみられる。

エ 大谷川周辺の斜面には，三角州が形成されている。

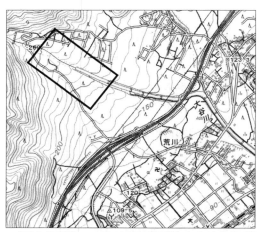

（国土地理院 1：25,000地形図「比良山」より作成）

歴　　史

歴史分野

《解法の要点》

　新潟県の入試問題の歴史分野は，時代を大きく二つ（原始〜近世，近代〜現代）に分けて，2大問で構成するというパターンが定着している。

　近世までの歴史において中心となるのは，権力者の移り変わりを中心とした政治史であるが，同時代の外交史や文化史なども押さえておくべきである。また，近年の教科書では世界史の占める比重も高まっているので，主な国の歴史については基本事項を押さえておこう。

　一方，近代以降の歴史において中心となるのは，日本国内の政治体制の推移と外交関係であり，特にアジア諸国や欧米諸国との条約，同盟，戦争についての知識・理解は必須といえる。

1　歴史分野における大問の形式

●表・カードを使った大問

　　特定のテーマによってつくられた表や複数のカードをもとにして小問を構成している。小問は，表やカードのつくり方によっては，必ずしも年代の古いものから順に出題されるとは限らないので，注意が必要である。

●略年表を使った大問の形式

　　政治史や外交史などを中心とした略年表を一つ掲げてそこから小問を構成している。歴史分野の入試問題の出題形式としては最も一般的なものである。小問は年代の古いものから順に出題されることになる。

2　歴史分野における小問の形式

●語句（名称）を書かせる問題 ➡ 年表や文章中の空欄を補充したり，下線部分に関連づけたりするかたちで，用語・人物名・地名などを書かせる問題。「漢字2字」「カタカナ」などの条件がつけられることもある。

●語句（名称）または文を選択肢の中から選ぶ問題 ➡ 設問条件に合う用語・人物名・地名などや説明文の選択肢を選ばせるかたちの問題。新潟県の入試では「当てはまらないもの」や「誤っているもの」を選ばせる問題は少ないものの，そういった形式にも慣れておいた方がよい。一方，複数の語句を組み合わせたかたちの選択肢が設けられることは多いので，選んだ選択肢については，正答が正確に組み合わされているかどうか，確認をおこたらないようにしよう。

●語句（名称）または文の選択肢を年代の古いものから順に並べる問題 ➡ 二つの大問のうちのどちらかで必ず出題される問題。できごとの年代を暗記するだけではなく，できごとの流れや前後関係を理解するようにしよう。また，政治・外交・文化の特色を時代ごとにしっかりまとめておこう。

●できごとの因果関係を問う問題 ➡「背景・原因」→「できごと」→「結果・影響」がまとまった資料が問題に提示され，主に空欄部分にあてはまる適切な選択肢を選ぶ問題。できごとを年代順に並べる問題同様，つながりを意識してできごとを理解するようにしよう。

●長文または短文を記述させる問題 ➡ 単純に用語の意味を書かせる問題については，教科書中で太字になっている用語や索引に出ている用語などを中心に，意味をよく理解しておくことで対応できる。一方，資料などを読み取って，その内容を説明させたり，説明文中の空欄を補充したりするという高度な記述問題が出題されることも考えられる。これも教科書や資料集に出ている資料を見直して，その内容を自分の言葉で説明できるようにしておこう。その際は，内容の正確さだけでなく，文の整合性や読みやすさにじゅうぶん配慮すること。

3　使用される資料別にみた小問の形式

●写真を使った問題 ➡ 歴史分野で使用される写真には，遺跡・建物などの景観を写したものや，絵画・彫刻・工芸品・貨幣・道具など，寺院・美術館・博物館・歴史資料館などの収蔵品を写したものがある。教科書や資料集に出ている写真を復習しておこう。複数の写真が選択肢になっていることもあるので，設問条件を理解して，該当する写真を正確に選ぶことができるよう練習しておきたい。特に建物や美術作品については，時代による様式のちがいなどもおさえておこう。また，歴史上の主な人物の肖像画や肖像写真なども注意しよう。また，近代史においては，重大な事件を報じる新聞記事の写真が使用されることもあるので，チェックしておこう。

●地図や表・グラフを使った問題 ➡ 歴史分野においてもしばしば地図や表・グラフが使用される。地図を使った問題では，主なできごとが起こった場所を選ばせたり，遺跡や史跡の場所を選ばせたりする問題，地図中の特定の地域に関する知識を問う問題などが出題される。日本にある世界遺産（文化遺産）の場所もしっかり覚えておきたい。また，特に近代史においてはさまざまな統計表やグラフが用いられることも多い。教科書や資料集を見て，さまざまな統計表やグラフに接しておくことが必要である。

●文章資料を使った問題 ➡ 歴史書や法令の一部など，文章で書かれた資料が用いられることも多い。それらの資料の内容を理解し，資料中の重要用語にも注意しよう。また，関連する人物についても合わせて調べておこう。

〔1〕 次の表は，古代に政治を行った人物の主な業績と，同時代の文化についてまとめたものである。この表を見て，下の(1)〜(9)の問いに答えなさい。

活躍した時代	人物名	主な業績	同時代の文化
弥生時代	a卑弥呼	30余りの小国を従えた女王。 X に使いを送り，「親魏倭王」の称号を授けられた。	b稲作が西日本から東日本に広がり，青銅器や鉄器が使用された。
飛鳥時代	聖徳太子	c天皇中心の国家をめざし，さまざまな改革を行った。 Y に使いを送った。	都を中心として，d日本最古の仏教文化が栄えた。
奈良時代	e聖武天皇	社会不安が広がるなか，f仏教の力にたよって国家を守ろうとした。	Z の文化と仏教の影響を強く受けた文化が栄えた。
平安時代	g	娘を天皇のきさきとして，自らは摂政の地位につき，思うままに政治を動かした。	貴族の間で，h日本の自然や生活，日本人の感情に合った文化が栄えた。

(1) X 〜 Z に当てはまる中国の王朝名の組合せとして正しいものを，次のア〜エから一つ選び，その符号を書きなさい。

ア 〔X 漢，Y 唐，Z 隋〕　　イ 〔X 漢，Y 隋，Z 唐〕

ウ 〔X 魏，Y 唐，Z 隋〕　　エ 〔X 魏，Y 隋，Z 唐〕

(2) 下線部分aの人物はある国の女王であった。その国の名称を書きなさい。

(3) 下線部分bについて，このころには集落(むら)が形成されていた。そのような集落の代表的な遺跡として知られる吉野ヶ里遺跡がある場所を，右の地図中のア〜エから一つ選び，その符号を書きなさい。

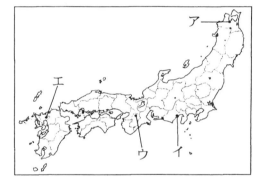

(4) 下線部分cについて，右の資料は，聖徳太子が定めた十七条の憲法の一部である。「天皇の命令」を意味する語句を，資料中の下線部分ア〜ウから一つ選び，その符号を書きなさい。

(5) 下線部分dについて，聖徳太子によって創建されたある寺院は，焼失後に再建された。現存する世界最古の木造建築といわれるこの寺院の名称を書きなさい。

(6) 下線部分eの天皇の在位中に墾田永年私財法が制定された。朝廷がこの法令によって開墾を奨励（しょうれい）したのはなぜか。「人口」，「口分田」の二つの語句を用いて書きなさい。

(7) 下線部分fについて，奈良時代に中国から来日し，日本に仏教の正しい教えを伝えた僧の名を，次のア〜エから一つ選び，その符号を書きなさい。

ア 鑑真　　　　イ 最澄　　　　ウ 行基　　　　エ 空海

(8) g には，子の頼通とともに摂関政治の全盛を築いた人物が当てはまる。その人物名を書きなさい。

(9) 下線部分hについて，このような国風文化のもとでは，かな文字を用いた文学作品が生まれた。その一つで，清少納言によって書かれた作品を，次のア〜エから一つ選び，その符号を書きなさい。

ア 「お伽草子」　　イ 「枕草子」　　ウ 「源氏物語」　　エ 「平家物語」

資料　十七条の憲法の一部

一に曰く，ア和をもって貴しとなし，さからう(争う)ことなきを宗と(第一に)せよ。

二に曰く，あつく三宝を敬え。三宝とは仏・イ法・僧なり。

三に曰く，ウ詔（みことのり）をうけたまわりては必ずつつしめ(守りなさい)。

〔2〕 右の略年表を見て，次の(1)～(7)の問いに答えなさい。

(1) 年表中の X に共通して当てはまる語句を，漢字2字で書きなさい。

(2) 下線部分aについて，織田信長は安土城を築き，全国統一事業の拠点とした。信長は，商工業の同業者団体がもっていた特権を廃止するとともに，安土城下の商人に対しては，市の税を免除して自由な営業を認めた。この政策を何というか，書きなさい。

(3) 下線部分bについて，豊臣秀吉がキリスト教に対してとった政策として，最も適当なものを，次のア～エから一つ選び，その符号を書きなさい。

年代	日本のできごと
1543	種子島に X が伝来する。
1575	a 織田信長が X を活用して武田氏との戦いに勝つ。
1590	b 豊臣秀吉が全国を統一する。
1641	オランダ商館が長崎の出島に移る。
1742	A 幕府が公事方御定書を定める。
1841	B c 水野忠邦が天保の改革を始める。
1858	d 日米修好通商条約が結ばれる。

　ア　信仰の禁止を徹底するため，ポルトガル船の来航を禁止した。

　イ　全国統一のさまたげになると考えて，宣教師の追放を命じた。

　ウ　4人の少年使節（天正遣欧使節）をローマ教皇のもとに派遣した。

　エ　キリシタン大名となり，長崎を開港してイエズス会に寄進した。

(4) 年表中のAの時期の文化にかかわるできごととして，最も適当なものを，次のア～エから一つ選び，その符号を書きなさい。

　ア　茶の湯では，千利休が，内面の精神性を重視する質素なわび茶の作法を完成させた。

　イ　浮世絵（錦絵）では，葛飾北斎や歌川（安藤）広重らが，風景画にすぐれた作品を残した。

　ウ　杉田玄白らが，ヨーロッパの解剖書を翻訳した「解体新書」を出版し，蘭学の基礎を築いた。

　エ　大阪の町人であった井原西鶴が，町人の生活や感情を，浮世草子とよばれる小説に描いた。

(5) 次のX～Zは，年表中のBの時期の外国のできごとである。年代の古い順に並べたものとして，正しいものを，下のア～カから一つ選び，その符号を書きなさい。

　X　フランス革命が起こり，国民議会が人権宣言を発表した。

　Y　北アメリカ東部では，植民地とイギリス本国との間に独立戦争が起こった。

　Z　イギリスと清との間にアヘン戦争が始まった。

　　ア　X→Y→Z　　　　　イ　Y→X→Z　　　　　ウ　Z→X→Y

　　エ　X→Z→Y　　　　　オ　Y→Z→X　　　　　カ　Z→Y→X

(6) 下線部分cについて述べた次の文中の □ に当てはまる語句を，漢字3字で書きなさい。

　　老中水野忠邦は，物価上昇の原因が，商工業の同業者団体である □ が営業を独占しているせいだと考え，この団体の解散を命じた。しかし，これによって経済は混乱した。

(7) 下線部分dについて，この条約は，二つの点で日本にとって不利な不平等条約であった。その二つの点とはどのようなことか，30字以内で書きなさい。

〔3〕 次のA～Dは，原始～古代の日本の文化に関する資料を，時代の古い順に並べたものである。これらを見て，下の(1)～(4)の問いに答えなさい。

A　　　　　　　　　B　　　　　　　　　C　　　　　　　　　D

安→あ→あ	阿→ア
以→い→い	伊→イ
宇→う→う	宇→ウ
衣→え→え	江→エ
於→お→お	於→オ

(1) 資料Aについて，次の①，②の問いに答えなさい。

① 資料Aは，縄文時代につくられたもので，女性をかたどっていると考えられている。これを何というか，書きなさい。

② 資料Aに示したものがつくられた縄文時代について述べた文として，最も適当なものを，次のア～エから一つ選び，その符号を書きなさい。

ア　人々は集団でくらすようになり，植物の栽培を始めたが，農耕や牧畜はあまり発達しなかった。

イ　人々は，渡来人が伝えた製法にしたがって，かたい質の土器(須恵器)をつくるようになった。

ウ　人々はむらの近くに水田をつくって石包丁で稲の穂を摘み，高床倉庫に保存するようになった。

エ　人々は，打製石器をつけたやりなどを使って，ナウマンゾウなどの大型動物を捕らえていた。

(2) 資料Bについて述べた次の文中の　　　　　に共通して当てはまる語句を書きなさい。

> 　3世紀後半になって，奈良盆地を中心とした地域に大和政権(ヤマト王権)が成立したころ，王や豪族の墓として大きな　　　　　がつくられるようになった。資料Bに示したのは，　　　　　の上や周りに並べられた埴輪(はにわ)とよばれる焼き物で，人物のほか，馬や家など，さまざまな形の埴輪がある。

(3) 資料Cの貨幣が流通していたころの日本の様子について述べた文として，最も適当なものを，次のア～エから一つ選び，その符号を書きなさい。

ア　貴族の藤原氏が，摂政や関白など朝廷の重要な役職を独占し，天皇に代わって政治を動かしていた。

イ　摂政の聖徳太子が，中国や朝鮮に学んで，大王(天皇)を中心とする政治制度を整えようとしていた。

ウ　貴族や僧の権力争いが続くと，桓武天皇は律令政治を立て直すため，都を長岡京や平安京に移した。

エ　律令のしくみにもとづき，中央は天皇の下に二官八省が置かれ，地方は多くの国・郡に分けられた。

(4) 資料Dは，平安時代における文字の変化を示している。これについて，次の①，②の問いに答えなさい。

① 漢字やその部首を変形することによってつくられ，日本語の発音を表せるように工夫した文字を何というか，書きなさい。

② 資料Dの文字の発明に見られるように，平安時代中期には，日本の風土や生活，日本人の感情に合った国風文化が発達した。これについて述べた次の文中の　　　　　　　に当てはまる内容を，「菅原道真」，「遣唐使」の二つの語句を用いて書きなさい。

> 　唐のおとろえと，唐との間の往復が危険であることを理由として，　　　　　　　。この訴えが認められたことにより，唐の文化の影響が弱まって，国風文化の発達をますます促すことになった。

〔4〕 次の表は，中世の経済・社会に関するできごとをまとめたものである。これを見て，下の(1)〜(5)の問いに答えなさい。

世 紀	経済・社会に関するできごと
12	a 国ごとに守護，荘園や公領ごとに地頭が設置される。
13〜14	二毛作が広まる。 寺社の門前や交通の要地で定期市が開かれるようになる。 商工業者が ┃ Y ┃ を結成するようになる。　　X
15	b 農民らが一揆を起こすようになる。 c 有力な農民の指導により，農村の自治が行われるようになる。

(1) 下線部分aについて，次の①，②の問いに答えなさい。

① 朝廷に守護・地頭の設置を認めさせた人物はだれか。その人物名を書きなさい。

② 右の図は，①の人物によって開かれた幕府のしくみを示したもの
である。図中の ┃ A ┃ ，┃ B ┃ に当てはまる役職(役所)の
組合せとして，最も適当なものを，次のア〜エから一つ選び，その
符号を書きなさい。

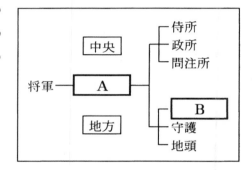

ア〔A 管領，B 鎌倉府〕

イ〔A 管領，B 六波羅探題〕

ウ〔A 執権，B 鎌倉府〕

エ〔A 執権，B 六波羅探題〕

(2) Xの時期に起こったできごととして当てはまるものを，次のア〜エから一つ選び，その符号を書きなさい。

ア フビライ＝ハンが支配する元の大軍が，高麗軍を従えて九州北部におしよせた。

イ 百済を助けるために日本軍が出兵したが，新羅・唐の連合軍との戦いに敗れた。

ウ ポルトガル人やスペイン人が来航するようになり，南蛮貿易が行われるようになった。

エ 平清盛によって兵庫(神戸市)の港が修築され，宋との貿易が行われるようになった。

(3) 次の文は，年表中の ┃ Y ┃ に当てはまる用語に関する説明である。この文を参考にして，┃ Y ┃ に
当てはまる用語を，漢字1字で書きなさい。

> 鎌倉時代から室町時代にかけて，商人や手工業者は，同業者組合をつくり，貴族や寺社の保護を受けて
> 営業を独占するようになった。

(4) 下線部分bについて，次の①，②の問いに答えなさい。

① 15世紀の終わりごろに北陸で起こった一向一揆とはどのような一揆であったか。「浄土真宗」と「守護大名」
の二つの語句を用いて書きなさい。

② ①の一揆が起こったころ，足利義政が京都東山の山荘につくった建物を，次のア〜エから一つ選び，その
符号を書きなさい。

ア 鹿苑寺金閣　　　イ 慈照寺銀閣　　　ウ 東大寺正倉院　　　エ 中尊寺金色堂

(5) 下線部分cについて，この自治組織の名称を，次のア〜エから一つ選び，その符号を書きなさい。

ア 町衆　　　　　イ 惣　　　　　ウ 土倉　　　　　エ 五人組

〔5〕 右の略年表を見て，次の(1)～(7)の問いに答えなさい。

(1) 下線部分aのときに来日した宣教師フランシスコ＝ザビエルは，カトリック教会の勢力を回復するための組織に属していた。この組織名を書きなさい。

年代	で き ご と
1549	a キリスト教が伝来する。
1573	b 織田信長が室町幕府を滅ぼす。
1590	c 豊臣秀吉が全国を統一する。
1603	徳川家康が征夷大将軍となる。
1787	松平定信が老中となる。
1841	d 水野忠邦が天保の改革を始める。
1854	e 日米和親条約が結ばれる。
1858	f 日米修好通商条約が結ばれる。

※1603～1787の区間にAの括弧

(2) 下線部分bの人物について述べた文として，正しいものを，次のア～エから一つ選び，その符号を書きなさい。

　　ア　キリシタン大名となって，ローマ教皇のもとへ少年使節を送った。

　　イ　比叡山延暦寺を焼き打ちにしたり，一向一揆の勢力と戦ったりした。

　　ウ　キリスト教を禁止するため，宣教師の国外追放を命じた。

　　エ　東南アジアなどに渡る貿易商人らに，朱印状とよばれる渡航許可証を与えた。

(3) 下線部分cの人物は，太閤検地や刀狩によって兵農分離を徹底した。兵農分離とはどのような政策か，「武士」，「農民」，「身分」の三つの語句を用いて，書きなさい。

(4) 次のX～Zは，年表中のAの時期のできごとである。年代の古い順に並べたものとして，正しいものを，下のア～カから一つ選び，その符号を書きなさい。

　　X　将軍徳川家光が，参勤交代の制度を定めた。

　　Y　老中田沼意次が，株仲間の結成を奨励した。

　　Z　将軍徳川綱吉が，生類憐みの令を定めた。

　　ア　X→Y→Z　　　　イ　Y→X→Z　　　　ウ　Z→X→Y

　　エ　X→Z→Y　　　　オ　Y→Z→X　　　　カ　Z→Y→X

(5) 下線部分dについて述べた次の文中の　X　に共通して当てはまる語句を，漢字3字で書きなさい。

> 　江戸時代に裕福な商工業者が結成した同業者団体を　X　という。水野忠邦は，物価の上昇の原因となっているのは，　X　が営業を独占しているせいだと考え，解散を命じた。

(6) 下線部分eについて，右の資料に示した人物は，このときのアメリカ側の代表で，東インド艦隊司令長官であった。この人物名を書きなさい。

(7) 下線部分fによって，日本と欧米諸国との貿易が始まった。次のグラフは，1865年における日本からの輸出品の内訳を示したものである。グラフ中のYに当てはまる品目を，下のア～エから一つ選び，その符号を書きなさい。

輸出額 1849.1万ドル	Y 79.4%	茶 10.5%	その他 10.1%

（「日本経済史3　開港と維新」による）

　　ア　生糸　　　　　イ　武器　　　　　ウ　綿織物　　　　　エ　毛織物

-59-

〔6〕 右の略年表を見て，次の(1)〜(7)の問いに答えなさい。

年代	日本のできごと
1576	a 織田信長が安土城を築く。
1582	b 豊臣秀吉が太閤検地を始める。
1603	c 徳川家康が征夷大将軍となる。
1635	d 参勤交代の制度が定められる。
1637	X e 島原・天草一揆が起こる。
1854	日米和親条約が結ばれる。
1858	f 日米修好通商条約が結ばれる。

(1) 下線部分 a の織田信長について述べた文として，最も適当なものを，次のア〜エから一つ選び，その符号を書きなさい。

ア 中国(明)との間で勘合を使用した貿易を行った。

イ 武家諸法度を定めて，大名を統制した。

ウ 将軍を京都から追放し，室町幕府を滅ぼした。

エ キリスト教宣教師の国外追放を命じた。

(2) 下線部分 b の結果について述べた文として，誤っているものを，次のア〜エから一つ選び，その符号を書きなさい。

ア 全国の田畑の広さや土地の良し悪しなどの調査が行われた。

イ 全国の土地が統一的な基準である石高によって表されるようになった。

ウ 直接耕作する農民に土地の権利が認められた。

エ 農民は自由に土地の売買を行うことができるようになった。

資料1

(3) 下線部分 c について，徳川家康は貿易を奨励し，右の資料1に示したような渡航許可証を発行して，東南アジアなどへ向かう貿易船に渡した。この渡航許可証は何とよばれたか，漢字3字で書きなさい。

(4) 下線部分 d のできごとと同じ年に行われた政策を，次のア〜エから一つ選び，その符号を書きなさい。

ア 日本人の海外渡航と帰国が禁止された。 イ 刀狩令が出された。

ウ 安土城下で楽市・楽座が実施された。 エ 異国船(外国船)打払令が出された。

資料2

(5) 下線部分 e の一揆は，キリスト教徒への迫害などが原因となって起こった。幕府は，キリスト教徒を発見して取りしまるために，右の資料2に示した道具を用いていた。この道具を用いて行われたことを何というか。名称を書きなさい。

(6) 次のア〜エは，年表中のXの時期のできごとである。年代の古いものから順に並べ，その符号を書きなさい。

ア 徳川吉宗が公事方御定書を定めた。 イ 徳川綱吉が生類憐みの令を出した。

ウ 水野忠邦が株仲間の解散を命じた。 エ 松平定信が旗本・御家人の借金の帳消しを命じた。

(7) 下線部分 f の条約には，日本にとって不利で不平等な条項が二つあった。一つはアメリカ合衆国に領事裁判権(治外法権)を認めたことである。もう一つは何か，書きなさい。

〔7〕 次の資料A～Dは時代の古いものから順に並んでいる。これらを見て，下の(1)～(5)の問いに答えなさい。

A	B	C	D

(1) Aは江戸時代に志賀島（福岡県）で発見された金印である。これについて述べた文として，最も適当なものを，次のア～エから一つ選び，その符号を書きなさい。

　ア　1世紀に奴国の王が後漢の皇帝のもとへ使いを送ったときに授けられたものと考えられている。

　イ　3世紀に邪馬台国の女王卑弥呼が魏の皇帝のもとへ使いを送ったときに授けられたものと考えられている。

　ウ　5世紀に倭王武が中国南朝の宋の皇帝のもとへ手紙を送ったことにより授けられたものと考えられている。

　エ　7世紀に聖徳太子が小野妹子を遣隋使として隋に派遣したときに授けられたものと考えられている。

(2) Bは奈良時代につくられた鑑真像である。これについて，次の①，②の問いに答えなさい。

　①　鑑真は中国から来日した僧である。このときの中国の王朝名を，漢字1字で書きなさい。

　②　鑑真が来日したころの政治の様子について述べた文として，最も適当なものを，次のア～エから一つ選び，その符号を書きなさい。

　　ア　天皇は，位をゆずって上皇となったのちも，「院」とよばれる御所で政治を行った。

　　イ　藤原氏が摂政・関白の地位を独占し，天皇に代わって政治を動かしていた。

　　ウ　大王を頂点とし，近畿地方の有力な豪族によって連合政権がつくられていた。

　　エ　律令にもとづいて，天皇と，新たに生まれた貴族による政治が行われていた。

(3) Cは平安時代に描かれた「源氏物語絵巻」である。この絵巻物の題材となった「源氏物語」の作者はだれか，人物名を書きなさい。

(4) Dは，正長元年（1428年）に近畿地方で大規模な土一揆が起こったとき，一揆を起こした民衆が岩に彫った宣言文であり，右の資料はその内容を示したものである。これについて述べた次の文中の ◻︎◻︎◻︎ に当てはまることばを，「正長元年」と「借金」の二つの語句を用いて書きなさい。

資料

```
正長元年ヨリ
サキ者（は），カンヘ四カン（べ）
（ごう）
カウニヲ井メアル
（べ）（い）
ヘカラス（ず）
```

　　　この宣言文は，「徳政」を要求して土倉・酒屋や寺院を襲った人々が彫ったもので，その意味は，「神戸四か郷では ◻︎◻︎◻︎◻︎◻︎ 」というものである。

(5) 右の資料Xは，博多湾（福岡県）に復元された石塁（防塁）を示したものである。これを資料A～Dに追加するとき，石塁（防塁）が築かれた時代から考えて，どの位置におけばよいか。最も適当なものを，次のア～エから一つ選び，その符号を書きなさい。

　ア　AとBの間　　　　イ　BとCの間

　ウ　CとDの間　　　　エ　Dのあと

X

〔8〕 Nさんは，幕末から明治時代にかけて活躍した人物を次のA～Dのカードにまとめた。これらを見て，下の(1)～(7)の問いに答えなさい。

A	B 西郷隆盛	C 伊藤博文	D 田中正造
 土佐藩出身。薩長両藩の仲立ちとなり，ₐ薩長同盟を成立させ，大政奉還の実現に力をつくした。	 薩摩藩出身。b明治維新の中心人物として活躍した。のちにc不平士族とともに戦いを起こした。	 長州藩出身。華族制度・内閣制度の創設やd大日本帝国憲法の制定などで指導的役割を果たした。	 栃木県出身。e帝国議会でf足尾銅山鉱毒事件の被害を訴え，議員辞職後も問題の解決に努力した。

(1) カードAの ▢ に当てはまる人名を書きなさい。

(2) 下線部分aについて，次のX～Zは，薩長同盟が結ばれる以前に見られた動きである。年代の古い順に並べたものとして，正しいものを，下のア～カから一つ選び，その符号を書きなさい。

X 大老の井伊直弼は，朝廷の許可を得ないまま，日米修好通商条約に調印した。

Y 外国の艦隊が連合して長州藩を攻撃し，下関砲台を占領した。

Z 長州藩は，攘夷を実行するため，関門海峡を通る外国船を砲撃した。

ア X→Y→Z イ Y→X→Z ウ Z→X→Y
エ X→Z→Y オ Y→Z→X カ Z→Y→X

(3) 下線部分bについて，1873年に実施された地租改正によって，納税のしくみはどうなったか。「土地」，「3％」，「現金」の三つの語句を用いて書きなさい。

(4) 下線部分cの戦いの名称を書きなさい。

(5) 下線部分dについて，右の資料は，大日本帝国憲法の条文の一部を示したものである。条文中の ▢P▢ に共通して当てはまる語句を，漢字2字で書きなさい。

大日本帝国憲法(一部分)

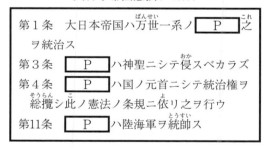

第1条 大日本帝国ハ万世一系ノ ▢P▢ 之ヲ統治ス
第3条 ▢P▢ ハ神聖ニシテ侵スベカラズ
第4条 ▢P▢ ハ国ノ元首ニシテ統治権ヲ総攬シ此ノ憲法ノ条規ニ依リ之ヲ行ウ
第11条 ▢P▢ ハ陸海軍ヲ統帥ス

(6) 下線部分eについて，右の図は，帝国議会と臣民(国民)の関係を示したものである。図中の ▢Q▢ に当てはまる語句を書きなさい。

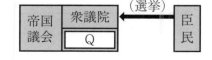

(7) 下線部分fについて，この事件が社会問題となったころ，日本では産業革命が進行していた。右のグラフは，1897年における日本からの輸出品とその割合を示したものである。グラフ中のRが表す品目を，次のア～エから一つ選び，その符号を書きなさい。

ア 生糸 イ 船舶 ウ 米 エ 鉄鋼

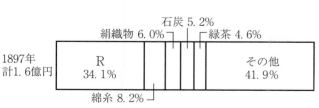

石炭 5.2%
絹織物 6.0% 緑茶 4.6%
1897年 計1.6億円 | R 34.1% | その他 41.9%
綿糸 8.2%

(「日本貿易精覧」による)

〔9〕 次の表は，飛鳥時代から室町時代にかけて起こった戦乱や一揆について，年代順にまとめたものである。これを見て，下の(1)〜(7)の問いに答えなさい。

戦乱（一揆）	関係の深い人物	結　果
壬申の乱	天武天皇	a 天皇の地位をめぐる争いに勝った大海人皇子が天武天皇となった。
平治の乱	平清盛	平清盛が　A　を破って勢力を拡大し，のちに　B　となった。
元　寇	フビライ＝ハン	b 御家人は恩賞が得られず，幕府に対して不満を持った。
南北朝の争乱	c 後醍醐天皇	d 足利義満が南朝と北朝を合一させた。
応仁の乱	足利義政	e
加賀の一向一揆	蓮　如	加賀国（石川県）で，f 一向宗信徒による支配が約100年間続いた。

(1) 下線部分aについて，この争いは，ある天皇のあとつぎをめぐって，天皇の子と弟とが対立したことから起こった。ある天皇とはだれか，次のア〜エから一つ選び，その符号を書きなさい。

ア　天智天皇　　　　　イ　聖武天皇　　　　ウ　推古天皇　　　　エ　桓武天皇

(2) 　A　に当てはまる人名と，　B　に当てはまる語句の組合せとして，正しいものを，次のア〜エから一つ選び，その符号を書きなさい。

ア〔A　源頼朝，B　征夷大将軍〕　　　イ〔A　源頼朝，B　太政大臣〕
ウ〔A　源義朝，B　征夷大将軍〕　　　エ〔A　源義朝，B　太政大臣〕

(3) 下線部分bのほか，御家人は領地の分割相続によって生活が苦しくなっていた。このような御家人を救うために幕府は徳政令を出した。徳政令によって幕府が行おうとしたことを，「御家人」，「質入れ」，「領地」の三つの語句を用いて，40字以内で書きなさい。

(4) 下線部分cについて述べた文として，最も適当なものを，次のア〜エから一つ選び，その符号を書きなさい。

ア　御成敗式目（貞永式目）とよばれる法律を定めて，裁判の基準とした。
イ　国ごとに守護を，荘園や公領ごとに地頭を置くことを，初めて朝廷に認めさせた。
ウ　足利尊氏が武家政治の再興をよびかけて兵を挙げると，吉野（奈良県）に逃れた。
エ　朝廷の権力の回復をはかって兵を挙げたが，鎌倉幕府軍との戦いに敗れた。

(5) 下線部分dは，明の求めに応じて倭寇を禁止し，正式な貿易船には明から与えられた証明書を持たせて，朝貢の形による日明貿易を始めた。右の図は，正式の貿易船に与えられた合い札の証明書である。これを何というか，書きなさい。

(6) 　e　に当てはまる文を，次のア〜エから一つ選び，その符号を書きなさい。

ア　山城（京都府）南部の武士と農民が守護大名を追いはらった。
イ　幕府の権威はおとろえ，下剋上の風潮が全国に広まっていった。
ウ　土地を仲立ちとした御恩と奉公による主従関係が確立した。
エ　幕府は守護の権限を強め，守護の多くは守護大名へと成長した。

(7) 下線部分fは，鎌倉時代に開かれた宗派である。この宗派の開祖はだれか，次のア〜エから一つ選び，その符号を書きなさい。

ア　親鸞　　　　　イ　道元　　　　　ウ　栄西　　　　　エ　日蓮

〔10〕 右の略年表は，歴史の授業の調べ学習で，Nさんが歴史の学習内容をもとに，古代〜近世の日本と外国との交流についてまとめたものである。この略年表を見て，次の(1)〜(9)の問いに答えなさい。

(1) 下線部分aのときに，隋に送られた人物の名を，次のア〜エから一つ選び，その符号を書きなさい。
ア　小野妹子　　イ　阿倍仲麻呂
ウ　蘇我馬子　　エ　坂上田村麻呂

(2) 〔 X 〕に遣隋使派遣の目的の一つを書くとき，最も適当なものを，次のア〜エから一つ選び，その符号を書きなさい。
ア　中国に服従をせまり，日本の領土を拡大しようとした。
イ　中国との貿易をさかんにして，銅銭や生糸を輸入しようとした。
ウ　貿易の足がかりとして，日本人居留地である日本町をつくろうとした。
エ　中国と対等の立場で国交を開き，中国の進んだ制度や文化を取り入れようとした。

世紀	主なできごと	メ　モ
7	・a 聖徳太子が隋に使いを送る。 ・第1回遣唐使を送る。	・〔 X 〕 ・都を中心に，日本最古の仏教文化が栄えた。
9	・遣唐使を停止する。	・b 日本人の生活や感情に合った文化が発達した。 〔 ア 〕
12	・c 平清盛が宋との貿易をさかんにする。	〔 イ 〕
13	・d 宋から曹洞宗が伝えられる。	〔 ウ 〕
15	・勘合貿易が始まる。	〔 エ 〕
16	・e 鉄砲が伝えられる。 ・f キリスト教が伝えられる。	・南蛮貿易がさかんになる。
17	・朱印船貿易が行われる。 ・g 鎖国が完成する。	・日本人の海外渡航と帰国の禁止，ポルトガル船の来航の禁止など。

(3) 下線部分bのような特色をもつことから，この文化は何とよばれるか，漢字4字で書きなさい。

(4) 下線部分cの人物は，朝廷の重要な役職に武士として初めて任命され，政治の実権をにぎった。その役職名を漢字4字で書きなさい。

(5) 下線部分dの曹洞宗は禅宗の一つである。この宗派を日本に伝えた僧の名を，次のア〜エから一つ選び，その符号を書きなさい。
ア　日蓮　　　イ　一遍　　　ウ　道元　　　エ　親鸞

(6) 下線部分eについて，鉄砲が伝えられた島を，九州地方を示した右の地図中のア〜エから一つ選び，その符号を書きなさい。

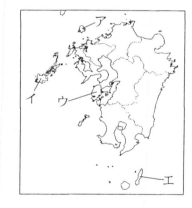

(7) 下線部分fについて，豊臣秀吉は，キリスト教の広まりを防ぐために，右の資料の命令を出した。しかし，その後もキリスト教徒は増加していった。その理由を，資料の命令の内容をふまえて，「キリスト教」という語句を用いて書きなさい。

(8) 下線部分gの鎖国を守るために，幕府が他国の船の日本接近に対し，1825年に出した法令の名称を書きなさい。

(9) 次の文を略年表に挿入するとき，最も適切な位置はどこか。略年表中のア〜エから一つ選び，その符号を書きなさい。

資料　バテレン追放令(部分要約)

一　日本は神国であるから，キリスト教国から邪教(キリスト教)が伝え広められることは認められない。

一　ポルトガル船は，商売のために来航しているので，バテレン(キリスト教宣教師)追放とは関係がない。今後も長い年月にわたり，大いに売買すること。

　　二度にわたる元寇ののち，恩賞をほとんど得られなかった御家人は，幕府に不満をもつようになった。

〔11〕 次の表は, 日本の古代〜中世の各時代に形成された代表的な文化財についてまとめたものである。これを見て, 下の(1)〜(7)の問いに答えなさい。

大仙古墳 （大阪府堺市）	a大和政権(ヤマト王権)の勢力が強大であった5世紀ごろにつくられた大規模な前方後円墳。仁徳天皇の墓とも伝えられる。
東大寺正倉院 （奈良県奈良市）	b東大寺は聖武天皇が諸国の国分寺の中心として建てた寺院で, 正倉院はその倉に当たる。聖武天皇の遺品などが納められた。
平等院鳳凰堂 （京都府宇治市）	平安時代中期, 貴族の間に浄土信仰が広まる中, c藤原頼通が建てた阿弥陀堂。阿弥陀如来像が安置されている。
東大寺南大門金剛力士像 （奈良県奈良市）	d中国の新しい様式を用いて再建された東大寺南大門に, ［ e ］らによってつくられた2体の金剛力士像が置かれた。
慈照寺銀閣 （京都府京都市）	f応仁の乱が続く中, 将軍の職を引退した足利義政が京都の東山に建てた二層からなる建物で, 層によって建築様式が異なっている。

(1) 下線部分aについて, この政権の王(のちの天皇)は何とよばれていたか, 漢字2字で書きなさい。

(2) 下線部分bについて, 聖武天皇が国分寺・国分尼寺を建てることを命じたころに行われた政策として, 最も適当なものを, 次のア〜エから一つ選び, その符号を書きなさい。

　ア　徳政令を出して, 御家人が質入れしたり売ったりした所領をただで取りもどさせた。

　イ　武家社会の慣習にもとづいて御成敗式目(貞永式目)を定め, 裁判の基準とした。

　ウ　口分田が不足してきたため, 開墾を奨励するため, 墾田永年私財法を定めた。

　エ　冠位十二階の制度を定めて, 能力や功績のある人材を役人に取り立てようとした。

(3) 下線部分cについて, このころ藤原氏は, 有力な農民から多くの土地を寄進されていた。貴族や寺社の大きな収入源となったこのような土地を何というか, 漢字2字で書きなさい。

(4) 下線部分dについて, 東大寺南大門金剛力士像がつくられたころ中国を支配していた王朝を, 次のア〜エから一つ選び, その符号を書きなさい。

　ア　宋　　　　イ　漢　　　　ウ　明　　　　エ　唐

(5) ［ e ］に当てはまる人物名を, 次のア〜エから一つ選び, その符号を書きなさい。

　ア　雪舟　　　　イ　世阿弥　　　ウ　西行　　　　エ　運慶

(6) 下線部分fののち, 各地に戦国大名が台頭し, 領国を支配するために右の資料に示したような独自の法を定めた。このような法を何というか, 漢字3字で書きなさい。

> ―　本拠であるわが朝倉館のほかは,
> 国内に城を築いてはならない。
>   　　　　　　　　　　（朝倉孝景条々）
> ―　許可を得ず, 他国へ贈り物や手紙
> を送ることは, すべて禁止する。
>   　　　　　　　　　（甲州法度之次第）

(7) 右の図は, 慈照寺にある東求堂の一室を描いたものである。ここに見られる, たたみを敷いて床の間を設ける建築様式を何というか, 書きなさい。

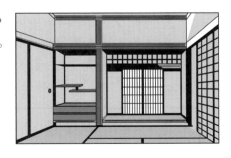

〔12〕 右の略年表を見て，次の(1)〜(5)の問いに答えなさい。

(1) 年表中のAの時期について，次の①，②の問いに答えなさい。

① 次のX〜Zは，Aの時期のできごとである。年代の古い順に並べたものとして，正しいものを，下のア〜カから一つ選び，その符号を書きなさい。

X 織田信長が安土城を築く。
Y 関ヶ原の戦いが起こる。
Z 豊臣秀吉が朝鮮を侵略する。

ア X→Y→Z イ X→Z→Y
ウ Y→X→Z エ Y→Z→X
オ Z→X→Y カ Z→Y→X

年代	できごと
1560	桶狭間の戦いが起こる。
1615	a 豊臣氏が滅びる。
1635	b 参勤交代の制度が定められる。
1680	c 徳川綱吉が征夷大将軍となる。
1772	d 田沼意次が老中となる。
1841	e 水野忠邦が天保の改革を始める。

（Aは1560と1615の間の期間を示す）

② Aの時期のできごととして，適当でないものを，次のア〜エから一つ選び，その符号を書きなさい。

ア 出雲の阿国がかぶき踊りを始めた。
イ 千利休がわび茶の作法を完成させた。
ウ 壮大な姫路城が完成した。
エ 菱川師宣が浮世絵を創始した。

一 新しい城をつくってはならない。石垣などがこわれたときは，奉行所の指示に従うこと。
一 大名は，許可なく結婚してはならない。
一 服装は，身分にふさわしいものを身につけること。

（部分要約）
---

(2) 下線部分aのできごとと同じころ，幕府は右の資料に示した法を定め，以後，将軍の代がわりごとにこのような法が定められた。この法を何というか，書きなさい。

(3) 下線部分bについて，大名の中でも外様大名は，親藩や譜代大名と比べて，参勤交代による負担が特に大きかったと考えられる。その理由を，大名の配置を示した右の地図を参考にし，「江戸」という語句を用いて，書きなさい。

● 御 三 家　　○ 10〜30万石未満
● 親藩・譜代　○ 30〜60万石未満
○ 外　　様　　○ 60万石以上

大名の配置（1664年）　　（10万石以上の大名のみ）

(4) 下線部分cについて，徳川綱吉について述べた文として，正しいものを，次のア〜エから一つ選び，その符号を書きなさい。

ア 質の悪い貨幣を大量に発行した。
イ ポルトガル船の来航を禁止した。
ウ 異国（外国）船打払令を定めた。
エ 庶民の意見を聞く目安箱を設置した。

(5) 下線部分dと下線部分eについて述べた次の文中の　　　に共通して当てはまる語句を，漢字3字で書きなさい。

商工業者の力を利用して財政を立て直そうとした田沼意次は，商工業者が　　　をつくることを奨励し，これに特権を与えるかわりに税を取った。しかし，水野忠邦は，　　　が物価の上昇の原因になっているとし，これを解散させた。

〔13〕 次のカードA～Dは，Nさんが，室町時代までの日本の外国とのかかわりについて発表するために用意したものである。これらのカードを見て，下の(1)～(4)の問いに答えなさい。

A	大和政権と中国

5世紀，a倭の五王が，王としての地位と，朝鮮半島南部の軍事的支配権とを中国の皇帝に認めてもらうため，たびたび使いを送った。

B	遣唐使の派遣

b7世紀前半から9世紀末にかけて，唐の進んだ制度や文化を取り入れるため，c遣唐使が派遣され，僧や留学生がこれに同行した。

C	日宋貿易

平安時代中期から宋との貿易が始まり，その利益に目をつけたd平清盛は，e瀬戸内海航路を整え，兵庫（神戸市）の港を修築して貿易を行った。

D	日明貿易

明からの倭寇の取りしまりの求めに応じたf足利義満は，明から与えられた勘合とよばれる証明書を正式の貿易船に渡し，g日明貿易を始めた。

(1) カードAの下線部分aについて，右の資料は，埼玉県の稲荷山古墳で出土した鉄剣を示したものであり，空欄部分には，倭の五王の一人である武の地位を表す語句が当てはまる。のちの天皇に当たるこの地位を表す語句を，漢字2字で書きなさい。

(2) カードBについて，次の①，②の問いに答えなさい。

① 下線部分bについて，次のX～Zは，この時期のできごとである。年代の古い順に並べたものとして，正しいものを，下のア～カから一つ選び，その符号を書きなさい。

X 口分田の不足に対し，開墾を奨励する目的で墾田永年私財法が定められた。

Y 貴族の藤原氏が，摂政・関白の地位について，政治の実権をにぎるようになった。

Z 中大兄皇子が，中臣鎌足らの協力を得て，蘇我氏を倒し，改革を始めた。

ア X→Y→Z　　　イ X→Z→Y　　　ウ Y→X→Z

エ Y→Z→X　　　オ Z→X→Y　　　カ Z→Y→X

② 下線部分cについて，遣唐使とともに中国に渡った最澄は，帰国後，日本に新しい仏教を広めた。最澄が広めた宗派を何というか，書きなさい。

(3) カードCについて，次の①，②の問いに答えなさい。

① 下線部分dについて，平清盛が活躍していた時期には，上皇による政治が続いていた。上皇による政治を何というか，漢字2字で書きなさい。

② 下線部分eについて，日宋貿易で大きな利益を得た平氏は，航海の安全を祈るため，厳島（いつくしま）神社をたびたび参詣（さんけい）した。世界遺産（文化遺産）にも登録されているこの神社がある場所を，右の地図中のア～エから一つ選び，その符号を書きなさい。

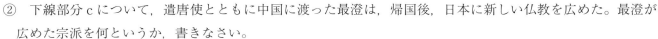

(4) カードDについて，次の①，②の問いに答えなさい。

① 下線部分fの人物によって建てられたものを，次のア～エから一つ選び，その符号を書きなさい。

ア 平等院鳳凰堂　　　イ 鹿苑寺金閣　　　ウ 慈照寺銀閣　　　エ 中尊寺金色堂

② 下線部分gの貿易において，日本が明から主に輸入したものを，次のア～エから一つ選び，その符号を書きなさい。

ア 漆器　　　　　イ 銅銭　　　　ウ 硫黄（いおう）　　　　エ 刀剣

〔14〕 次の表は、Nさんが、近世の日本における西洋諸国からの影響について発表するために用意したものである。この表を見て、下の(1)～(7)の問いに答えなさい。

	西洋諸国との関係	影響など
16世紀	鉄砲やキリスト教の伝来をきっかけに、a スペイン人やポルトガル人との貿易が始まった。	・b 鉄砲は戦いの方法を変えた。 ・自らキリスト教徒となる大名も現れた。
17世紀	キリスト教を禁止するため、c 鎖国の体制がとられたが、オランダの貿易船の来航は認められた。	・キリスト教徒への迫害が強められ、　d　が起こった。
18世紀	オランダ語の書物の輸入が緩和された。また、ロシア、イギリスなどの船が日本に接近した。	・e オランダ語の書物を通じて西洋を学ぶ蘭学がさかんになった。
19世紀前半	f 異国船打払令(外国船打払令)が出されたが、老中水野忠邦によって緩和された。	・g 外国船への砲撃を批判する蘭学者が幕府によって厳しい処罰を受けた。

(1) 下線部分 a について、右の地図は、15世紀末から16世紀初期にかけてヨーロッパ人によって開かれた航路を示したものである。地図中の航路 A ～ C を開いた人物(船隊)を、次のア～ウから一つずつ選び、その符号を書きなさい。

ア　コロンブス　　　　　イ　マゼラン船隊
ウ　バスコ＝ダ＝ガマ

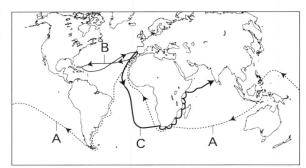

(2) 下線部分 b について、次の文中の　X　，　Y　に当てはまる語句の組合せとして、最も適当なものを、下のア～エから一つ選び、その符号を書きなさい。

1575年、織田信長は　X　において、鉄砲隊を効果的に使った戦法で、　Y　の騎馬隊を破った。

ア　〔X　桶狭間の戦い，　Y　今川氏〕　　　　イ　〔X　桶狭間の戦い，　Y　武田氏〕
ウ　〔X　長篠の戦い，　Y　今川氏〕　　　　エ　〔X　長篠の戦い，　Y　武田氏〕

(3) 下線部分 c について、鎖国の体制がとられていた時期に、朝鮮との交易が認められていた藩を、次のア～エから一つ選び、その符号を書きなさい。

ア　対馬藩　　　　　イ　薩摩藩　　　　　ウ　長州藩　　　　　エ　松前藩

(4) 　d　には、1637年に九州地方で起こった大規模な一揆の名称が当てはまる。この一揆を何というか、書きなさい。

(5) 下線部分 e について、蘭学者の杉田玄白らは、オランダ語で書かれた解剖書を翻訳して出版した。この書物を何というか、漢字4字で書きなさい。

(6) 下線部分 f について、水野忠邦は、日本に近づく外国船への打ち払いをゆるめ、外国船に薪や水などを与えて退去させる方針を定めた。このように異国船打払令(外国船打払令)が緩和された理由を、右の資料で示したできごとにふれ、「衝撃」という語句を用いて書きなさい。

(7) 下線部分 g について、このときに処罰を受けた人物はだれか、次のア～エから一つ選び、その符号を書きなさい。

ア　本居宣長　　　　　イ　伊能忠敬　　　　　ウ　高野長英　　　　　エ　大塩平八郎

〔15〕 右の略年表を見て，次の(1)〜(7)の問いに答えなさい。

(1) 下線部分aのできごとを何というか，次のア〜エから一つ選び，その符号を書きなさい。

　ア　尊王攘夷　　　　　イ　版籍奉還
　ウ　富国強兵　　　　　エ　大政奉還

年代	で　き　ご　と
1867	a 徳川慶喜が政権を朝廷に返す。
1872	b 学制が公布される。
1890	第1回帝国議会が開かれる。
1905	c ポーツマス条約が結ばれる。
1912	d 第一次護憲運動が始まる。
1914	e 日本が第一次世界大戦に参戦する。
1925	f 普通選挙法が制定される。

（1872年〜1890年の間にAの範囲を示す。）

(2) 下線部分bのころには，古い身分制度が廃止されていた。次のグラフは，このころの新しい身分にもとづく人口の割合を示したものである。グラフ中の　X　に当てはまる身分の名称を書きなさい。

```
　　　　　　　　　　　　華族・士族 5.1%┐
総人口        ┌────────────────────┐
3313.2 万人   │      X      93.5%   │
（1872年）    └────────────────────┘
　　　　　　　　僧侶・旧神官 0.9%┘
```
（「近代日本経済史要覧」による）

(3) 年表中のAの時期のできごととして，適当でないものを，次のア〜エから一つ選び，その符号を書きなさい。

　ア　内閣制度が創設され，伊藤博文が初代内閣総理大臣に就任した。
　イ　小村寿太郎外相がアメリカとの条約に調印して，関税自主権の完全な回復が実現した。
　ウ　政府を去っていた板垣退助らが，民撰議院設立の建白書を政府に提出した。
　エ　全国の代表者が大阪に集まって，国会の開設を求める国会期成同盟を結成した。

(4) 下線部分cについて，日露戦争の講和条約であるポーツマス条約が結ばれると，これに不満をもつ国民が暴動を起こした。ポーツマス条約に不満をもつ国民が多かった理由を，右の表を参考にし，「日清戦争と比べて」という書き出しに続けて，「犠牲」，「賠償金」の二つの語句を用いて書きなさい。

	日清戦争	日露戦争
動員兵数	約24万人	約109万人
死　者	約1万人	約8万人
戦　費	約2億円	約17億円
対戦国から得た賠償金	日本円で約3.1億円	なし

（「明治大正財政史」ほかによる）

(5) 下線部分dについて述べた次の文中の　P　に当てはまる政党名と　Q　に当てはまる人名の組合せとして，正しいものを，下のア〜エから一つ選び，その符号を書きなさい。

> 　1912年，　P　を基礎とした内閣が，陸軍の反対で倒れると，陸軍大将で藩閥の　Q　が内閣を組織した。これに対し，新聞や知識人は，藩閥を倒し，憲法の精神にもとづく政治を守ることをめざし，第一次護憲運動を起こした。これにより，　Q　の内閣は退陣に追い込まれた。

　ア　〔P　立憲改進党，Q　桂太郎〕　　　イ　〔P　立憲改進党，Q　原敬〕
　ウ　〔P　立憲政友会，Q　桂太郎〕　　　エ　〔P　立憲政友会，Q　原敬〕

(6) 下線部分eについて，日本はある国と結んだ同盟を理由に，連合国側に立って参戦した。この同盟の名称を書きなさい。

(7) 下線部分fについて，この法律によって選挙権を得たのはどのような人か，次のア〜エから一つ選び，その符号を書きなさい。

　ア　満25歳以上のすべての男女　　　　イ　直接国税15円以上を納める満25歳以上の男女
　ウ　満25歳以上のすべての男子　　　　エ　直接国税15円以上を納める満25歳以上の男子

〔16〕 Nさんは，近世における産業の発達について調べ，次の表を作成した。これを見て，下の(1)～(7)の問いに答えなさい。

産業	時代	主な動き
農業	安土桃山	・豊臣秀吉が兵農分離政策を進め，武士と農民の身分の区別が明確になった。 ・a百姓は耕作の権利を保障されたが，土地を勝手に離れることができなくなった。
	江戸	・幕府や藩は，年貢を確保するためb百姓に対する統制を強めた。 ・農業技術の発達，c農具の発明・改良などを背景に，生産量が大幅に増えた。 ・幕府や藩が年貢を引き上げると，百姓たちは団結して，d百姓一揆を起こした。
商工業	安土桃山	・e大名の本拠地である城下町などで，自由な営業が行われるようになった。
	江戸	・江戸・f大阪・京都の三都を中心に商工業が発達し，商人の力が強まった。 ・問屋制家内工業が行われ，江戸時代後期になると　g　も始まった。

(1) 下線部分aはある政策の結果である。この政策を，次のア～エから一つ選び，その符号を書きなさい。
　　ア　新田開発　　　　イ　太閤検地　　　　ウ　班田収授　　　　エ　楽市・楽座

(2) 下線部分bについて，農家5～6戸を一組とし，たがいに監視させて犯罪の防止や年貢の納入に連帯責任を負わせた制度を何というか，書きなさい。

(3) 下線部分cについて，右の図は，江戸時代に開発された，脱穀のための農具である。この農具の名称を，次のア～エから一つ選び，その符号を書きなさい。
　　ア　千歯こき　　　　イ　唐箕（とうみ）
　　ウ　備中ぐわ　　　　エ　からさお

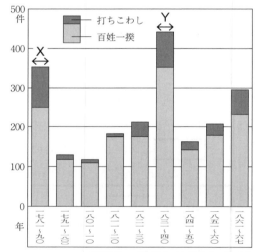

(4) 下線部分dについて，右のグラフは，江戸時代後期の百姓一揆と打ちこわしの発生件数を示したものである。グラフ中のXとYの時期に百姓一揆と打ちこわしの件数が著しく増えているのは，この時期にききんが発生し，食料が不足したことが関係している。X，Yの時期のききんの組合せとして，正しいものを，次のア～エから一つ選び，その符号を書きなさい。
　　ア　〔X　天明のききん，Y　享保のききん〕
　　イ　〔X　享保のききん，Y　天明のききん〕
　　ウ　〔X　天明のききん，Y　天保のききん〕
　　エ　〔X　天保のききん，Y　天明のききん〕

（「百姓一揆総合年表」による）

(5) 下線部分eについて，織田信長が1576年に壮大な城を築き，全国統一事業の本拠地とした場所を，右の地図中のア～エから一つ選び，その符号を書きなさい。

(6) 下線部分fについて，江戸時代には大阪は商業の中心地となり，「天下の台所」とよばれた。その具体的な理由を，「蔵屋敷」，「年貢米」，「特産物」の三つの語句を用いて書きなさい。

(7) 　g　には，地主や商人が出かせぎなどの働き手を一つの作業場に集め，作業を分担して手工業製品をつくらせるという，新しい形態の工業が当てはまる。このような工業を何というか，書きなさい。

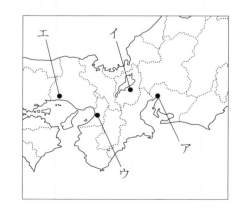

[17] Nさんは，近代・現代の交通に関する歴史について調べて，年代順に次のカードA～Dを作成した。これを見て，下の(1)～(7)の問いに答えなさい。

A	B	C	D
a1872年に新橋・横浜間，その2年後に神戸・大阪間に鉄道が開通した。また，沿岸航路では汽船の運航が始まった。	b1924年，関東大震災から復興した東京のバスに，バスガールとよばれるc女性の車掌が乗るようになった。	1937年にd日中戦争が始まると，e戦時体制下の需要急増に支えられた自動車メーカーが生産をのばしていった。	f1950年代に入ると経済が復興し，g高度経済成長が進む1964年には，東京・新大阪間に東海道新幹線が開通した。

(1) 下線部分aについて，このころのできごととして，最も適当なものを，次のア～エから一つ選び，その符号を書きなさい。

ア　政府は，近代産業を育てることをめざして，官営模範工場の富岡製糸場を創設した。

イ　シベリア出兵を見こした米の買い占めによって米価が急上昇し，米騒動が起こった。

ウ　日清戦争後に得た清からの賠償金などをもとにして，官営八幡製鉄所が創設された。

エ　足尾銅山鉱毒事件が起こり，衆議院議員の田中正造が帝国議会でこの問題を訴えた。

(2) 下線部分bの年のできごとについて述べた次の文中の　X　に当てはまる語句を，漢字2字で書きなさい。

> この年には第二次護憲運動が起こり，憲政会党首の加藤高明を首相とする連立内閣が成立した。こののち1932年まで，衆議院の憲政会と立憲政友会の総裁が交代で内閣を組織する　X　内閣の時代が続いた。

(3) 下線部分cについて，右の資料に示した雑誌を創刊し，女性の解放をめざしたことで知られる人物の名前を，次のア～エから一つ選び，その符号を書きなさい。

ア　津田梅子　　　イ　平塚らいてう（ちょう）　　　ウ　樋口一葉　　　エ　与謝野晶子

（資料省略）
「青鞜」表紙

(4) 下線部分dの直接のきっかけとなったできごとを，次のア～エから一つ選び，その符号を書きなさい。

ア　日本政府は，中国政府に対し，二十一か条の要求を示した。

イ　甲午農民戦争をしずめるため，両国が朝鮮半島に軍隊を送った。

ウ　関東軍（日本軍）が奉天郊外の柳条湖で南満州鉄道の線路を爆破した。

エ　北京郊外の盧溝橋付近で日中両国軍の武力衝突が起こった。

(5) 下線部分eについて，1938年に制定された法律により，政府は，議会の議決を経なくても戦争遂行のための人や物資を動員できるようになった。この法律を何というか，書きなさい。

(6) 下線部分fについて，1950年代に日本が結んだ条約を，次のア～エから一つ選び，その符号を書きなさい。

ア　日米安全保障条約　　　イ　ベルサイユ条約

ウ　日中平和友好条約　　　エ　日ソ中立条約

(7) 下線部分gについて，右のグラフは，高度経済成長が始まった1950年代後半から1970年代半ばにかけての日本の経済成長率の変化を示したものである。これを見ると，経済成長率がマイナスに落ちこんでいる年がある。その原因となったできごとについて，「中東」，「石油」，「価格」の三つの語句を用いて，30字以内で書きなさい。

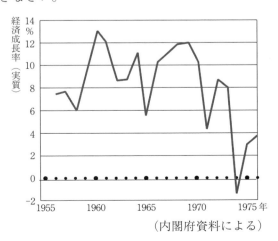

（内閣府資料による）

〔18〕 右の略年表を見て，次の(1)～(7)の問いに答えなさい。

年代	で き ご と
57	ａ の王が後漢に使いを送る。
607	ｂ が遣隋使として送られる。
701	ｃ大宝律令が制定される。
794	平安京に都を移す。
1185	壇ノ浦の戦いが起こる。
1221	ｄ が起こる。
1333	鎌倉幕府が滅びる。
1378	ｅ足利義満が幕府を室町に移す。
1488	ｆ加賀(石川県)の一向一揆が始まる。

(1) 年表中の ａ に当てはまる国名と ｂ に当てはまる人名の組合せとして，正しいものを，次のア～エから一つ選び，その符号を書きなさい。

ア 〔ａ 邪馬台国， ｂ 蘇我馬子〕

イ 〔ａ 奴国， ｂ 蘇我馬子〕

ウ 〔ａ 邪馬台国， ｂ 小野妹子〕

エ 〔ａ 奴国， ｂ 小野妹子〕

(2) 下線部分ｃによって律令制が完成した。律令制のもとでの農民の負担について述べた次の文中の Ｐ に共通して当てはまる語句を，漢字３字で書きなさい。

> 戸籍に登録された６歳以上のすべての人々には，性別や身分に応じて Ｐ が与えられ，その人が死亡したときに返すこととされた。また，人々は， Ｐ の面積に応じて租とよばれる税を負担した。

(3) 年表中のＡの時期について，右の資料は，この時期の貴族の屋敷を復元した模型を示している。庭園が設けられ，複数の建物が渡殿(わたどの)とよばれる廊下によって結ばれていることを特徴とするこのような建築様式を何というか，書きなさい。

(4) 右の資料は，源頼朝の妻の北条政子が，年表中の ｄ に当てはまる戦いに際し，家臣に対して訴えた言葉を示したものである。 ｄ に当てはまる戦いの名称を書きなさい。

北条政子の訴え（部分要約）

> みなの者，よく聞きなさい。これが最後の言葉です。頼朝殿が朝廷の敵を倒し，幕府を開いて以来，官職といい，土地といい，その御恩は山より高く海より深いものでした。みなの者がその御恩に報いたいという気持ちは決して浅くないはずです。名誉を重んじる者は，京都に向かって出陣し，裏切り者を討ち取って幕府を守りなさい。
>
> （吾妻鏡）

(5) 下線部分ｅについて，足利義満が将軍であった時期に栄えた文化に関するできごとを，次のア～エから一つ選び，その符号を書きなさい。

ア 運慶らが東大寺南大門金剛力士像を制作した。

イ 狩野永徳が「唐獅子図屏風」を制作した。

ウ 京都の北山に３層からなる金閣が建てられた。

エ 書院造の部屋をもつ東求堂が建てられた。

(6) 次のＸ～Ｚは，年表中のＢの時期のできごとである。年代の古い順に並べたものとして，正しいものを，下のア～カから一つ選び，その符号を書きなさい。

Ｘ 対立していた南朝と北朝が統一される。

Ｙ 有力な守護大名どうしの対立から，応仁の乱が始まる。

Ｚ 後醍醐天皇が建武の新政とよばれる政治を行う。

ア Ｘ→Ｙ→Ｚ イ Ｘ→Ｚ→Ｙ ウ Ｙ→Ｘ→Ｚ

エ Ｙ→Ｚ→Ｘ オ Ｚ→Ｘ→Ｙ カ Ｚ→Ｙ→Ｘ

(7) 下線部分ｆについて述べた次の文中の Ｑ に共通して当てはまる仏教の宗派名を書きなさい。

> 親鸞が開いた Ｑ (一向宗)は北陸に広がった。室町時代後期になると， Ｑ の信仰で結びついた武士や農民が一向一揆を起こすようになり，加賀(石川県)では，一揆の勢力が守護大名を倒した。

〔19〕 Nさんは，歴史の授業の調べ学習で，古代〜中世の文化史について調べ，次のような人物カードを作成した。カードA〜Dを見て，下の(1)〜(4)の問いに答えなさい。

A　鑑真	B　紫式部	C　運慶	D　雪舟
・8世紀に☐☐☐から来日し，正しい仏教の教えを伝えた。 ・都の平城京に律宗の寺を建てた。	・a 11世紀の初めごろ，天皇のきさきに仕えた。 ・仮名文字を用い，b 貴族の生活や感情を描く「源氏物語」を書いた。	・c 12〜13世紀に活躍した仏師（彫刻師）。 ・弟子の快慶らとともにd 東大寺南大門金剛力士像をつくった。	・e 15〜16世紀の禅僧で，水墨画の絵師として活躍。 ・f 明に渡って絵を学び，帰国後に日本風の水墨画を完成した。

(1) カードAの☐☐☐に当てはまる中国の王朝名を書きなさい。

(2) カードBについて，次の①，②の問いに答えなさい。

　① 下線部分aのころの政治の様子について述べた文として，最も適当なものを，次のア〜エから一つ選び，その符号を書きなさい。

　　ア 王を中心に，近畿地方の有力な豪族によって強力な連合政権がつくられていた。

　　イ 藤原氏が摂政や関白などの役職を利用し，天皇に代わって政治を動かしていた。

　　ウ 北条氏が，征夷大将軍を助ける執権の役職を独占し，政治の実権をにぎっていた。

　　エ 天皇が位をゆずって上皇となったのちも，院とよばれる御所で政治を行っていた。

　② 下線部分bについて，次の文中の☐☐☐に共通して当てはまる語句を，漢字2字で書きなさい。

> 　10世紀半ば，社会不安が高まってくると，念仏を唱え，阿弥陀仏（阿弥陀如来）にすがれば，死後に極楽☐☐☐に生まれ変わることができるという☐☐☐信仰（☐☐☐の教え）が貴族の間にも広まり，阿弥陀仏像を納める阿弥陀堂がさかんにつくられた。

(3) カードCについて，次の①，②の問いに答えなさい。

　① 次のX〜Zは，下線部分cの時期に起こったできごとである。年代の古い順に並べたものとして，正しいものを，下のア〜カから一つ選び，その符号を書きなさい。

　　X 元の軍勢が二度にわたって九州北部に襲来した。

　　Y 源義経らが平氏を壇ノ浦（山口県）に追いつめて滅ぼした。

　　Z 裁判の基準を示した御成敗式目（貞永式目）が定められた。

　　ア X→Y→Z　　　　　イ Y→X→Z　　　　　ウ Z→X→Y

　　エ X→Z→Y　　　　　オ Y→Z→X　　　　　カ Z→Y→X

　② 下線部分dのころ，イスラム勢力によってうばわれたキリスト教の聖地エルサレムを取りもどすという名目で組織された軍隊が，4回目の遠征を行っていた。この軍隊を何というか，漢字3字で書きなさい。

(4) カードDについて，次の①，②の問いに答えなさい。

　① 下線部分eのころ，下剋上の風潮が全国に広がっていた。下剋上とはどういうことか，「実力」，「権力」の二つの語句を用いて書きなさい。

　② 下線部分fについて，室町幕府は日明貿易を行った。この貿易で日本が明から大量に輸入したものを，次のア〜エから一つ選び，その符号を書きなさい。

　　ア 銅銭　　　　　イ 刀剣　　　　　ウ 銅　　　　　エ 硫黄（いおう）

〔20〕 Nさんは，近代から現代にかけての日本と外国との関係について調べ，次のようなカードを作成した。カードA～Cを見て，下の(1)～(5)の問いに答えなさい。

A

　これは，a岩倉使節団が欧米諸国に派遣されたときの写真である。使節団は，欧米諸国の進んだ社会を視察し，b日本の近代化に役立てた。

B

（資料省略）
「中国の抗議運動」

　これは，cパリ講和会議の決議に反対するd中国の国民が起こした抗議運動の様子である。この運動は，反日運動から反帝国主義運動へと発展した。

C

　これは，eサンフランシスコ平和条約の調印式の様子である。日本は，48か国と結んだこの条約により，独立国として主権を回復した。

(1) 下線部分aについて，この使節団に参加した伊藤博文が帰国後行ったこととして，正しいものを，次のア～エから一つ選び，その符号を書きなさい。

ア　ドイツ（プロイセン）の憲法や制度を模範として，憲法の草案を作成した。

イ　自由民権運動を進め，立憲改進党を結成して，初代党首となった。

ウ　ほとんどの大臣を立憲政友会の党員で構成する本格的な政党内閣を組織した。

エ　「学問のすゝめ」を発表し，欧米の思想を日本に紹介した。

(2) 下線部分bについて，日本の近代化のために政府が行った政策の一つに殖産興業がある。殖産興業の目的と内容について，「近代産業」，「官営」の二つの語句を用いて書きなさい。

(3) 下線部分cについて，パリ講和会議は，1914年から1918年にかけて続いた戦争の処理に関する会議である。この戦争の名称を書きなさい。

(4) 下線部分dについて，カードBに示したこの運動の名称を書きなさい。

(5) 下線部分eについて，次の①～③の問いに答えなさい。

　① この条約について述べた文として，正しいものを，次のア～エから一つ選び，その符号を書きなさい。

　　ア　日本の首席全権として調印を行ったのは，首相の佐藤栄作であった。

　　イ　この条約により，日本は台湾と澎湖諸島に対する権利を獲得した。

　　ウ　この条約と同時に，日本は国際連合に加盟して，国際社会に復帰した。

　　エ　この条約と同時に，アメリカとの間に日米安全保障条約が結ばれた。

　② 右のグラフは，この条約が結ばれた前後における日本の製造業の生産の推移を示したものである。1950年代前半における製造業の生産に大きな影響を及ぼしたできごとを，次のア～エから一つ選び，その符号を書きなさい。

　　ア　世界恐慌　　　　　イ　満州事変

　　ウ　朝鮮戦争　　　　　エ　関東大震災

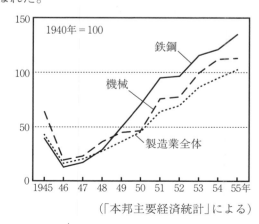

（「本邦主要経済統計」による）

　③ この条約が結ばれたのちも，日本国内でアメリカの統治のもとに置かれた地域がいくつかある。小笠原諸島，奄美群島，及びもう一つはどこか，書きなさい。

〔21〕 次の地図は関東地方を示しており，右の年表は，Nさんが関東地方で起こったできごとをまとめたものである。この地図と年表を見て，次の(1)〜(10)の問いに答えなさい。

年代	日本のできごと
1854	a <u>ペリーが浦賀に再来航する。</u>
1858	神奈川（横浜）が開港される。
1872	ア イ 官営 □ b □ ができる。
1884	ウ c <u>農民が高利貸・郡役所を襲撃する。</u>
1891	エ d <u>足尾銅山鉱毒事件が社会問題となる。</u>
1907	足尾銅山で暴動が起こる。
1923	A 関東大震災が起こる
1936	B e <u>東京で二・二六事件が起こる。</u>
1945	東京が大空襲を受ける。
1964	C f <u>東京オリンピックが開かれる。</u>

(1) 下線部分aの人物は，幕府との間に日米和親条約を結んだ。この条約によって下田とともに開港された場所を，次のア〜エから一つ選び，その符号を書きなさい。

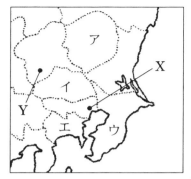

　　ア　新潟　　　イ　兵庫（神戸）
　　ウ　函館　　　エ　長崎

(2) 地図中のXでは，ロシアと結ばれたある条約に不満を持つ人々が暴動を起こした。この条約が結ばれた時期を，年表中のア〜エから一つ選び，その符号を書きなさい。

(3) 年表中の □ b □ には，右の資料に示した官営模範工場が当てはまる。地図中のYにつくられたこの官営模範工場の名称を書きなさい。

(4) 下線部分cは秩父事件とよばれている。この事件が起こった県を，地図中のア〜エから一つ選び，その符号を書きなさい。

(5) 下線部分dの事件に際して，右の人物はどのような立場にあり，どのような行動をとったか。「議会」，「被害」の二つの語句を用いて書きなさい。

(6) 次のア〜エは，年表中のAの時期のできごとである。年代の古いものから順に並べ，その符号を書きなさい。

　　ア　日本が第一次世界大戦に参戦した。　　　イ　日本がシベリア出兵を開始した。
　　ウ　日本が国際連盟に加盟した。　　　　　　エ　日本が韓国を併合した。

(7) 下線部分eの事件について述べた文として，最も適当なものを，次のア〜エから一つ選び，その符号を書きなさい。

　　ア　米価が急激に上昇すると，富山県の漁村の主婦たちが米の安売りを求めて米屋に押しかけた。
　　イ　満州国承認に反対の態度をとっていた犬養毅首相が，海軍の将校によって暗殺された。
　　ウ　陸軍の青年将校が，軍事政権の樹立による政治改革をめざし，首相官邸や警視庁などを襲撃した。
　　エ　天皇の暗殺を計画したとして，幸徳秋水をはじめ，多数の社会主義者が逮捕され，12人が処刑された。

(8) 年表中のBの時期には，戦争の長期化に対応するため，国が議会の承認なしに国民の生活を統制できる法律が制定された。この法律名を漢字6字で書きなさい。

(9) 年表中のCの時期に結ばれた条約として，適当なものを，次のア〜エから一つ選び，その符号を書きなさい。
　　ア　日米安全保障条約　　　イ　ベルサイユ条約　　　ウ　日ソ中立条約　　　エ　日中平和友好条約

(10) 下線部分fのころ，日本では技術革新が進んで重化学工業が発達し，国民の所得も増えていた。1973年ごろまで続いたこのような日本の経済や国民生活の飛躍的な発展を何というか，漢字6字で書きなさい。

〔22〕次のカードA〜Eは，近世までの女性に関することがらを時代ごとにまとめたものである。このカードを見て，下の(1)〜(5)の問いに答えなさい。

A 弥生時代
3世紀に，卑弥呼が30余りの小国を従え，中国に使いや奴隷を送り，金印や多くの銅鏡などを与えられた。

B 飛鳥時代
女帝の推古天皇が，a聖徳太子を摂政として政治を行わせた。聖徳太子は仏教をあつく信仰していたため，□X□を建てた。

C 平安時代
漢字をもとにしてかな文字がつくられ，紫式部や清少納言らの宮廷の女性が，かな文字を使ってすぐれた文学作品を書いた。

D 鎌倉時代
女性の地頭も少なくなかった。北条政子は□Y□のとき，御家人たちに将軍の御恩を説いて，結束するよう訴えた。

E 江戸時代
17世紀初頭に出雲の阿国がbかぶき踊りを始めた。c儒教の教えや厳しい身分制度により，女性の役割が限定された。

(1) Aのカードについて，卑弥呼の説明として正しいものを，次のア〜エから一つ選び，その符号を書きなさい。

ア 奴国という小国の女王である。　　　　イ 朝鮮南部の軍事的な指揮権を認められた。
ウ 漢の皇帝から金印を与えられた。　　　エ 魏の皇帝から倭王として認められた。

(2) Bのカードについて，次の①，②の問いに答えなさい。

① 下線部分aについて，右の資料は聖徳太子が定めた十七条の憲法の一部である。資料中の下線部分の意味を，「天皇」という語句を用いて，現代語で簡潔に書きなさい。

② □X□には，現存する世界最古の木造建築として知られる寺院が当てはまる。その寺院名を書きなさい。

資料　　　　　　　　　　　　　　（一部要約）

一に曰く，和をもって貴しとなし，さからう（争う）ことなきを宗と（第一に）せよ。

二に曰く，あつく三宝を敬え。三宝とは仏・法・僧なり。

三に曰く，詔をうけたまわりては必ずつつしめ。

(3) Cのカードについて，かな文字の使用に代表される国風文化が発達したのはなぜか，当時の外交政策の面から書きなさい。

(4) Dのカードについて，□Y□には，1221年に起こった，鎌倉幕府軍と朝廷軍との戦いが当てはまる。この戦いの名称を書きなさい。

(5) Eのカードについて，次の①，②の問いに答えなさい。

① 下線部分bについて，次の文中の□P□に当てはまる文化の名称を，漢字2字で書きなさい。また，□Q□に当てはまる人物名を，下のア〜エから一つ選び，その符号を書きなさい。

16世紀末から17世紀初めにかけて，新興の大名や大商人の気風を反映した□P□文化が栄え，この時期に出雲の阿国が始めたかぶき踊りによって女歌舞伎がさかんになった。歌舞伎は江戸時代を通して庶民に愛好され，元禄のころには人形浄瑠璃の作家としても知られる□Q□が，歌舞伎役者の坂田藤十郎のために多くの歌舞伎台本を書いた。

ア 歌川（安藤）広重　　イ 近松門左衛門　　ウ 松尾芭蕉　　エ 井原西鶴

② 下線部分cについて，儒教（儒学）の一派である朱子学を幕府の学問とした老中松平定信が行った政策を，次のア〜エから一つ選び，その符号を書きなさい。

ア 商工業者の株仲間結成を奨励した。　　イ 株仲間を解散させようとした。
ウ 法律を整備して公事方御定書を出した。　エ 旗本・御家人の借金を帳消しにさせた。

〔23〕 Nさんは，古代～近世の各時代の政治・外交に関する主なできごとと文化に関する動きを，次の表にまとめた。これを見て，下の(1)～(7)の問いに答えなさい。

時　代	政治・外交に関する主なできごと	文化に関する動き
奈　良	・a聖武天皇が仏教の力によって国家を守ろうとした。	・最初の和歌集が編集された。
平　安	・b菅原道真の意見によって遣唐使が停止された。	・　X　が描かれるようになった。
鎌　倉	・c元・高麗の軍勢が二度にわたって襲来した。	・東大寺が再建された。
室　町	・d将軍足利義満のときに南朝と北朝が統一された。	・雪舟が日本風の　Y　を大成した。
安土桃山	・e織田信長や豊臣秀吉が全国統一事業を進めた。	・雄大な天守をもつ城が築かれた。
江　戸	・幕藩体制とf「鎖国」の体制が確立した。	・　Z　が描かれるようになった。

(1) 　X　～　Z　に当てはまる語句の組合せとして，最も適当なものを，次のア～カから一つ選び，その符号を書きなさい。

ア 〔X　水墨画，Y　大和絵，Z　浮世絵〕　　イ 〔X　水墨画，Y　浮世絵，Z　大和絵〕

ウ 〔X　大和絵，Y　水墨画，Z　浮世絵〕　　エ 〔X　大和絵，Y　浮世絵，Z　水墨画〕

オ 〔X　浮世絵，Y　大和絵，Z　水墨画〕　　カ 〔X　浮世絵，Y　水墨画，Z　大和絵〕

(2) 下線部分aと同じころのできごとについて述べた次の文中の　　　　　に当てはまる語句を，下のア～エから一つ選び，その符号を書きなさい。

> 奈良時代中期になると，人口が増えて口分田が不足してきた。そこで，朝廷は，743年に　　　　　を出して，新たに開かれた田にも税をかけた。

ア 徳政令　　　　イ 公事方御定書　　　ウ 大宝律令　　　エ 墾田永年私財法

(3) 下線部分bのころの政治について述べた文として，最も適当なものを，次のア～エから一つ選び，その符号を書きなさい。

ア 藤原氏が，天皇の幼いときには摂政，天皇が成長してからは関白の地位について，政治を行っていた。

イ 朝廷の高い官職についた平氏の一族が，広大な荘園や公領を支配して，政治の実権をにぎっていた。

ウ 天皇が位をゆずって上皇となったのちも，院とよばれる御所で引き続き政治を行っていた。

エ 北条氏が執権の地位を代々独占し，名ばかりの将軍を京都から迎えて，政治の実権をにぎっていた。

(4) 下線部分cについて，右の資料は，モンゴル帝国の第5代皇帝の肖像である。中国北部を支配し，都を大都(北京)に移して国号を元としたこの人物の名を書きなさい。

(5) 下線部分dの人物について述べた文として，適当でないものを，次のア～エから一つ選び，その符号を書きなさい。

ア 観阿弥・世阿弥を保護した。　　　イ 京都の東山に銀閣を建てた。

ウ 日明貿易を始めた。　　　　　　　エ 京都の室町に将軍の御所を建てた。

(6) 下線部分eについて，キリスト教に対する織田信長と豊臣秀吉の姿勢のちがいを，豊臣秀吉が出した右の法令に関連づけて説明しなさい。

(7) 下線部分fについて，江戸幕府が鎖国を守るために異国船打払令(外国船打払令)にもとづいて，アメリカ船の砲撃を命じると，蘭学者がこれを批判して処罰を受けた。その蘭学者はだれか。次のア～エから一つ選び，その符号を書きなさい。

ア 本居宣長　　　　イ 杉田玄白　　　ウ 新井白石　　　エ 高野長英

> 一　日本は神国であるから，キリスト教の国から，悪い宗教をもちこむことは認めない。
> （一部要約）

〔24〕 右の略年表を見て，次の(1)〜(7)の問いに答えなさい。

年代	で き ご と
1858	a 日米修好通商条約が結ばれる。
1873	□ b □ が発布される。
1874	民撰議院設立の建白書が提出される。
1910	日本が韓国を併合する。
1915	c 中国に二十一か条の要求を出す。
1932	日本軍が □ d □ 建国を宣言する。
1945	e 選挙制度が改正される。
1951	日米安全保障条約が結ばれる。
1978	日中平和友好条約が結ばれる。

（A は 1874〜1910，B は 1951〜1978 の範囲を示す）

(1) 下線部分 a をきっかけとして欧米諸国との貿易が始まった。次のグラフは，そのころの日本の貿易相手国の内訳を示したものである。グラフ中のPに当てはまる国を，下のア〜エから一つ選び，その符号を書きなさい。

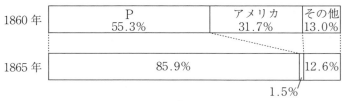

	P	アメリカ	その他
1860 年	55.3%	31.7%	13.0%
1865 年	85.9%		12.6%

1.5%

（「近代日本経済史要覧」による）

ア ロシア　　　　　イ オランダ
ウ フランス　　　　エ イギリス

(2) □ b □ には，満20歳になった男子に，士族・平民の区別なく兵役の義務を負わせることを定めたきまりが当てはまる。このきまりを何というか，書きなさい。

(3) 次のX〜Zは，年表中のAの時期のできごとである。年代の古い順に並べたものとして，正しいものを，下のア〜カから一つ選び，その符号を書きなさい。

X 第1回衆議院議員選挙が行われる。　　　　Y 伊藤博文が立憲政友会を結成し，党首となる。
Z 板垣退助が自由党を結成し，党首となる。

ア X→Y→Z　　　　イ X→Z→Y　　　　ウ Y→X→Z
エ Y→Z→X　　　　オ Z→X→Y　　　　カ Z→Y→X

(4) 下線部分 c について，右の資料は，中国に対する二十一か条の要求の一部を示したものである。資料中の □ に当てはまる国名を書きなさい。

一 中国政府は，□ が山東省にもっているいっさいの権利を日本にゆずる。

(5) □ d □ には，右の地図中の ▨ で示した地域に成立した国の名称が当てはまる。その国名を書きなさい。

（地図中の表記：ソ連，モンゴル人民共和国，中華民国，日本）

(6) 下線部分 e について，右の表は，第21回と第22回の衆議院議員総選挙の有権者数を示したものである。第21回と第22回の総選挙で有権者数が大きく変化したのは，1945年に選挙法が改正されたからである。この改正によって，有権者数はどのように変化したか。改正前と改正後の有権者の資格のちがいを明らかにし，「選挙権」という語句を用いて，60字以内で書きなさい。

回（実施年）	項目 有権者数（十万人）
第21回（1942年）	146
第22回（1946年）	369

（「日本長期統計総覧」による）

(7) 年表中のBの時期のできごととして，正しいものを，次のア〜エから一つ選び，その符号を書きなさい。

ア 中東戦争がきっかけとなって石油価格が大幅に上昇し，石油危機（オイル・ショック）が起こった。
イ 投機によって株式や地価が異常に高くなるバブル経済（バブル景気）が発生したが，数年後に崩壊した。
ウ シベリア出兵をあてこんだ米の買い占めなどがきっかけとなって米価が急上昇し，米騒動が起こった。
エ アメリカから始まった恐慌の影響が日本に及び，都市では多くの企業が倒産し，失業者があふれた。

〔25〕次の A ～ C は，ある生徒が，古代から近世にかけての交通の発達についてまとめたカードである。これらのカードを見て，下の(1)～(3)の問いに答えなさい。

A ₐ奈良時代には，都と地方とを結ぶ道路が整えられ，ᵦ役人が行き来するために駅が設けられ，乗りつぎ用の馬が用意された。

B c鎌倉時代には，京都と鎌倉を中心にして全国の交通網が整えられた。また，d室町時代には，港町や陸上交通の要地では，ₑ運送業者の活動がさかんになった。

C 安土桃山時代には，全国統一をめざすᵢ織田信長が各地の関所を廃止し，江戸時代になると，g街道や海路の全国的な整備が進んで，ₕ都市と地方とを往来(おうらい)する人が増えた。

(1) カード A について，次の①，②の問いに答えなさい。
　① 下線部分aの時代について，710年につくられた都の名称を書きなさい。
　② 下線部分bについて，律令国家において，中央から地方に役人として派遣され，その地方の豪族の中から郡司を選任し，政治を行った役職を何というか，漢字2字で書きなさい。

(2) カード B について，次の①～③の問いに答えなさい。

資料1

　① 下線部分cの時代に設置された役所を，次のア～エから一つ選び，その符号を書きなさい。
　　ア 鎌倉府　　イ 六波羅探題　　ウ 京都所司代　　エ 大宰府
　② 下線部分dの時代には日明貿易が行われた。この貿易の特色を，右の資料1に示した合い札の名称と，「倭寇」という語句を用いて書きなさい。
　③ 下線部分eについて，右の資料2は，室町時代の陸上の運送業者を描いたものである。この運送業者を何というか，漢字2字で書きなさい。

資料2

(3) カード C について，次の①～③の問いに答えなさい。
　① 下線部分fの人物が行ったこととして，適当でないものを，次のア～エから一つ選び，その符号を書きなさい。
　　ア 刀狩令を出して，農民から刀，弓，やりなどの武器をうばった。
　　イ 将軍足利義昭を京都から追放して，室町幕府を滅ぼした。
　　ウ 安土城下の商工業を発展させるため，楽市・楽座の制度をしいた。
　　エ 長篠の戦いで鉄砲隊を有効に使い，武田氏を破った。
　② 下線部分gについて，五街道の一つである東海道を舞台とした小説「東海道中膝栗毛」の作者はだれか，次のア～エから一人選び，その符号を書きなさい。また，この時期に栄えた文化の名称を書きなさい。
　　ア 葛飾北斎　　イ 滝沢馬琴　　ウ 歌川(安藤)広重　　エ 十返舎一九
　③ 下線部分hについて，江戸時代の三都の一つである大阪で起こったできごととして，最も適当なものを，次のア～エから一つ選び，その符号を書きなさい。
　　ア 出島にオランダ商館が置かれた。　　イ シャクシャインが反乱を起こした。
　　ウ ラクスマンが来航した。　　　　　　エ 大塩平八郎が反乱を起こした。

〔26〕 社会科のある授業で, 我が国の近現代の政治や社会に変化をもたらした重要な動きについて調べることになり, Nさんは, 次の四つのテーマをあげた。これらのテーマについて, 下の(1)～(4)の問いに答えなさい。

> テーマA：1870年代に板垣退助らが始めた自由民権運動は何をめざした運動で, どのような経過をたどったのだろうか。

> テーマB：大正デモクラシーとよばれる民主主義を求める風潮は, どのような社会運動を経て広まったのだろうか。

> テーマC：日本軍による中国侵略が進んだ1930年代には, 国内では軍人によってどのような動きが起こされ, 政治にどのような影響を及ぼしたのだろうか。

> テーマD：1960年の日米安全保障条約の改定に当たって, 連日, 大規模なデモ隊が国会議事堂周辺に集まる事態となったのはなぜだろうか。

(1) テーマAについて, 次の①, ②の問いに答えなさい。

① 板垣退助は, 政府に民撰議院設立の建白書を提出したあと, 政治結社の立志社を設立した。立志社が設立された場所を, 右の地図中のア～エから一つ選び, その符号を書きなさい。

② 次の文中の Ⅰ , Ⅱ に当てはまる語句の組合せとして, 最も適当なものを, 下のア～エから一つ選び, その符号を書きなさい。

> 自由民権運動が進展し, 1881年, 政府が国会を1890年までに開くことを約束すると, 板垣退助は Ⅰ を, 大隈重信は Ⅱ を結成して, それぞれ国会開設に備えた。

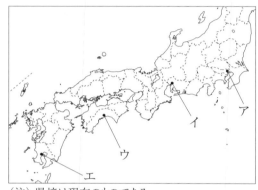

(注) 県境は現在のものである。

ア 〔Ⅰ 自由党, Ⅱ 立憲政友会〕
イ 〔Ⅰ 自由党, Ⅱ 立憲改進党〕
ウ 〔Ⅰ 自由民主党, Ⅱ 立憲政友会〕
エ 〔Ⅰ 自由民主党, Ⅱ 立憲改進党〕

(2) テーマBについて, 右の資料は, 大正デモクラシーの代表的な政治学者である吉野作造の主張の一部を示している。資料中の X に当てはまる語句を, 漢字2字で書きなさい。

吉野作造の主張（部分要約）

> 民主主義といえば,「国家の主権は人民にあり」という危険な学説と混同されやすい。また, 平民主義といえば, 平民と貴族とを対立させ, 貴族を敵にして, 平民に味方する意味に誤解されるおそれがある。民衆主義という言葉にはそうした欠点はないが, 民衆を重んじるという意味が表れない。我々が憲政の根底とするのは, 国体の君主政か共和政かに関係なく, 一般民衆を重んじ, 貴賤上下の区別をしないことである。したがって, X 主義という用語がいちばん適当であるかと思う。

(3) テーマCについて, 右の表は, Nさんが, 1932年に起こった五・一五事件について調べ, その【できごと】の【背景・原因】および【結果・影響】をまとめたものである。表中の Y に当てはまる, 最も適当な内容を, 15字以内で書きなさい。

(4) テーマDについて, 次の①, ②の問いに答えなさい。

① 日米安全保障条約が初めて結ばれたのは1951年である。同じ年に, 日本が独立を回復するきっかけとなる条約が48か国との間に結ばれた。その条約名を書きなさい。

② テーマDの安保闘争後, 内閣を組織して,「所得倍増」政策を打ち出した首相を, 次のア～エから一つ選び, その符号を書きなさい。

ア 池田勇人　　　イ 吉田茂　　　ウ 田中角栄　　　エ 佐藤栄作

【背景・原因】
・ 政党や財閥を打倒して強力な軍事政権をつくろうとする動きが活発化した。

⬇

【できごと】
・ 海軍の青年将校らが首相官邸を襲い, 犬養毅首相を射殺した。

⬇

【結果・影響】
・ 1924年から続いていた Y 。
・ 軍人が首相になることが多くなった。

〔27〕次のカードA～Cは，江戸時代までのわが国のおもな文化遺産や歴史資料を，年代の古い順に並べたものである。このカードを見て，下の(1)～(5)の問いに答えなさい。

A　正倉院

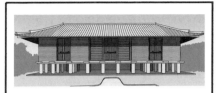

　8世紀に a 聖武天皇の命令で建てられた寺の倉庫に当たる建物である。b 遣唐使が唐から持ち帰った道具や楽器 などが正倉院に納められた。

B　元軍の襲来

　c 元の皇帝フビライ＝ハンは日本を従えようと，たびたび使者を送ってきた。しかし，幕府がこれを退けたため，d 二度にわたって大軍を日本に送った。

C　大阪の蔵屋敷

　江戸時代になると，e 大阪は全国の商業や金融の中心地となり，諸藩の蔵屋敷が設けられた。蔵屋敷には全国から米や特産物が運びこまれた。

(1)　カードAについて，次の①，②の問いに答えなさい。

　①　下線部分aの天皇の命令によって建てられ，正倉院を倉庫とする寺を，次のア～エから一つ選び，その符号を書きなさい。

　　ア　延暦寺　　　　　イ　法隆寺　　　　　ウ　金剛峯寺　　　　エ　東大寺

　②　下線部分bについて，このような道具や楽器の中には，西アジアやインドから伝わったものもある。当時，唐と西アジアやインドなどを結んでいた「絹の道」ともよばれる交通路の名称を，カタカナで書きなさい。

(2)　次のア～エは，カードAの正倉院が建てられてからカードBの元軍の襲来までの時期のできごとである。年代の古いものから順に並べ，その符号を書きなさい。

　　ア　豪族の平将門が関東地方で，貴族の藤原純友が西日本で，それぞれ反乱を起こした。

　　イ　坂上田村麻呂が征夷大将軍に任命され，東北地方の蝦夷の抵抗を抑えた。

　　ウ　源頼朝は，源義経をかくまっていたとして奥州藤原氏を攻撃し，滅ぼした。

　　エ　源氏との勢力争いに勝った平清盛が，武士としては初めて太政大臣に任命された。

(3)　カードBについて，次の①，②の問いに答えなさい。

　①　下線部分cについて述べた文として，正しいものを，次のア～エから一つ選び，その符号を書きなさい。

　　ア　都は長安に置かれていた。　　　　　イ　モンゴル民族によって支配されていた。

　　ウ　朝鮮半島の新羅を従えていた。　　　エ　漢字のもとになる甲骨文字を使用していた。

　②　下線部分dの戦いでは，元軍は退却したが，この戦いののち，幕府に対する御家人たちの不満は高まった。その理由を，「恩賞」という語句を用いて書きなさい。

(4)　カードBの元軍の襲来からカードCの大阪が商業や金融の中心地となったころまでの時期に起こったできごとを，次のア～エから一つ選び，その符号を書きなさい。

　　ア　応仁の乱　　　　　イ　壬申の乱　　　　　ウ　大塩平八郎の乱　　　　エ　承久の乱

(5)　カードCについて，次の①，②の問いに答えなさい。

　①　下線部分eについて，このことから大阪は「天下の　　　　　　　」とよばれた。　　　　　　　に当てはまる語句を漢字2字で書きなさい。

　②　カードCのころに，菱川師宣は右のような絵を描いた。このように，軽快な線や色彩で主に庶民の姿や生活などを描いた絵画は何とよばれたか，漢字3字で書きなさい。

〔28〕 右の略年表を見て，次の(1)～(7)の問いに答えなさい。

(1) 下線部分aによって開港されたが，日米修好通商条約が定める五つの貿易港に含まれなかったのはどこか。次の地図中のア～エから一つ選び，その符号を書きなさい。

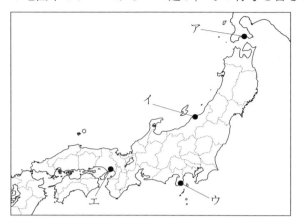

年代	で き ご と
1854	a日米和親条約が結ばれる。
1873	b地租改正条例が出される。
1874	民撰議院設立建白書が提出される。
1894	日清戦争が始まる。
1918	c本格的な政党内閣が成立する。
1931	d満州事変が起こる。
1945	日本がポツダム宣言を受諾する。
1985	男女雇用機会均等法が成立する。
1992	国際平和協力法（PKO協力法）が成立する。

（年表中 1874～1894 は A，1931～1945 は B，1985～1992 は C）

(2) 下線部分bについて，右のグラフは，地租改正が実施されたのちの政府の収入の移り変わりを示したものである。これについて述べた次の文中の　　　　　　に当てはまる内容を，「総額」，「地租」，「割合」の三つの語句を用いて書きなさい。

> 地租改正の実施により，政府は，ほぼ一定した収入を確保することができるようになった。その後，近代的な租税制度が整備されて政府の収入が増えるにしたがって，　　　　　　

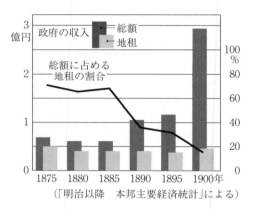

（「明治以降　本邦主要経済統計」による）

(3) 次のX～Zは，年表中のAの時期のできごとである。年代の古い順に並べたものとして，正しいものを，下のア～カから一つ選び，その符号を書きなさい。

X　衆議院議員選挙が行われ，第1回帝国議会が開かれた。

Y　全国の代表者が大阪に集まって，国会の開設を求める国会期成同盟を結成した。

Z　内閣制度が創設され，伊藤博文が初代の内閣総理大臣に就任した。

ア　X→Y→Z　　　イ　X→Z→Y　　　ウ　Y→X→Z

エ　Y→Z→X　　　オ　Z→X→Y　　　カ　Z→Y→X

(4) 下線部分cのときに内閣総理大臣となったのはだれか，人名を書きなさい。

(5) 下線部分dの直接のきっかけとなったできごとを，次のア～エから一つ選び，その符号を書きなさい。

ア　北京郊外の盧溝橋付近で，日中両国軍の武力衝突が起こった。

イ　日本は中国に対して二十一か条の要求を出し，大部分を強引に認めさせた。

ウ　関東軍（日本軍）が奉天郊外の柳条湖で南満州鉄道の線路を爆破し，軍事行動を開始した。

エ　義和団とよばれる団体が立ち上がり，北京にある各国の公使館を包囲した。

(6) 年表中Bの時期の外国のできごとを，次のア～エから一つ選び，その符号を書きなさい。

ア　独ソ不可侵条約が結ばれた。　　　イ　ベルリンの壁が取りこわされた。

ウ　アメリカで同時多発テロが起こった。　　　エ　ロシア革命が起こった。

(7) 年表中のCの時期には，投機によって株式と土地の価格が異常に高くなる不健全な好景気が発生した。この景気を何というか，書きなさい。

〔29〕 右の略年表を見て，次の(1)～(7)の問いに答えなさい。

(1) 次の文は，年表中のAの時期のある藩の動きについて述べたものである。この藩を，下のア～エから一つ選び，その符号を書きなさい。

> この藩は，朝廷を動かして幕府に攘夷の実行を約束させ，海峡を通る外国船を砲撃した。しかし，翌年，イギリス・フランス・アメリカ・オランダの4か国の連合艦隊から報復攻撃を受けた。

ア　長州藩　　　　イ　水戸藩
ウ　土佐藩　　　　エ　薩摩藩

年代	我が国のできごと
1858	日米修好通商条約が結ばれる。（A）
1867	徳川慶喜が政権を朝廷に返す。（A）
1872	<u>a 学制が公布される。</u>
1894	<u>b 日清戦争が始まる。</u>
1910	日本が韓国を併合する。（B）
1938	国家総動員法が制定される。（B）
1940	<u>c 日独伊三国同盟が結ばれる。</u>
1956	<u>d 日本が国際連合に加盟する。</u>
1986	<u>e バブル経済が始まる。</u>

(2) 下線部分aによって，満何歳になった男女に小学校教育を受けさせることになったか，書きなさい。

(3) 右の絵は，下線部分bの直前の，朝鮮をめぐる三つの国の関係を示した風刺画である。これについて述べた次の文中の　Ⅰ　～　Ⅲ　に当てはまる国名を，それぞれ書きなさい。

> 3人のつり人のうち，川をはさんで左側の人物は　Ⅰ　を，右側の人物は　Ⅱ　を表し，それぞれ魚（朝鮮）をつり上げようとしている。橋の上の人物は　Ⅲ　を表しており，　Ⅰ　と　Ⅱ　のどちらが魚をつり上げるのか，ようすをうかがっている。

(4) 右のグラフは，年表中のBの時期のある期間における，朝鮮から日本への米の輸出量と，朝鮮における米の生産量を示したものである。この時期に，朝鮮の農村では米の増産計画が進められたが，朝鮮の人々の生活は苦しくなり，日本や満州へ出かせぎに行く人々も多かった。朝鮮の人々の生活が苦しくなった理由を，右のグラフから読みとって書きなさい。

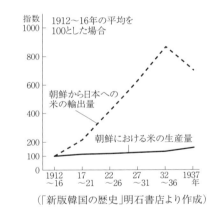

（「新版韓国の歴史」明石書店より作成）

(5) 下線部分cなどにみられる枢軸国の動きに対し，アメリカのローズベルト大統領とイギリスのチャーチル首相は，翌年8月，枢軸国のファシズムに反対して民主主義を守り，領土の拡張や変更を否定する考えを示した。この考えを示したものを何というか。漢字5字で書きなさい。

(6) 下線部分dのきっかけとなったものを，次のア～エから一つ選び，その符号を書きなさい。
ア　日ソ中立条約　　　　イ　日中平和友好条約
ウ　日ソ共同宣言　　　　エ　日中共同声明

(7) 下線部分eについて，右の表は，Nさんが，1980年代後半から1990年代初めにかけて我が国でみられたバブル経済について調べ，その【できごと】の【背景・原因】および【結果・影響】をまとめたものである。表中の①～③｛　｝のそれぞれのア，イから適当な語句を一つずつ選び，その符号を書きなさい。

> 【背景・原因】
> ・投機によって株式と土地の価格が異常に①｛ア　上昇　　イ　下落｝した。
>
> 【できごと】
> ・バブル経済とよばれる②｛ア　好況　　イ　不況｝が発生した。
>
> 【結果・影響】
> ・バブル経済は1991年に崩壊。以後，長期の③｛ア　好況　　イ　不況｝が続いた。

〔30〕 右の略年表を見て，次の(1)～(7)の問いに答えなさい。

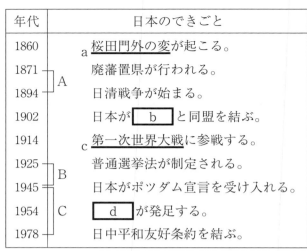

年代	日本のできごと
1860	a桜田門外の変が起こる。
1871	廃藩置県が行われる。
1894	日清戦争が始まる。
1902	日本が b と同盟を結ぶ。
1914	c第一次世界大戦に参戦する。
1925	普通選挙法が制定される。
1945	日本がポツダム宣言を受け入れる。
1954	d が発足する。
1978	日中平和友好条約を結ぶ。

(1) 下線部分aの事件で暗殺された人物とその役職の組合せとして，正しいものを，次のア～エから一つ選び，その符号を書きなさい。

ア 〔人物 井伊直弼，役職 大老〕

イ 〔人物 井伊直弼，役職 老中〕

ウ 〔人物 水野忠邦，役職 大老〕

エ 〔人物 水野忠邦，役職 老中〕

(2) 次の文章は，年表中のAの時期に見られた動きについて述べたものである。文章中の◯◯◯◯◯に当てはまる内容を，「特定」，「藩」の二つの語句を用いて書きなさい。

> 右の表は，1873年11月当時の政府の官職・氏名・出身を示している。当時の政府による政治は，この表からわかるように◯◯◯◯◯◯ので，自由民権運動を進めていた人々は，国民の意見を広く政治に反映させようとして，国会開設などを要求した。

官 職	氏 名	出 身
太 政 大 臣	三 条 実 美	公 家
右 大 臣	岩 倉 具 視	公 家
参議・文部卿	木 戸 孝 允	長州藩
同 ・内務卿	大久保 利通	薩摩藩
同 ・外務卿	寺 島 宗 則	薩摩藩
同 ・大蔵卿	大 隈 重 信	肥前藩
同 ・司法卿	大 木 喬 任	肥前藩
同 ・工部卿	伊 藤 博 文	長州藩
同 ・海軍卿	勝 安芳 (海舟)	幕 臣
陸 軍 卿	山 県 有 朋	長州藩
左 院 議 長	伊地知 正治	薩摩藩
北海道開拓次官	黒 田 清 隆	薩摩藩
陸 軍 大 輔	西 郷 従 道	薩摩藩

(3) b に当てはまる国名を書きなさい。

(4) 下線部分cについて述べた文として，適当でないものを，次のア～エから一つ選び，その符号を書きなさい。

ア オーストリア皇太子夫妻がセルビア人青年に暗殺されたことがきっかけで始まった。

イ 大戦中，日本は中国政府に対して二十一か条の要求を行い，大部分を認めさせた。

ウ ドイツ，オーストリア，イタリアは三国協商とよばれる関係で結びついていた。

エ 大戦後にパリで講和会議が開かれ，講和条約としてベルサイユ条約が結ばれた。

(5) 年表中のBの時期には，満州事変と日中戦争が起こった。右の地図中のP～Sのうち，満州事変と日中戦争のきっかけとなる事件が発生した場所の組合せとして，正しいものを，次のア～エから一つ選び，その符号を書きなさい。

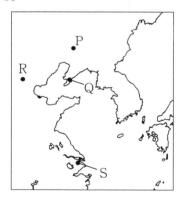

ア 〔満州事変 P，日中戦争 R〕　　イ 〔満州事変 P，日中戦争 S〕

ウ 〔満州事変 Q，日中戦争 R〕　　エ 〔満州事変 Q，日中戦争 S〕

(6) d には，在日アメリカ軍が朝鮮戦争に出兵したとき，GHQの指令で創設された警察予備隊(その後は保安隊)が強化されてできた組織が当てはまる。この組織を何というか，漢字3字で書きなさい。

(7) 次のX～Zは，年表中のCの時期のできごとである。年代の古い順に並べたものとして，正しいものを，下のア～カから一つ選び，その符号を書きなさい。

X 沖縄が日本に復帰した。

Y アジアで最初のオリンピックが東京で開かれた。

Z GHQが財閥解体・農地改革を指令した。

ア X→Y→Z　　　　イ X→Z→Y　　　　ウ Y→X→Z

エ Y→Z→X　　　　オ Z→X→Y　　　　カ Z→Y→X

〔31〕 あるクラスでは，歴史上の人物になったつもりで自己紹介することになった。4人の生徒が作成した次のA〜Dの自己紹介文について，下の(1)〜(8)の問いに答えなさい。

A 千利休

私は堺(大阪府)の豪商の家に生まれ，茶の湯を学びました。a織田信長やb豊臣秀吉に仕え，質素なわび茶の作法を完成させました。

B 徳川吉宗

私が将軍のころ，幕府の財政が苦しくなっており，武士に X 。また，新田開発を積極的に進めたり，参勤交代を一時ゆるめたりしました。

C 北条泰時

後鳥羽上皇が挙兵して起こった承久の乱後，私は，c六波羅探題の長官となり，さらに，父の義時の死後は，執権の地位につきました。

D 鑑真

私は仏教を広めるために，苦労してd中国から日本に渡り，都にやってきました。日本では，律令国家のしくみが整えられていました。

(1) 自己紹介文A〜Dを，年代の古いものから順に並べ，その符号を書きなさい。

(2) 下線部分aの人物が長篠の戦いで破った大名を，次のア〜エから一つ選び，その符号を書きなさい。

　ア　毛利氏　　　　イ　武田氏　　　　ウ　今川氏　　　　エ　明智氏

(3) 下線部分bの人物が行ったことを，次のア〜エから一つ選び，その符号を書きなさい。

　ア　諸国の大名に対し，領地と江戸とを一年おきに往復させる参勤交代を義務づけた。

　イ　明の征服への協力を断った朝鮮に二度にわたって大軍を送り，侵略を行った。

　ウ　琵琶湖の近くに安土城を築き，城下町の商工業を発展させるために楽市・楽座を実施した。

　エ　質を落とした貨幣を大量に発行したり，極端な動物愛護令である生類憐みの令を出したりした。

(4) Bの徳川吉宗によって行われた政治改革を，当時の年号(元号)にちなんで何というか，書きなさい。

(5) 自己紹介文B中の X には，武士の生活上の心がけを説くことばが当てはまる。徳川吉宗が将軍のときに，金沢藩(石川県)では，武士に対して右の資料のような命令が出された。資料を参考にして， X に当てはまる適当なことばを書きなさい。

資料

近年，江戸の屋敷にいる者どもは，ぜいたくな生活をし，よいものを着ている。これ以後は，そのような服装をすることがないようにせよ。また，若い者どもがしばしば会合をもって飲み食いし，むだな出費をしている。もっと文武に精進せよ。旅行でも，年若い者がかごに乗ったりすることがないようにせよ。

(6) 自己紹介文Cの人物によって定められた，裁判の基準を御家人に示した法律を何というか，書きなさい。

(7) 下線部分cが置かれた場所を，右の地図中のア〜エから一つ選び，その符号を書きなさい。

(8) 下線部分dについて，鑑真が来日した時代に栄えていた文化の説明として，最も適当なものを，次のア〜エから一つ選び，その符号を書きなさい。

　ア　「古事記」や「日本書紀」などの歴史書がまとめられた。

　イ　本居宣長が「古事記伝」を著して国学を大成した。

　ウ　紀貫之らによって「古今和歌集」がまとめられた。

　エ　お伽草子とよばれる絵入りの物語がまとめられた。

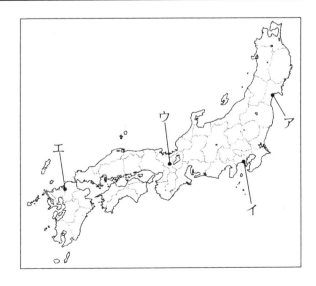

〔32〕 右の略年表を見て，次の(1)～(7)の問いに答えなさい。

(1) 下線部分aと同様の条約が4か国との間にも結ばれ，日本と欧米諸国との貿易が始まった。次のグラフは，開国直後の日本の輸出品の内訳を示したものである。グラフ中の**X**が表す品目を，下のア～エから一つ選び，その符号を書きなさい。

年代	で　き　ご　と
1858	a 日米修好通商条約が結ばれる。
1874	b 民撰議院設立建白書が提出される。
1895	c 下関条約が結ばれる。
1925	普通選挙法が制定される。
1936	d 二・二六事件が起こる。
1938	国家総動員法が制定される。
1945	日本がポツダム宣言を受諾する。
1955	アジア・アフリカ会議に参加する。
1973	石油危機が起こる。

（年表の右側に A：1895～1925，B：1938～1945，C：1955～1973 の期間が示されている。）

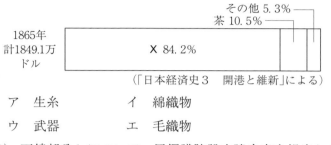

その他 5.3%
茶 10.5%

1865年
計1849.1万ドル　　**X** 84.2%

（「日本経済史3　開港と維新」による）

ア　生糸　　　　　イ　綿織物
ウ　武器　　　　　エ　毛織物

(2) 下線部分bについて，民撰議院設立建白書を提出した板垣退助について述べた文として，最も適当なものを，次のア～エから一つ選び，その符号を書きなさい。

ア　ヨーロッパで憲法を学び，帰国後は自らが中心となって憲法の草案を作成した。

イ　政府が10年後の国会開設を約束すると，立憲改進党を結成して党首となった。

ウ　殖産興業に努め，政府の中心人物として権力を持ったが，1878年に暗殺された。

エ　高知で立志社という政治団体をつくり，のちに自由党を結成して党首となった。

(3) 下線部分cについて述べた次の文中の　　　　に当てはまる語句を書きなさい。

> この条約で，日本は清から遼東半島，台湾，澎湖諸島をゆずり受けたが，同年，ロシアがドイツ・フランスとともに，遼東半島を清に返還するよう日本に勧告してきた。これは「　　　　」とよばれた。

(4) 次の**X**～**Z**は，年表中のAの時期のできごとである。年代の古い順に並べたものとして，正しいものを，下のア～カから一つ選び，その符号を書きなさい。

X　日本が国際連盟に加盟し，常任理事国となる。

Y　日本が中国政府に二十一か条の要求を示す。

Z　日本が韓国を併合し，朝鮮と改める。

ア　X→Y→Z　　　　イ　X→Z→Y　　　　ウ　Y→X→Z
エ　Y→Z→X　　　　オ　Z→X→Y　　　　カ　Z→Y→X

(5) 下線部分dについて，右の資料は，このころの政治の状況を描いた当時の風刺画である。ここで風刺されているのはどのようなことか。「政治」，「軍部」，「発言力」の三つの語句を用いて書きなさい。

（資料省略）
「軍国主義の風刺画」

(6) 年表中のBの時期のできごととして，正しいものを，次のア～エから一つ選び，その符号を書きなさい。

ア　日本がパリ講和会議に参加する。　　　イ　日ソ中立条約が結ばれる。
ウ　日本がワシントン会議に参加する。　　エ　日韓基本条約が結ばれる。

(7) 年表中のCの時期には，国民総生産(GNP)が飛躍的に増え，技術革新が進んで重化学工業が発展するとともに，国民の所得も大幅に増えた。この時期に見られた経済の状況を何というか，漢字6字で書きなさい。

〔33〕 次のカード A ～ C は，Nさんが歴史の学習で，各時代の貨幣について調べてまとめたものの一部である。これらのカードを見て，下の(1)～(5)の問いに答えなさい。

| A | a律令国家のしくみが整えられてきた飛鳥時代後期の708年に発行された貨幣は，奈良時代になってb平城京の市の品物の取り引きなどに利用されるようになった。 |

| B | c平安時代の終わりごろから室町時代にかけては，中国とのd貿易を通じて大量に輸入された銅銭が用いられるようになった。 |

| C | e江戸時代には鉱山の採掘や精錬技術が進み，各地で鉱山の開発が進んだ。また，幕府により，金・銀・銅の3種類の貨幣がつくられるようになった。 |

(1) 下線部分aについて，律令国家のしくみが確立した8世紀に成立した文学作品を，次のア～エから一つ選び，その符号を書きなさい。

ア 「方丈記」　　　　イ 「徒然草」　　　　ウ 「古今和歌集」　　　　エ 「万葉集」

(2) 下線部分bについて，このときに使われていた貨幣を，次のア～エから一つ選び，その符号を書きなさい。

ア　　　　　　　イ　　　　　　　ウ　　　　　　　エ

(3) 下線部分cについて，次の①，②の問いに答えなさい。

① 次のア～エは，平安時代の終わりごろから室町時代にかけてのできごとについて述べたものである。年代の古いものから順に並べ，その符号を書きなさい。

ア 平清盛が武士として初めて太政大臣となった。　　イ 応仁の乱が起こり，11年間続いた。

ウ 後醍醐天皇が建武の新政を行った。　　エ 後鳥羽上皇が倒幕の兵を挙げた。

② 平安時代の終わりごろから鎌倉時代にかけて，宋に渡って仏教を学んだ栄西や道元らによって，日本に伝えられた仏教の宗派は，室町時代の文化にも大きな影響を与えた。栄西や道元が広めた宗派をまとめて何というか，書きなさい。

(4) 下線部分dについて，15世紀初めに成立した琉球王国は貿易で栄えた。琉球貿易で行われた貿易の特色を，「東アジア」，「東南アジア」の二つの語句を用いて書きなさい。

(5) 下線部分eについて，次の①，②の問いに答えなさい。

① 幕府の5代将軍は，寺院の建設などに多額の費用をかけて財政が苦しくなると，質の悪い貨幣を多くつくらせて不足を補おうとした。この将軍の名前を書きなさい。

② 右の地図中に示した鉱山はいずれも，江戸時代に開発が進められた。これらのうち，明治時代に鉱毒による公害が渡良瀬川流域で問題となったものを一つ選び，その名称を書きなさい。

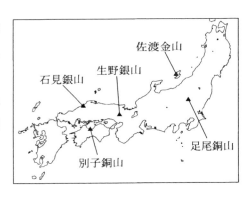

〔34〕　次の表は，ある中学生が，修学旅行で訪れる近畿地方の各地にある文化財についてまとめたものである。これを見て，下の(1)～(7)の問いに答えなさい。

奈良県	法隆寺	・飛鳥時代，a 聖徳太子が斑鳩（いかるが）に創建。現存する世界最古の木造建築物。
	東大寺	・奈良時代，b 聖武天皇の命令によって平城京に創建。平安時代に平氏によって焼かれたが，c 鎌倉時代に再建。
京都府	平等院鳳凰堂	・平安時代，d 藤原頼通が宇治に創建した阿弥陀堂。阿弥陀如来像が安置されている。
	慈照寺銀閣	・室町時代に　X　が京都に創建。禅宗の影響を強く受けている。
大阪府	大阪城	・e 安土桃山時代に豊臣秀吉が，一向宗（浄土真宗）の根拠地となった大阪の石山本願寺跡地に建てたが，大阪夏の陣で焼失。その後再建。
兵庫県	姫路城	・江戸時代の初めに外様大名の池田氏が完成させた。f 18世紀半ばから幕末にかけては譜代大名の酒井氏が城主となった。

(1)　下線部分 a の人物に協力して政治を行った人物はだれか。その人名を，次のア～エから一つ選び，その符号を書きなさい。

　ア　菅原道真　　　　　イ　中臣鎌足　　　　　ウ　蘇我馬子　　　　　エ　坂上田村麻呂

(2)　下線部分 b について，聖武天皇が東大寺大仏建立の詔（みことのり）を出したころ，ある政策が行われた。その政策について述べた文として，最も適当なものを，次のア～エから一つ選び，その符号を書きなさい。

　ア　唐のおとろえや航海にともなう危険を理由として，遣唐使の派遣が停止された。

　イ　生活が苦しくなった御家人を救うため，借金を帳消しにする徳政令が出された。

　ウ　墾田永年私財法が定められ，新たに開墾した土地の永久の私有が認められた。

　エ　才能や功績のある人物を役人に取り立てるため，冠位十二階の制度が定められた。

(3)　下線部分 c について，鎌倉幕府を開いた源頼朝が，荘園や公領ごとに置き，土地の管理や年貢の取り立てなどを行わせた役職を何というか，漢字2字で書きなさい。

(4)　下線部分 d について，右の資料は，藤原頼通の父・道長がよんだ和歌である。この和歌にこめられた道長の感情として，最も適当なものを，次のア～エから一つ選び，その符号を書きなさい。

> この世をば　わが世とぞ思う
> 望月の　欠けたることも
> なしと思えば

　ア　藤原氏の勢力がおとろえてきたことへの不安。　　　　イ　藤原氏が栄えていることに対する満足感。

　ウ　藤原氏が浄土に生まれ変われるよう祈る気持ち。　　　エ　藤原氏の政治に欠けているものへの反省。

(5)　右の表は，応仁の乱開始時の対立関係を示したものである。上と右の表中の　X　にはある人名が共通して当てはまる。また，右の表中の　Y　には，幕府において将軍を補佐する役職が当てはまる。　X　に当てはまる人名と　Y　に当てはまる役職の組合せとして，正しいものを，次のア～エから一つ選び，その符号を書きなさい。

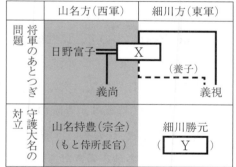

		山名方（西軍）	細川方（東軍）
問題	将軍のあとつぎ	日野富子　　X　　（養子）	
		義尚　　　　　義視	
対立	守護大名の	山名持豊（宗全）（もと侍所長官）	細川勝元（　Y　）

　ア　〔X　足利義満，Y　執権〕　　　イ　〔X　足利義満，Y　管領〕

　ウ　〔X　足利義政，Y　執権〕　　　エ　〔X　足利義政，Y　管領〕

(6)　下線部分 e の時代には，朝鮮の陶工（とうこう）たちが右の資料に示した有田焼をはじめ，日本各地に優れた陶磁器の製法を伝えたが，朝鮮の陶工たちが日本で陶磁器をつくることになった理由を，「豊臣秀吉」，「大名」，「陶工」の三つの語句を用いて，40字以内で書きなさい。

▲有田焼の器

(7)　下線部分 f のころ，将軍徳川吉宗は，裁判の基準となる法律を定めた。この法律名を書きなさい。

〔35〕 次のカードA〜Dは，Nさんが古代〜近世の日本の政治史を復習するためにまとめたものである。これらの
カードを見て，下の(1)〜(4)の問いに答えなさい。

A　古墳〜平安時代	B　平安〜室町時代	C　安土桃山時代	D　江戸時代
・ₐ古墳がつくられていたころ，大和政権(ヤマト王権)が成立した。 ・大化の改新以降，ᵦ律令国家の建設が進み，朝廷が政治の中心となった。	・平安時代に武士が台頭し，c鎌倉幕府の成立により武家政権が成立。 ・室町幕府が成立したが，d応仁の乱のころには，将軍の権威は衰えた。	・織田信長は，他の戦国大名を倒し，全国統一の土台を築いた。 ・豊臣秀吉は兵農分離の政策を進めながら，全国統一を達成した。	・徳川家康が江戸幕府を開き，e諸国の大名を統制して幕藩体制を築いた。 ・幕府の財政が苦しくなると，f将軍や老中によって改革が行われた。

(1) カードAについて，次の①，②の問いに答えなさい。

① 下線部分aについて，右の図は，古墳の形を示したものである。この形の古墳
を何というか，書きなさい。

② 次のX〜Zは，下線部分bの時期に見られた動きである。年代の古い順に並べ
たものとして，正しいものを，下のア〜カから一つ選び，その符号を書きなさい。

X　貴族の藤原氏が摂政や関白の地位を独占して政治を動かした。

Y　壬申の乱が起こり，天武天皇が即位して天皇の地位を高めた。

Z　大宝律令が制定され，律令国家の制度が整えられた。

ア　X→Y→Z　　　イ　X→Z→Y　　　ウ　Y→X→Z

エ　Y→Z→X　　　オ　Z→X→Y　　　カ　Z→Y→X

(2) カードBについて，次の①，②の問いに答えなさい。

① 下線部分cの幕府による支配が続いていた時代について，右の資
料は，紀伊(和歌山県)の阿氐河荘という荘園に住む農民たちが領主
に提出した訴状の一部である。資料中の　P　に共通して当ては
まる役職名を，次のア〜エから一つ選び，その符号を書きなさい。

ア　郡司　　　イ　地頭　　　ウ　国司　　　エ　守護

② 下線部分dのような状況のもとでは下剋上とよばれる風潮が高
まっていた。下剋上とはどういうことか。「実力」，「身分」の二つの
語句を用いて書きなさい。

阿氐河荘上村の百姓らが，謹んで申し上
げます。領主様に材木を納めなければなら
ないのに，　P　が京へ上るとか，国許
へ帰るとかいっては，そのつど人夫を出さ
せて働かせるので，納める暇がありませ
ん。そのうえ，残ったわずかな者が領主様
の材木を切り出すために山へ行こうとする
と，　P　が「土地を捨てて逃げ出したも
のの畑に麦をまけ」といって追い戻してし
まう有様です。(中略)そういうわけで，
材木を納めるのがますます遅れてしまいま
す。
(部分要約)

(3) カードCについて，右の絵画は，織田信長や豊臣秀吉が活躍した時
期に描かれた屏風絵である。この屏風絵を描いた人物はだれか。次の
ア〜エから一つ選び，その符号を書きなさい。

ア　狩野永徳　　　　　イ　喜多川歌麿

ウ　菱川師宣　　　　　エ　雪舟

(4) カードDについて，次の①，②の問いに答えなさい。

① 下線部分eの大名のうち，関ヶ原の戦い以後に徳川氏に従った大名は何とよばれたか，書きなさい。

② 下線部分fについて，次の文で述べられている改革を何というか，書きなさい。

江戸などに出てきていた農民を故郷に帰すとともに，ききんや凶作に備えて，各地に倉を設けて米を
蓄えさせた。また，倹約令を出す一方で，生活が苦しくなった旗本や御家人の借金の帳消しを命じた。

〔36〕 右の略年表を見て，次の(1)～(7)の問いに答えなさい。

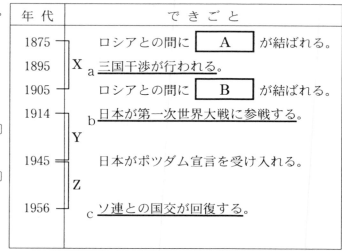

年 代	で き ご と
1875	ロシアとの間に　A　が結ばれる。
1895	X　a 三国干渉が行われる。
1905	ロシアとの間に　B　が結ばれる。
1914	b 日本が第一次世界大戦に参戦する。
1945	Y　日本がポツダム宣言を受け入れる。
1956	Z　c ソ連との国交が回復する。

(1) 年表中の　A　，　B　に当てはまる条約の組合せとして，最も適当なものを，次のア～エから一つ選び，その符号を書きなさい。

　　ア〔A　樺太・千島交換条約，B　下関条約〕

　　イ〔A　樺太・千島交換条約，B　ポーツマス条約〕

　　ウ〔A　日露和親条約，　　　B　下関条約〕

　　エ〔A　日露和親条約，　　　B　ポーツマス条約〕

(2) 年表中のXの時期には，文学の面においてもさまざまな動きが見られた。現在の五千円紙幣に肖像が使われている右の女性文学者の名前を書きなさい。
また，この人物について述べた文として，最も適当なものを，次のア～エから一つ選び，その符号を書きなさい。

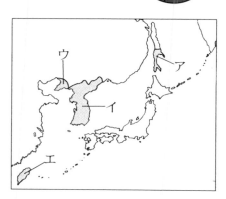

　　ア　ドイツ留学の体験などをもとに，「舞姫」などの小説を書いた。

　　イ　女流文学の発展をめざして青鞜社を結成し，雑誌「青鞜」を創刊した。

　　ウ　「たけくらべ」や「にごりえ」など，すぐれた小説を書いた。

　　エ　日露戦争に出征した弟の身を案じ，反戦的な内容の詩を発表した。

(3) 下線部分aについて，三国干渉によって，清に返還した領土を，右の地図中のア～エから一つ選び，その符号を書きなさい。

(4) 下線部分bについて，日本は，ある国と同盟を結んでいたことを理由として，第一次世界大戦に参戦した。その国の国名を書きなさい。

(5) 次のア～エは，年表中のYの時期のできごとである。年代の古いものから順に並べ，その符号を書きなさい。

　　ア　日中戦争が始まる。　　　　　イ　シベリア出兵が始まる。

　　ウ　治安維持法が制定される。　　エ　広島・長崎に原子爆弾が投下される。

(6) 年表中のZの時期の日本の様子として，最も適当なものを，次のア～エから一つ選び，その符号を書きなさい。

　　ア　米の買い占めなどを原因として米価が急上昇し，民衆が米の安売りを求めて米屋に押しかけるなど，米騒動が全国に広がった。

　　イ　世界恐慌の影響を受けて，日本の経済も深刻な不況となり，農村では農作物の価格が暴落し，都市では倒産があいついで，失業者があふれた。

　　ウ　国家総動員法の制定により，政府は議会の承認なしに，国の産業・経済から国民生活のすべてにわたって統制できるようになった。

　　エ　日本本土や沖縄のアメリカ軍基地が使用され，大量の軍需物資の調達が日本で行われるようになったことにより，日本の経済は活気づいた。

(7) 下線部分cについて，このできごとをきっかけとして，日本はソ連の支持により，ある国際組織に加盟することとなった。この国際組織の名称を書きなさい。

〔37〕あるクラスでは，古代から近世にかけての経済・社会に関して調べることになった。Nさんが作成した次のA〜Dのまとめを読んで，下の(1)〜(8)の問いに答えなさい。

A　7世紀

中大兄皇子らは蘇我氏を倒し，a 新しい政治のしくみをつくる改革を行った。その結果，b 公地・公民の方針が示され，政府の組織が整えられた。

B　12世紀

c 源頼朝は，源義経を捕らえることを口実に朝廷に強くせまり，国ごとに　①　を，荘園や公領ごとに　②　を置くことを認めさせた。

C　15世紀

農村では，有力な農民の指導のもとで，　③　とよばれる自治組織がつくられ，団結を固めた農民が d 一揆を起こすようになった。

D　17〜18世紀

農耕の技術が各地に広まり，e 土地に適した農法や農具が考案された。一方，f 都市では両替商とよばれる金融業者が力をのばした。

(1) 下線部分 a について，この改革は当時の年号(元号)から何とよばれるか，書きなさい。

(2) 下線部分 b の公地・公民とはどういうことか。「豪族」，「国家」の二つの語句を用いて書きなさい。

(3) 下線部分 c の人物は平氏を滅ぼした。右の資料は，平氏の繁栄と滅亡を描いた「平家物語」の冒頭部分である。「平家物語」について述べた文として，最も適当なものを，次のア〜エから一つ選び，その符号を書きなさい。

　ア　鴨長明が社会のむなしさを書いた作品である。

　イ　浮世草子とよばれる小説で，庶民に広く読まれた。

　ウ　紫式部がかな文字を使って書いた長編物語である。

　エ　代表的な軍記物であり，琵琶法師が語り伝えた。

資料

> 祇園精舎（ぎおん しょうじゃ）の鐘の声，諸行無常の響（ひびき）あり。
> 娑羅双樹（しゃ ら そうじゅ）の花の色，
> 盛者必衰（じょうしゃひっすい）のことわりをあらわす。
>
> おごれる者も久しからず，
> 只春（ただ）の夜の夢のごとし。
>
> たけき者も遂（つい）にはほろびぬ，
> 偏（ひとえ）に風の前の塵（ちり）に同じ。

(4) Bの文中の　①　，　②　に当てはまる役職名を，それぞれ漢字2字で書きなさい。

(5) Cの文中の　③　に当てはまる語句を，次のア〜エから一つ選び，その符号を書きなさい。

　ア　惣　　　イ　五人組　　　ウ　株仲間　　　エ　座

(6) 下線部分 d について，15世紀の終わりごろに北陸地方でおきた一向一揆は，仏教の「ある宗派」の信仰で結びついた武士や農民が起こしたものであった。この宗派を，次のア〜エから一つ選び，その符号を書きなさい。

　ア　浄土宗　　　イ　浄土真宗　　　ウ　日蓮宗　　　エ　禅宗

(7) 下線部分 e について，この時代の農法や農具の説明として，最も適当なものを，次のア〜エから一つ選び，その符号を書きなさい。

　ア　牛馬のふん尿や草木灰などの肥料が用いられるようになり，茶・麻・藍（あい）の栽培や養蚕（ようさん）がさかんになった。

　イ　備中ぐわや千歯こきなどの農具が開発され，干鰯（ほしか）や油かすなどが肥料として用いられるようになった。

　ウ　人々は，木のすきやくわで水田を耕し，石包丁を使ってつみ取った稲の穂を，高床倉庫に保存した。

　エ　近畿地方などでは，水車や排水設備の発達によって，稲と麦の二毛作が行われるようになった。

(8) 下線部分 f について，1834年に老中となったある人物は，江戸への流入者を強制的に農村に帰らせたほか，江戸・大阪の周辺などを幕府の直轄地にしようとした。この老中の名を書きなさい。

〔38〕右の略年表を見て，次の(1)～(7)の問いに答えなさい。

年代	日本のできごと
1858	A 日米修好通商条約が結ばれる。
1868	五箇条の御誓文が出される。
1869	B 版籍奉還が行われる。
1874	民撰議院設立建白書が提出される。
1914	a 日本が第一次世界大戦に参戦する。
1925	b 普通選挙法が制定される。
1929	C 世界恐慌が始まる。
1936	二・二六事件が起こる。
1947	D 日本国憲法が施行される。
2004	［ C ］がイラクに派遣される。

(1) 年表中のAの時期に日本と欧米諸国との貿易が始まった。次のグラフは，1865年における日本の輸入品および輸入相手国の内訳を示したものである。グラフ中のXに当てはまる輸入品とYに当てはまる輸入相手国の組合せとして，最も適当なものを，下のア～エから一つ選び，その符号を書きなさい。

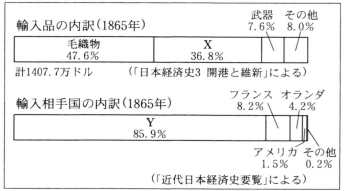

輸入品の内訳（1865年）
| 毛織物 47.6% | X 36.8% | 武器 7.6% | その他 8.0% |

計1407.7万ドル （「日本経済史3 開港と維新」による）

輸入相手国の内訳（1865年）
| Y 85.9% | フランス 8.2% | オランダ 4.2% |

アメリカ 1.5%　その他 0.2%

（「近代日本経済史要覧」による）

ア 〔X　綿織物，Y　イギリス〕　　　イ 〔X　生糸，Y　イギリス〕

ウ 〔X　綿織物，Y　スペイン〕　　　エ 〔X　生糸，Y　スペイン〕

資料

(2) 年表中のBの時期について，次の①，②の問いに答えなさい。

① この時期に地租改正条例が公布された。右の資料は，地租改正によって発行された地券で，土地の所有者名と地価が書かれている。地租改正によって，納税の方法は米などの現物を納めるのではなく，［　　　　〕で納めるように変わった。［　　　　〕に当てはまる語句を，漢字2字で書きなさい。

② この時期に実施された政策について述べた文として，最も適当なものを，次のア～エから一つ選び，その符号を書きなさい。

ア 日本は韓国を併合し，朝鮮総督府を設置して，武力を背景とした植民地支配を始めた。

イ 民主化政策の一つとして，帝国主義的な体制を経済的に支えていた財閥が解体された。

ウ 藩を廃止して府県が置かれ，中央から派遣された府知事・県令が地方の政治を行った。

エ 政府は地主から強制的に土地を買い上げ，小作人に安く売り渡し，自立をうながした。

(3) 下線部分aの戦争では，日本はある国との同盟を理由に参戦した。ある国の国名を書きなさい。

(4) 下線部分bのできごとと同じ年に起こったできごとを，次のア～エから一つ選び，その符号を書きなさい。

ア 治安維持法が制定された。　　　イ 大逆事件が起こった。

ウ 国家総動員法が制定された。　　エ 秩父事件が起こった。

(5) 年表中のCの時期について，世界恐慌による不況を乗り切るためにイギリスやフランスが行ったブロック経済とはどのような政策か。「本国」，「植民地」，「商品」の三つの語句を用いて書きなさい。

(6) 次のア～エは，年表中のDの時期のできごとである。年代の古いものから順に並べ，その符号を書きなさい。

ア 日中平和友好条約が結ばれた。　　イ 沖縄が日本に復帰した。

ウ 阪神・淡路大震災が起こった。　　エ 日韓基本条約が結ばれた。

(7) ［ C ］には，1950年に警察予備隊（1952年に保安隊と改称）としてつくられ，1954年に現在の形となったある組織が当てはまる。この組織の名称を漢字3字で書きなさい。

〔39〕 歴史の授業の課題で，Nさんは「近世までの日本人の食生活」について調べ，わかったことを次の表にまとめた。この表を見て，下の(1)〜(8)の問いに答えなさい。

時　代	調べてわかったこと
原　始	・縄文時代には a 植物の採集が始まり，木の実や鳥・けものの肉などが食料とされた。 ・b 弥生時代には，大陸から伝えられた稲作が本格的に広がった。
古　代	・c 奈良時代の庶民の食事は，玄米と汁物のほかにおかずが一品程度であった。 ・平安時代，d 中央の貴族は国司から贈られた特産物により，豊かな食生活を送っていた。
中　世	・鎌倉時代から室町時代にかけて e 喫茶（きっさ）の習慣が広まった。 ・f 室町時代には，禅宗寺院でつくられていた豆腐，そうめん，うどんなどが一般に広まった。
近　世	・安土桃山時代には，g ポルトガル人によって西洋の食べ物が伝えられた。 ・h 江戸時代には農業の技術が発達したが，農民の食生活は制限された。

(1) 下線部分 a について，人々は，自然の豊かなめぐみを願うなどの目的で，右に示した土製の人形をつくった。この人形を何というか，書きなさい。

(2) 下線部分 b の時代について述べた文として，最も適当なものを，次のア〜エから一つ選び，その符号を書きなさい。

　ア　奴国の王が後漢に使いを送って皇帝から金印を授けられた。

　イ　新羅と唐に攻められていた百済を助けるため，日本から出兵した。

　ウ　渡来人によって，漢字や儒教（儒学）などが伝えられた。

　エ　日本の東アジアでの立場を有利にするなどの目的で，遣隋使が送られた。

(3) 下線部分 c について，奈良時代の庶民にはさまざまな税や労役が課せられていた。その一つで，地方の特産物などを都に運んで納める税を何というか，書きなさい。

(4) 下線部分 d について，宮廷に仕えた女官の清少納言は随筆を書いた。その題名を書きなさい。

(5) 下線部分 e について，宋から日本に初めて茶の種を持ち帰った僧は，禅宗を広めたことでも知られる。この僧として当てはまるものを，次のア〜エから一人選び，その符号を書きなさい。

　ア　親鸞　　　イ　日蓮　　　ウ　法然　　　エ　栄西

(6) 下線部分 f について，この時代の幕府の将軍の補佐役を何というか，その役職名を書きなさい。

(7) 下線部分 g について，15世紀末にポルトガルを出発し，アフリカ大陸の南端を回ってインドに達する航路を開いた人物はだれか，人物名を書きなさい。

(8) 下線部分 h について，次の資料1を参考にし，安土桃山時代と比べた江戸時代の田畑面積と石高の状況を，資料2に示した二つの農具の名称を用いて書きなさい。ただし，「田畑面積」「石高」の具体的数値は書かないこと。

資料1　田畑面積と石高

田畑面積

180万町歩　1598（慶長3）年

296万町歩　1721（享保6）年

（「日本史辞典」による）

石高

1598（慶長3）年　1,850万石

1645（正保2）年　2,330万石

1697（元禄10）年　2,600万石

1830（天保1）年　3,055万石

（「日本歴史展望8」による）

資料2　江戸時代の農具

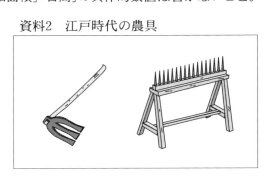

〔40〕右の略年表を見て，次の(1)～(7)の問いに答えなさい。

(1) 下線部分aの条約によって開港した都市として，適当でないものを，次の地図中のア～オから一つ選び，その符号を書きなさい。

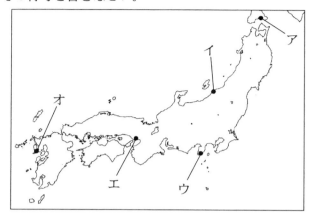

年代	できごと
1858	a 日米修好通商条約が結ばれる。
1869	b 藩が支配していた土地と人民を政府に返させる。
1873	地租改正が行われる。
A
1905	ポーツマス条約が結ばれる。
B
1925	普通選挙法が公布される。
C
1936	二・二六事件が起こる。
D
1972	c 沖縄が日本に復帰する。

(2) 下線部分bの政策を何というか，書きなさい。

(3) 年表中のAの時期のできごととして正しいものを，次のア～エから一つ選び，その符号を書きなさい。

ア 国家総動員法が制定された。　　イ 民主化政策により，財閥が解体された。

ウ 京都で全国水平社が結成された。　エ 官営八幡製鉄所が操業を開始した。

(4) 次の文は，年表中のBの時期の政治や社会の動きについて述べたものである。文中の　X　～　Z　に当てはまる語句の組合せとして，最も適当なものを，下のア～エから一つ選び，その符号を書きなさい。

　　この時期には　X　による大戦景気が発生したが，シベリア出兵による米の買い占めから米価が極端に上昇し，　Y　が各地に広がった。その責任をとって退陣した寺内正毅内閣にかわって，立憲政友会総裁の　Z　が，本格的な政党内閣を組織した。

ア〔X 第一次世界大戦，　Y 小作争議，　Z 原敬〕

イ〔X 第一次世界大戦，　Y 米騒動，　Z 原敬〕

ウ〔X 第二次世界大戦，　Y 小作争議，　Z 犬養毅〕

エ〔X 第二次世界大戦，　Y 米騒動，　Z 犬養毅〕

(5) 右のグラフは，年表中のCの時期の，主な国の工業生産の移り変わりを示したもので，ア～エは，アメリカ合衆国，イギリス，ソ連，ドイツのいずれかに当たる。ソ連に当てはまるものを，ア～エから一つ選び，その符号を書きなさい。また，その符号を選んだ理由を，「五か年計画」，「世界恐慌」という語句を用いて書きなさい。

(6) 次のア～エは，年表中のDの時期に起こったできごとである。年代の古いものから順に並べ，その符号を書きなさい。

ア 公害対策基本法が制定される。　　イ 治安維持法が廃止される。

ウ 大政翼賛会が組織される。　　　　エ 自衛隊が設置される。

(7) 下線部分cのできごとと同じ年に，日本とある国との国交が正常化した。その国の国名を書きなさい。

工業生産の推移

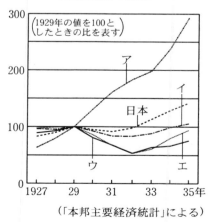

（「本邦主要経済統計」による）

-94-

〔41〕 Nさんは，歴史の学習を通じて興味をもった人物について調べ，次のカードA～Dにまとめた。これらのカードを見て，下の(1)～(4)の問いに答えなさい。

A　福沢諭吉	B　吉野作造	C　犬養毅	D　吉田茂
a江戸時代末に，幕府の遣欧使節に同行して欧米に渡航した。明治時代初期には「学問のすゝめ」を著して，b人間の平等を唱えた。	1916年に □c□ を唱え，その後も普通選挙や政党内閣の実現などを主張して，大正デモクラシーの理論的指導者となった。	d1890年の第1回衆議院議員選挙で当選し，1931年には内閣総理大臣となったが，翌年に起こったe五・一五事件で暗殺された。	f第二次世界大戦後，5度にわたって内閣を組織した。この間に，日本国憲法の制定やg日本の国際社会への復帰に尽力した。

(1) カードAについて，次の①，②の問いに答えなさい。

① 下線部分aのころ，大老井伊直弼は政策に反対する大名・公家・武士らを厳しく処罰した。このできごとを何というか。次のア～エから一つ選び，その符号を書きなさい。

ア　桜田門外の変　　イ　蛮社の獄　　ウ　大政奉還　　エ　安政の大獄

② 下線部分bの考え方は自由民権運動にも大きな影響を与えた。自由民権運動においては，特定の藩の出身者などからなる藩閥政府が批判された。藩閥政府を構成していた主な藩の組合せとして，最も適当なものを，次のア～エから一つ選び，その符号を書きなさい。

ア　長州藩・薩摩藩　　イ　長州藩・会津藩
ウ　土佐藩・薩摩藩　　エ　土佐藩・会津藩

(2) カードBについて，右の資料は，吉野作造が発表した論文の一部要約である。カードBと資料の □c□ に共通して当てはまる語句を，漢字4字で書きなさい。

> □c□ という文字は，日本語としてはきわめて新しい用例である。場合によっては民主主義という語によって普通に唱えられていたようだ。……我々がみて憲政の根底とすべきであるのは，政治上一般民衆を重んじ，その間に身分の上下の区別をつけず，しかも国体の君主制か共和制かに関係なく，普遍的に通用する考え方であるから，□c□ という比較的新しい用語が一番適当であるかと思う。
>
> （「吉野作造博士民主主義論集」）

(3) カードCについて，次の①，②の問いに答えなさい。

① 下線部分dについて，次のX～Zは，1890年から1931年までの間の時期に外国で見られた動きである。年代の古い順に並べたものとして，正しいものを，下のア～カから一つ選び，その符号を書きなさい。

X　オーストリアの皇太子夫妻が，サラエボで暗殺された。

Y　ニューヨークの株式市場で株価が大暴落し，恐慌が始まった。

Z　義和団が蜂起し，北京にある各国の公使館を包囲した。

ア　X→Y→Z　　イ　X→Z→Y　　ウ　Y→X→Z
エ　Y→Z→X　　オ　Z→X→Y　　カ　Z→Y→X

② 下線部分eの翌年，日本は国際連盟から脱退した。それは，国際連盟総会での，右の地図中の□□□の地域にかかわる決議が原因であった。その決議において，日本が求められたことはどのようなことか。この地域の名称と，「占領地」，「軍隊」という二つの語句を用いて書きなさい。

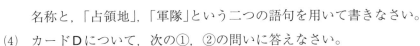

(4) カードDについて，次の①，②の問いに答えなさい。

① 下線部分fのできごととして，正しいものを，次のア～エから一つ選び，その符号を書きなさい。

ア　韓国併合　　イ　シベリア出兵　　ウ　石油危機　　エ　関東大震災

② 下線部分gについて，日本は，1956年にソ連との国交を回復したことによって，国際連合に加盟することができた。国連加盟に先立ってソ連との間で調印された宣言の名称を書きなさい。

〔42〕 右の略年表を見て，次の(1)～(7)の問いに答えなさい。

(1) 年表中のAの時期に起こったできごとについて述べた
文として，最も適当なものを，次のア～エから一つ選び，
その符号を書きなさい。

ア　アメリカとの間に日米修好通商条約が結ばれた。

イ　大老井伊直弼が江戸城桜田門外で暗殺された。

ウ　アメリカとの間に日米和親条約が結ばれた。

エ　欧米4国の連合艦隊が下関砲台を占領した。

(2) 下線部分aについて述べた次の文中の　①　に当て
はまる語句を，漢字2字で書きなさい。また，　②
に当てはまる数字を，算用数字で書きなさい。

年代	日本のできごと
1863 ┐ 　　├A 1867 ┘	長州藩が外国船を砲撃する。 徳川慶喜が政権を朝廷に返す。
1873	a 地租改正が実施される。
1886 ┐ 　　├B 1925 ┘	b ノルマントン号事件が起こる。 普通選挙法が制定される。
1931 ┐ 　　├C 1945 ┘	満州事変が起こる。 c 原子爆弾が投下される。
1993	d 細川護熙が連立内閣を組織する。

　　1873年からの地租改正に当たっては，右の写真に示したような　①
　が土地所有者に発行され，土地所有者は地価の　②　％の地租（税）を，
　現金で納めることとされた。

(3) 下線部分bは，和歌山県沖でイギリス船ノルマントン号が沈没し，イギリス人の船長と船員が脱出したが，
日本人乗客全員が水死した事件である。この事件の裁判では，船長には軽い刑罰しか与えられなかった。その
結果，国内ではどのような動きが起こったか，「不平等条約」という語句を用いて書きなさい。

(4) 次のX～Zは，年表中のBの時期のできごとである。年代の古い順に並べたものとして，正しいものを，下
のア～カから一つ選び，その符号を書きなさい。

　X　日本とイギリスは，東アジアにおけるロシアの動きを警戒し，同盟を結んだ。

　Y　日本は清と下関条約を結び，遼東半島，台湾，澎湖諸島を獲得した。

　Z　日本は，中国政府に対し，満州での権益の拡大などを盛りこんだ二十一か条の要求を示した。

　　ア　X→Y→Z　　　　　　　イ　X→Z→Y　　　　　　　ウ　Y→X→Z

　　エ　Y→Z→X　　　　　　　オ　Z→X→Y　　　　　　　カ　Z→Y→X

(5) 年表中のCの時期に外国で起こったできごとについて述べた文として，最も適当なものを，次のア～エから
一つ選び，その符号を書きなさい。

　　ア　国際連盟が発足した。　　　　　　イ　ドイツでナチス政権が成立した。

　　ウ　ロシア革命が起こった。　　　　　エ　中華人民共和国が成立した。

(6) 下線部分cについて，原子爆弾が投下された都市を，右の地
図中のア～カから二つ選び，その符号を書きなさい。

(7) 下線部分dについて述べた次の文中の　　　　に当てはまる
語句を書きなさい。

　　1993年まで，日本では政権を担当する自由民主党（自民党）
　が，野党の社会党などと対立しながら，38年間にわたって
　政権をとり続けていた。　　　　とよばれるこの政治体制
　は，細川護熙を首相とする非自民連立内閣の成立によって
　終わった。

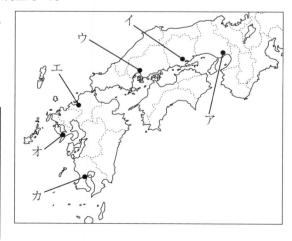

〔43〕 次の表は，ある中学生が「日本の農業の歴史」というテーマで作成したものの一部である。この表を見て，下の(1)～(6)の問いに答えなさい。

古代	・a<u>大化の改新</u>のときに，土地と人民を国家が直接支配する方針が出された。 ・律令国家の成立の過程で，農民にはさまざまなb<u>税や労役</u>が課せられた。
中世	・鎌倉時代に，米の裏作として麦をつくる　c　が始まった。 ・農村では，有力な農民を中心に村ごとにまとまり，d<u>自治組織</u>がつくられるようになった。
近世	・e<u>豊臣秀吉</u>による兵農分離の結果，農民は耕作権を認められたが，一揆を起こすことが困難になった。 ・江戸時代の経済を支えたのは農業生産であったが，やがてf<u>百姓一揆</u>が増えていった。

(1) 下線部分aについて述べた文として，最も適当なものを，次のア～エから一つ選び，その符号を書きなさい。

　ア　中大兄皇子や中臣鎌足らは，独裁的な政治を行っていた蘇我氏を倒して，改革を始めた。

　イ　聖徳太子は，蘇我馬子の協力を得ながら，天皇を中心とする政治制度を整えようとした。

　ウ　後醍醐天皇が自ら政治を行い，公家を重視した政策を続けたため，武士の不満が高まった。

　エ　壬申の乱ののちに即位した天武天皇は，天皇の地位を高め，中央集権国家の建設を進めた。

(2) 下線部分bについて，右の表は，奈良時代の民衆の主な負担をまとめたものである。表中の　X　～　Z　に当てはまる語句の組合せとして，最も適当なものを，次のア～エから一つ選び，その符号を書きなさい。

　ア〔X　租，Y　調，Z　防人〕　　　イ〔X　租，Y　調，Z　雑徭〕

　ウ〔X　調，Y　租，Z　防人〕　　　エ〔X　調，Y　租，Z　雑徭〕

種類	内　容
X	・地方の特産物(絹・綿，魚，海藻など)を納める税。
Y	・口分田から収穫した稲の約3％を納める税。
庸	・労役のかわりに麻の布を納める税。
Z	・年間60日以内の地方での労役(土木工事など)。

(3) 　c　に当てはまる語句を，漢字3字で書きなさい。

(4) 下線部分dの自治組織を何というか，次のア～エから一つ選び，その符号を書きなさい。

　ア　座　　　　　　イ　株仲間　　　　　ウ　惣　　　　　エ　町衆

(5) 下線部分eについて，次の文は，豊臣秀吉について述べたものである。文中の　　　　に共通して当てはまる中国の王朝名を書きなさい。

> 全国統一を果たした豊臣秀吉は，　　　　の征服を図り，朝鮮に大軍を派遣した。日本軍と朝鮮軍との間に戦いが始まったが，日本軍は，援軍として朝鮮に来た　　　　の軍勢に押しもどされた。

(6) 下線部分fについて，次の①，②の問いに答えなさい。

　① 右の資料は，百姓一揆を起こした人々がつくった「からかさ連判状」である。これは一揆に参加する者が，結束を固めるために署名したものである。この署名の方法に見られる特徴を，「中心人物」という語句を用いて書きなさい。

　② 農村で百姓一揆が起こっていたころ，都市では，生活が苦しくなった町人たちが，集団で米屋や質屋などをおそうことも多くなっていた。このような暴動を何というか，書きなさい。

〔44〕右の略年表を見て，次の(1)～(6)の問いに答えなさい。

年代	日本のできごと
1871	a 岩倉使節団が欧米諸国に出発する。
1911	関税自主権が完全に回復される。
1919	b パリ講和会議が行われる。
1925	普通選挙法が成立する。
1939	第二次世界大戦が始まる。
1941	太平洋戦争が始まる。
1945	日本がポツダム宣言を受け入れる。
1956	日本が国際連合に加盟する。
1973	石油危機が起こる。

（1871～1911 : A, 1925～1939 : B, 1945～1956 : C, 1956～1973 : D）

(1) 下線部分aについて，次の①，②の文は，それぞれ岩倉使節団に参加した人物の説明である。それぞれに当てはまる人物の名を，下のア～エから一つずつ選び，その符号を書きなさい。

> ① 薩摩藩士として倒幕運動に参加。明治維新のさまざまな改革を行い，征韓論をしりぞけて殖産興業の政策を進めた。
>
> ② 各国の憲法を調査して，ドイツ（プロイセン）の憲法を模範とする憲法草案をまとめるとともに，初代内閣総理大臣に就任した。

　ア　伊藤博文　　　　イ　西郷隆盛　　　　ウ　大久保利通　　　　エ　板垣退助

(2) 次のア～エは，年表中のAの時期に起こったできごとである。年代の古いものから順に並べ，その符号を書きなさい。

　ア　日英同盟の結成　　　イ　西南戦争　　　ウ　第1回衆議院議員選挙　　　エ　徴兵令の発布

(3) 下線部分bの説明として，当てはまるものを，次のア～エから一つ選び，その符号を書きなさい。

　ア　この会議では，敗戦国である日本が，48か国との間に平和条約を締結した。

　イ　この会議では，満州国の非承認が決議され，満州からの日本軍撤退が勧告された。

　ウ　この会議では，3か国の首脳の会談により，ソ連の対日参戦などが決められた。

　エ　この会議では，敗戦国ドイツに対する処理や，国際連盟の設置が決められた。

(4) 年表中のBの時期について，右のグラフは，この時期における各国の失業率の変化を示したものである。1929年から1930年代初めのころにおける主な国の失業率の動きについて，その原因にふれながら説明しなさい。

(5) 年表中のCの時期には，さまざまな民主化政策が行われ，教育勅語を廃止して，教育の機会均等，男女共学，個性の尊重をめざすための法律が制定された。この法律の名称を書きなさい。

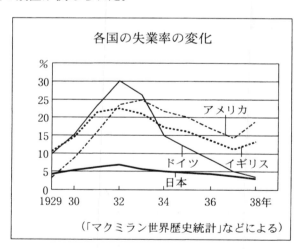

各国の失業率の変化

（「マクミラン世界歴史統計」などによる）

(6) 次の文は，年表中のDの時期における日本の社会について述べたものである。文中の　　　　　に当てはまる用語を，漢字6字で書きなさい。

> この時期には，技術革新が進んで重化学工業が発展し，輸出も好調となって，1968年には国民総生産が資本主義国家の中で世界第2位になった。このような急激な社会変化は　　　　　とよばれ，1973年に石油危機が起こるまで続いた。

〔45〕 中学校3年生のNさんは，我が国の古代〜近世における朝廷の歴史を調べ，次の表にまとめた。この表について，下の(1)〜(6)の問いに答えなさい。

	朝廷の歴史
古代	・ 3世紀後半，近畿地方に a大和政権(ヤマト王権)が成立。その中央政府がやがて朝廷となる。 ・ 7世紀後半〜8世紀初め， b律令国家が成立し，朝廷の役所のしくみは二官八省となる。
中世	・ 1221年，鎌倉幕府の打倒と朝廷の権力回復をめざす c後鳥羽上皇が挙兵したが，幕府軍に敗れた。 ・ 14世紀前半，後醍醐天皇が自ら政治を始めたが，その後， d朝廷が南北に分かれて争った。
近世	・ 16世紀後半，全国統一をめざす e豊臣秀吉は，朝廷から関白とよばれる官職を与えられた。 ・ 17世紀初めに成立した江戸幕府は，朝廷と西日本の大名を監視するため， f を置いた。

(1) 下線部分aについて，大和政権(ヤマト王権)の大王は，朝鮮半島の国々との関係を有利なものにしようとした。4世紀以降，大和政権が同盟を結んでいた国を，次のア〜エから一つ選び，その符号を書きなさい。

ア 百済　　　　イ 高麗　　　　ウ 新羅　　　　エ 高句麗

(2) 下線部分bについて，律令国家における，中央の役所(二官八省)のしくみを示した右の図中の X に当てはまる役所の名称を書きなさい。

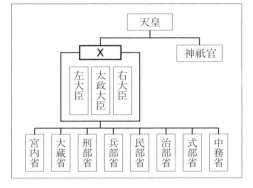

(3) 下線部分cについて，右の地図は，後鳥羽上皇の挙兵によって起こった承久の乱の前後における主な守護の配置を示したものである。これを見て，次の①，②の問いに答えなさい。

① 承久の乱によって，鎌倉幕府の支配力はどのようになったか。地図を参考にして，20字以内で書きなさい。

② 承久の乱に敗れた後鳥羽上皇が追放されたのはどこか。地図中のア〜エから一つ選び，その符号を書きなさい。

(4) 下線部分dについて，右の表は，Nさんが，【南北朝の分立】について調べ，その【背景・原因】及び【結果】をまとめたものである。表中の A 〜 C に当てはまる人物名や語句の組合せとして，最も適当なものを，次のア〜エから一つ選び，その符号を書きなさい。

ア 〔A 足利義満，B 南朝，C 北朝〕

イ 〔A 足利義満，B 北朝，C 南朝〕

ウ 〔A 足利尊氏，B 南朝，C 北朝〕

エ 〔A 足利尊氏，B 北朝，C 南朝〕

【背景・原因】
・ 公家を重視する後醍醐天皇の政治に対する武士の不満が高まり， A が挙兵して，京都に新たな天皇を立てた。

↓

【南北朝の分立】
・ 後醍醐天皇が吉野(奈良県)に逃れ，京都の B と吉野の C が成立した。

↓

【結果】
・ 二つの朝廷の対立により，全国の武士がどちらかの朝廷の側に立って戦った。

(5) 下線部分eに仕え，茶の湯において「わび茶」を完成させた人物はだれか。その人物名を書きなさい。

(6) f に当てはまる機関を，次のア〜エから一つ選び，その符号を書きなさい。

ア 大阪城代　　　　イ 京都所司代

ウ 鎌倉府　　　　エ 六波羅探題

〔46〕右の略年表を見て，次の(1)～(7)の問いに答えなさい。

年代	できごと
1860	a 大老井伊直弼が暗殺される。
1874	b 板垣退助らが民撰議院設立の建白書を政府に提出する。
1894	日清戦争が始まる。
1904	日露戦争が始まる。
1925	普通選挙法が公布される。
1936	□ c □ が起こる。
1951	サンフランシスコ平和条約が結ばれる。
1971	d 非核三原則が決議される。

（年表の1894～1904がA，1904～1925がB，1936～1951がCの期間）

(1) 下線部分aの人物について述べた文として，最も適当なものを，次のア～エから一つ選び，その符号を書きなさい。

ア　来日したペリーと日米和親条約に調印して，開国に踏み切った。

イ　薩摩藩と長州藩が同盟を結ぶに当たって，仲立ちとなった。

ウ　王政復古の大号令を発し，天皇中心の政治にもどすことを宣言した。

エ　幕府の政策に反対する大名，武士，公家らをきびしく処罰した。

(2) 下線部分bをきっかけとして始まった，国民が政治に参加する権利の確立をめざす運動を何というか，書きなさい。

(3) 次の各文は，年表中のAの時期の三つのできごとについて述べたものである。□ X □，□ Y □に当てはまる国の組合せとして，正しいものを，下のア～エから一つ選び，その符号を書きなさい。

○□ X □は，東アジアにおける□ Y □の南下に対抗するため，日本に接近してきた。
○□ Y □は，他の2国とともに，日本に対して三国干渉を行った。
○日本は，□ Y □に対抗するため，利害が一致した□ X □と同盟を結んだ。

ア〔X　ドイツ，Y　ロシア〕　　イ〔X　イギリス，Y　ロシア〕

ウ〔X　ドイツ，Y　アメリカ〕　　エ〔X　イギリス，Y　アメリカ〕

(4) 右に示したのは，年表中のBの時期に歌人の石川啄木がよんだ短歌である。この短歌の内容に関係の深い，1910年に起こったできごとを，「日本」，「併合」，「朝鮮総督府」という語句を用いて書きなさい。

石川啄木の短歌

地図の上　朝鮮国に黒々と
　墨をぬりつつ　秋風を聴く

(5) 年表中の□ c □には，陸軍の青年将校が，軍事政権の樹立によって政治改革を実現するため，首相官邸や警視庁などを襲撃した事件が当てはまる。この事件の名称を，次のア～エから一つ選び，その符号を書きなさい。

ア　五・一五事件　　イ　大逆事件　　ウ　二・二六事件　　エ　日比谷焼き打ち事件

(6) 太平洋戦争後には，ＧＨＱ（連合国軍最高司令官総司令部）の指令によって民主化のための政策が行われたが，右のグラフは，年表中のＣの時期における自作地と小作地の割合の変化を示したものである。このグラフに見られる変化をもたらした民主化政策の名称を，漢字4字で書きなさい。

自作地と小作地の割合

1940年	自作地 54.5%　小作地 45.5%
1950年	89.9%　9.9%

その他 0.2%
（「完結昭和国勢総覧」による）

(7) 下線部分dの非核三原則の内容を示した次の文中の□ □に当てはまることばを書きなさい。

非核三原則とは，核兵器を「持たず，つくらず，□ □」という原則である。

公　民

公民分野

《解法の要点》

　新潟県の入試問題の公民分野は，現代社会・政治・経済・国際社会の四つの大項目について，1大問または2大問で構成するというパターンが定着している。大問は表やカードなどを用いる場合もあるが，小問の形式は基本的には一問一答であり，それほど複雑なものではない。ただし，大問の中で知識・思考力・判断力・技能を満遍なく求められるので，さまざまな問題に接しておく必要がある。

1　現代社会

　現代社会の分野において中心となるのは，グローバル化・情報化・少子高齢化といった，日本の社会に見られるさまざまな傾向である。特にグローバル化は，国際社会の分野においても重要な項目となる。また，少子高齢化は経済分野の「国民生活と福祉」にもかかわっているので，くわしく調べておくとよい。また，文化についても，伝統や地域に根ざした文化のあり方や，在日外国人の増加にともなう多文化社会の進展などについて，さまざまな観点から調べておくとよい。

2　政治

　政治の分野においては，日本国憲法及び憲法の三つの基本原理についての理解が必須となる。国民主権・基本的人権の尊重・平和主義にかかわる日本国憲法の条文をよく読んでおきたい。また，憲法で保障された人権の種類を体系的にまとめて，それぞれの内容をしっかり理解しよう。

　日本の民主政治を運営する国会・内閣・裁判所の各機関についても，まずはそれぞれの機関の役割を規定する日本国憲法の条文を押さえておこう。そのうえで，政党政治を成り立たせるための選挙制度や，三権分立制・議院内閣制など，さまざまなしくみを調べてみよう。

　地方自治については，地方公共団体のしくみと住民の直接請求権は必ず押さえておこう。

3　経済

　経済の分野においては，経済活動の三つの主体，すなわち家計・企業・政府（地方公共団体）の役割と相互の関係を理解すること。さらに，日本銀行や一般の金融機関がそれらの主体とどのようにかかわっているかを確認しよう。そのうえで，資本主義経済や市場経済を支えているさまざまなシステムを理解し，景気を安定させ，国民の生活を守るために国がどのような活動を行っているかをまとめておこう。

4　国際社会

　国際社会の分野においては，国際連合のしくみを中心に，世界平和を守るためにどのような活動が行われているかまとめておきたい。また，地球環境問題，資源・エネルギーの問題，人口問題などがとりあげられる可能性も高い。それらの問題の解決のための国際的な取り決めを整理しておこう。さらに，国際社会の分野は，時事問題がかかわっている場合が多いので，ふだんから新聞やテレビなどを通じて時事問題に関心をもつことが大切である。

●公民分野における小問の形式

○語句(名称)を書かせる問題 ➡ 図や文章中の空欄を補充したり，下線部分に関連づけたりするかたちで，用語や名称などを書かせる問題。「漢字２字」「カタカナ」などの条件がつけられることもある。教科書の太字の用語や索引に出ている用語を確実に理解すること。

○語句(名称)または文を選択肢の中から選ぶ問題 ➡ 設問条件に合う用語や説明文の選択肢を選ばせるかたちの問題。複数の語句を組み合わせたかたちの選択肢が設けられることは多いので，選んだ選択肢については，正答が正確に組み合わされているかどうか，確認をおこたらないようにしよう。また，政治分野では，「３分の１以上」「過半数」「10日以内」「30日以内」など，数量的な内容の選択肢が設けられることが多い。それらの多くは日本国憲法によって規定されているので，関係している条文を確認し，区別できるようにしておこう。

○長文または短文を記述させる問題 ➡ 単純に用語の意味を書かせる問題については，教科書中で太字になっている用語や索引に出ている用語などを中心に，意味をよく理解しておくこと。一方，資料などを読み取って，その内容を説明させたり，説明文中の空欄を補充したりするという高度な記述問題が出題されることも考えられる。これも教科書や資料集に出ている資料を見直して，その内容を自分の言葉で説明できるようにしておこう。その際は，内容の正確さだけでなく，文の整合性や読みやすさにじゅうぶん配慮すること。

●使用される資料別にみた小問の形式

○文章資料を使った問題 ➡ 公民分野では，日本国憲法・法律・条例・条約の一部など，文章で書かれた資料が用いられることも多い。法令や条約に関しては主な条文の内容を理解し，資料中の重要用語にも注意しよう。

○図・表・写真を使った問題 ➡ 公民分野の問題においても図・表・写真はよく使用される。例えば政治分野では選挙制度(小選挙区制や比例代表制)・議院内閣制・三権分立制・三審制など，経済分野では需要・供給・価格の関係図，株式会社のしくみ，国民経済のしくみなどがよくとりあげられる。また，国際社会分野では国際連合のしくみ図や世界地図などが使用されることもある。しくみ図については，自分でかいてみることも理解の助けになるだろう。

そのほか，国や地方公共団体の予算の内訳，家計の消費支出の内訳，特定の年齢層の人口推移，消費生活相談件数などの統計に関する表やグラフもよくとりあげられる。設問の多くは，図中の空欄に当てはまる語句を入れたり，図を読み取ってわかったことを記述させたりするかたちをとっている。数値の大きい項目，小さい項目に着目して，どのような特徴があらわれているか読み取ろう。また，過去のデータと現在のデータを比較して，特徴の変化を読み取ろう。

〔1〕 あるクラスの社会科の授業では，現代の日本のさまざまな側面について，テーマを決めて調べることにした。Sさんは，「食料問題」，「少子高齢社会」，「多文化共生」をテーマとし，次の**資料Ⅰ〜資料Ⅳ**を見つけた。これらの資料について，下の(1)〜(3)の問いに答えなさい。

資料Ⅰ 日本の肉類供給量(2016年度)

（千ｔ）

生産量	3,291
輸入量	2,927
輸出量	15
国内消費仕向量	6,203

(注)国内消費仕向量は，国内生産量＋輸入量－輸出量で計算し，在庫の増減量も加えている。

（「食料需給表」2016年度より作成）

資料Ⅱ 日本の品目別食料自給率の推移

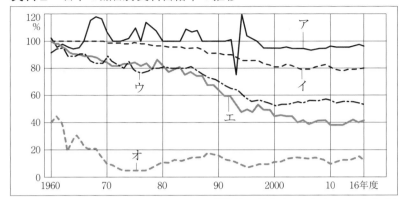

（「食料需給表」2016年度ほかより作成）

資料Ⅲ 平均寿命と合計特殊出生率の推移

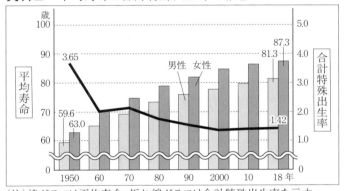

(注)棒グラフは平均寿命，折れ線グラフは合計特殊出生率を示す。
（厚生労働省資料より作成）

資料Ⅳ 国籍別在留外国人数の割合(2020年末)

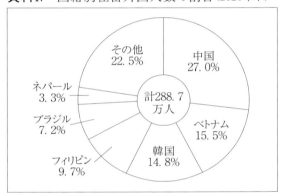

（「日本国勢図会」2021/22年版より作成）

(1) 食料自給率(％)は，生産量÷国内消費仕向量×100で求めることができる。**資料Ⅰ**をもとに2016年度における肉類の自給率を計算し，日本の品目別食料自給率の推移を示した**資料Ⅱ**中のア〜オから，肉類に当てはまるものを一つ選び，その符号を書きなさい。なお，ア〜オは，肉類，米，小麦，果実，野菜のいずれかである。

(2) Sさんは，日本の少子高齢化について調べる中で，日本人の平均寿命と合計特殊出生率の推移を示した**資料Ⅲ**を読みとり，次のようにまとめた。文中の ┌─ X ─┐ に当てはまる，最も適当な内容を，「平均寿命」，「合計特殊出生率」の二つの語句を用いて書きなさい。なお，合計特殊出生率とは，一人の女性が一生の間に生む子どもの平均人数である。

> 現在，我が国では総人口に占める年少人口(15歳未満)の割合が低くなる一方で老年人口(65歳以上)の割合が高くなる少子高齢化が進んでいます。その理由は，**資料Ⅲ**からわかるように， ┌─ X ─┐ からだと考えられます。

(3) **資料Ⅳ**からわかるように，日本には多くの外国籍の人が住み，多文化共生はいっそう求められている。**資料Ⅳ**から読みとれることとして，最も適当なものを，次のア〜エから一つ選び，その符号を書きなさい。

ア 上位6か国中にヨーロッパの国がある。 イ 上位6か国中5か国はアジアの国である。

ウ 中国籍の人口は100万人を超えている。 エ 上位2か国だけで全体の50％以上を占める。

〔2〕 次の年表は，人権思想の発達に関する，世界のできごとについてまとめたものである。これを見て，下の(1)〜(5)の問いに答えなさい。

年代	国	人権思想の発達に関する，世界のできごと
1215	A	マグナ＝カルタが出され，国王の権力が制限された。
1640(1642)	A	ピューリタン革命が起こり，議会派が共和制を始めた。
1688	A	名誉革命が起こり，翌年には「権利章典(権利の章典)」が定められた。
1748	フランス	モンテスキューが a「法の精神」を著した。
1776	B	独立宣言が出された。
1789	フランス	フランス革命が起こり，b人権宣言が出された。
1889	日 本	c大日本帝国憲法が発布された。
1919	C	ワイマール憲法が制定された。
1946	日 本	d日本国憲法が公布された。

(1) A ～ C に当てはまる国名の組合せとして，最も適当なものを，下のア〜エから一つ選び，その符号を書きなさい。

　　ア 〔A　イギリス，B　アメリカ，C　ドイツ〕　イ 〔A　イギリス，B　ドイツ，C　アメリカ〕
　　ウ 〔A　アメリカ，B　イギリス，C　ドイツ〕　エ 〔A　アメリカ，B　ドイツ，C　イギリス〕

(2) 下線部分 a について，モンテスキューはこの書物で，国家の統治権力を立法権・行政権・司法権に分けて，それぞれが均衡を保つことや，相互に抑制することなどの重要性を説いた。この考え方を何というか，書きなさい。

人権宣言(1789年)

第1条　人は生まれながらに，自由で X な権利を持つ。社会的な区別は，ただ公共の利益に関係のある場合にしか設けられてはならない。

(3) 下線部分 b について，右の資料は，人権宣言の一部を示したものである。資料中の X に当てはまる語句を，漢字2字で書きなさい。

(4) 下線部分 c について，右の表は，大日本帝国憲法と日本国憲法の，人権に対する考え方を比較したものである。表中の Y に当てはまる内容を，「法律」という語句を用いて書きなさい。

人権に対する考え方

大日本帝国憲法	日本国憲法
「臣民(天皇の国民)の権利」であり， Y	すべての人間が生まれながらに持つ権利として保障される。

(5) 下線部分 d について，次の①，②の問いに答えなさい。

　① 国民主権，基本的人権の尊重とならぶ，日本国憲法の三つの基本原理の一つは何か，書きなさい。

　② 右の資料は，日本国憲法が定める，天皇の主な仕事を示したものである。これらの仕事を何というか，書きなさい。

日本国憲法が定める，天皇の主な仕事

・国会の指名にもとづく内閣総理大臣の任命
・内閣の指名にもとづく最高裁判所長官の任命
・憲法改正，法律，条約などの公布
・国会の召集
・衆議院の解散
・栄典の授与

〔3〕 夏休みの課題で「日本の人口」について調べたNさんは，次の**資料Ⅰ〜資料Ⅳ**を作成した。これらについて，下の(1)〜(3)の問いに答えなさい。

資料Ⅰ 日本の人口ピラミッドの移り変わり

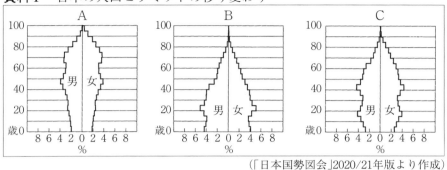

（「日本国勢図会」2020/21年版より作成）

資料Ⅱ 日本の総人口と総世帯数

	総人口（千人）	総世帯数（千）
2010年	128,057	51,951
2015年	127,095	53,449

（国勢調査より作成）

資料Ⅲ 日本の家族類型別世帯数の割合

（国勢調査より作成）

資料Ⅳ 東京都と大阪府の，他府県からの通勤・通学による流入
人口の割合（2015年）

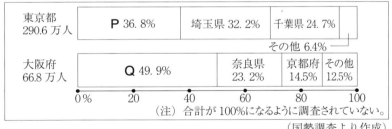

（注）合計が100%になるように調査されていない。

（国勢調査より作成）

(1) **資料Ⅰ**のA〜Cは，1970年，1990年，2019年のいずれかにおける人口ピラミッドである。それぞれの人口ピラミッドのころの日本のようすについて述べた文として，最も適当なものを，次のア〜ウから一つずつ選び，その符号を書きなさい。

ア 元号が令和に改められ，新天皇が即位した。

イ バブル経済による好景気がピークに達した。

ウ 高度経済成長の中，大阪で万国博覧会が開かれた。

(2) **資料Ⅱ**を見ると，2010年から2015年にかけて総人口が減少しているにもかかわらず総世帯数は増加している。その理由を**資料Ⅲ**から読みとって書きなさい。

(3) **資料Ⅳ**中の**P**，**Q**に当てはまる県の組合せとして，正しいものを，次のア〜エから一つ選び，その符号を書きなさい。

ア 〔P 群馬県， Q 兵庫県〕　　　イ 〔P 群馬県， Q 三重県〕

ウ 〔P 神奈川県， Q 兵庫県〕　　エ 〔P 神奈川県， Q 三重県〕

〔4〕 次の文は，日本国憲法で保障されている基本的人権についてのAさんとBさんの会話の一部である。これを読んで，下の(1)〜(4)の問いに答えなさい。

> Aさん：僕たちが自由に人間らしく生きていくために，日本国憲法では a 基本的人権 が保障されているね。
> Bさん：そのほかに，b 参政権 など，人権を守るための権利も保障されているよ。
> Aさん：ただし，人権が保障されているからといって，好き勝手なことをしてよいというわけではないよ。c 人権も公共の福祉のために制限されることがあるんだ。
> Bさん：それから，日本国憲法に，d 国民がなすべき三つの義務 について定められていることも忘れてはならないね。

(1) 下線部分 a について，次の①〜③の問いに答えなさい。

① 次の文中の ┃ X ┃ に当てはまる語句を，カタカナで書きなさい。

▲ノンステップバス

> 公共の交通機関や建造物を利用する場合，身体などに障がいのある人でも安心して使うことのできるよう ┃ X ┃ 化とよばれる工夫が必要である。そのため，右の資料に示したように，車椅子の人や高齢者でも乗り降りしやすいように床面が低く設計されたノンステップバスがつくられたりしている。

② 自由権のうちの「身体の自由（生命・身体の自由）」について述べた文として，最も適当なものを，次のア〜エから一つ選び，その符号を書きなさい。

ア 住む場所を自由に決めることができ，居住地の変更も自由にできる。また，自分の従事する職業を決定し，その職業につくことを国家によってさまたげられない。

イ 個人の意思・主張・感情などを，言論・出版・芸術作品などさまざまな方法によって表現することができる。

ウ 多数の人が共通の目的をもって一定の場所で集会を開くことができる。また，多数の人が一定の目的のために団体や組織をつくることもできる。

エ 奴隷的拘束や苦役を強制されることはない。また，法定の手続きによらずに逮捕されたり，処罰を受けたりすることもない。

③ 労働基本権（労働三権）の一つで，労働者が労働組合を結成できる権利を何というか，書きなさい。

(2) 下線部分 b の一つで，国会議員，地方議会議員，都道府県知事や市（区）町村長に選出されるために立候補する権利を何というか，書きなさい。

(3) 下線部分 c の例の一つについて述べた次の文中の ┃ Y ┃ に当てはまる内容を，「生活環境」，「貧富」という二つの語句を用いて書きなさい。

> 自由権の中でも，特に「経済活動の自由」については，公共の福祉による制限が広く認められてきた。それは，「経済活動の自由」が行きすぎると，┃ Y ┃ ことにつながりやすいからである。

(4) 下線部分 d について，日本国憲法で定められた三つの義務に含まれないものを，次のア〜エから一つ選び，その符号を書きなさい。

ア 勤労の義務　　　　イ 政治に参加する義務

ウ 納税の義務　　　　エ 子どもに普通教育を受けさせる義務

〔5〕 あるクラスでは，公民の学習を通じて興味をもったことについて，班ごとに発表することになった。A～D班がまとめた次のカードについて，下の(1)～(4)の問いに答えなさい。

A班　国民の政治参加

日本国憲法によって〈a〉参政権が保障されており，国民は〈b〉さまざまな方法によって政治に参加することができる。

B班　日本の選挙制度

代表者を選び，その代表者が集まって議会を組織し，物事を話し合って決定するという，間接民主制（議会制民主主義）が採用されており，その〈c〉代表者を選ぶために行われるのが選挙である。

C班　直接民主制と地方自治

人々が直接政治に参加する直接民主制の実現は困難であるが，国の政治の一部に取り入れられ，〈d〉地方公共団体の政治においては，〈e〉住民が政治に参加する地方自治のしくみが取り入れられている。

D班　日本の司法制度

司法制度の改革が進められ，国民が裁判員として刑事裁判に参加し，裁判官と一緒に被告人の有罪・無罪や刑罰の内容を定めるという〈f〉裁判員制度が取り入れられている。

---

(1) A班のカードについて，次の①，②の問いに答えなさい。
　① 下線部分aの一つに被選挙権がある。被選挙権の認められる年齢が満30歳以上と定められているものを，次のア～オから二つ選び，その符号を書きなさい。
　　ア　衆議院議員　　イ　参議院議員　　ウ　地方議会議員　　エ　市（区）町村長　　オ　都道府県知事
　② 下線部分bについて，政治や社会のさまざまな問題について，多くの人々によって共有された意見は，議会や政府に影響を与えることがある。このような意見を何というか，漢字2字で書きなさい。

(2) B班のカードの下線部分cについて，右の図は，比例代表制とよばれる選挙制度のしくみを示したものである。図を参考にして，この制度のしくみを，「政党」，「得票数」，「議席」の三つの語句を用いて書きなさい。

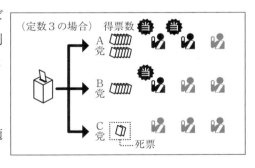

(3) C班のカードについて，次の①，②の問いに答えなさい。
　① 下線部分dが法律の範囲内で定める，その地方公共団体だけに適用されるきまりを何というか，書きなさい。
　② 下線部分eについて，住民には直接請求権が認められている。有権者が40万人以下の都市において，住民が市長の解職を直接請求するとき，有権者の3分の1以上の署名でどこ（だれ）に請求するか。次のア～エから一つ選び，その符号を書きなさい。
　　ア　選挙管理委員会　　　　イ　監査委員　　　　ウ　市議会　　　　エ　副市長

(4) D班のカードの下線部分fについて，裁判員制度が適用される刑事裁判として，正しいものを，次のア～エから一つ選び，その符号を書きなさい。
　ア　家庭裁判所における第一審　　　　イ　簡易裁判所における第一審
　ウ　地方裁判所における第一審　　　　エ　高等裁判所における第二審

〔6〕 社会科の授業で，国民としての責任と義務に興味をもったSさんは，調べてわかったことを次の文にまとめ，資料Ⅰと資料Ⅱを作成した。この文を読み，資料Ⅰ，資料Ⅱを見て，下の(1)，(2)の問いに答えなさい。

> 　日本国憲法では，さまざまな人権を保障している。しかし，自由が保障されているといっても，好き勝手にふるまってもよいということではない。a人権は，他人の人権を侵害しない範囲で保障されるものであり，多くの人々が社会で生活するために制限される場合がある。
>
> 　また，国民は，さまざまな権利を行使するだけでなく，社会を支えるために，b憲法が定める三つの義務を果たさなければならない。

資料Ⅰ　日本国憲法の条文（一部分）

第12条　この憲法が国民に保障する自由及び権利は，国民の不断の努力によつて，これを保持しなければならない。又，国民は，これを濫用してはならないのであつて，常に　X　のためにこれを利用する責任を負ふ。

第13条　すべて国民は，個人として尊重される。生命，自由及び幸福追求に対する国民の権利については，　X　に反しない限り，立法その他の国政の上で，最大の尊重を必要とする。

資料Ⅱ　「　X　」による人権の制限の例

A の自由	・ 他人の名誉を傷つける行為の禁止(刑法) ・ 選挙運動の制限(公職選挙法)
B の自由	・ デモの規制(公安条例)
居住・移転の自由	・ 感染症による入院措置(感染症法)
C の自由	・ 無資格者の営業停止(医師法など) ・ 企業の価格協定(カルテル)などの禁止(独占禁止法)
労働基本権	・ 公務員のストライキ禁止(国家公務員法，地方公務員法)
財産権の保障	・ 不備な建築の禁止(建築基準法)

(1) 下線部分aについて，次の①〜③の問いに答えなさい。

① 資料Ⅰと資料Ⅱの　X　には，人権の限界や制限にかかわる社会全体の利益を表す語句が共通して当てはまる。その語句を書きなさい。

② 資料Ⅱ中の　A　〜　C　に当てはまる語句の組合せとして，最も適当なものを，次のア〜エから一つ選び，その符号を書きなさい。

ア 〔A　集会・結社，B　表現，　　　C　職業選択　〕

イ 〔A　集会・結社，B　職業選択，C　表現　　　〕

ウ 〔A　表現，　　　B　職業選択，C　集会・結社〕

エ 〔A　表現，　　　B　集会・結社，C　職業選択　〕

③ 資料Ⅱ中の「居住・移転の自由」の制限について，感染症にかかった人は，本人の意志に関係なく強制的に入院措置がとられる場合がある。その目的を，「感染症」，「健康」の二つの語句を用いて書きなさい。

(2) 下線部分bの三つの義務に当てはまらないものを，次のア〜エから一つ選び，その符号を書きなさい。

ア　納税の義務　　　　　　イ　子どもに普通教育を受けさせる義務

ウ　選挙で投票する義務　　エ　勤労の義務

〔7〕 公民分野の調べ学習で，Ｎさんの班は「人権と日本国憲法」をテーマとして選び，調べることになった。次に示したＮさんの班の発表内容を見て，下の(1)～(6)の問いに答えなさい。

テーマ【人権と日本国憲法】
○人権の歴史
　・ a17～18世紀の欧米諸国における近代革命を通じて人権思想が発達。
　・ 1919年にドイツで成立したワイマール憲法により， ［　b　］ が認められる。
○日本国憲法と三つの基本原理
　・ c政治権力から人権を守り，保障していくため，憲法によって政治権力を制限。
　・ 日本国憲法は，国民主権， d平和主義，基本的人権の尊重の三つを基本原理とする。
○国民主権と天皇の地位
　・ 国の政治の決定権は国民がもち，政治は国民の意思にもとづいて行われる。
　・ e天皇は，日本国と日本国民統合の「　f　」であり，国政についての権限をもたない。

(1) 下線部分ａについて，次の①，②の問いに答えなさい。

① 18世紀のフランスで活躍した思想家で，「社会契約論」を著して人民主権を唱えたのはだれか，人名を書きなさい。

② 右の略年表は，欧米諸国の人権思想にかかわるできごとをまとめたものである。また，次のⅠ～Ⅲは，年表中の下線部分Ａ～Ｃのいずれかの条文の一部を示したものである。Ⅰ～ⅢとＡ～Ｃの組合せとして，最も適当なものを，下のア～カから一つ選び，その符号を書きなさい。

年代	で き ご と
1689	・イギリスで A権利章典 が定められる。
1776	・アメリカで B独立宣言 が発表される。
1789	・フランスで C人権宣言 が発表される。

Ⅰ
第1条　人は生まれながらに，自由で平等な権利をもつ。社会的な区別は，ただ公共の利益に関係のある場合にしか設けられてはならない。

Ⅱ
第1条　議会の同意なしに，国王の権限によって法律とその効力を停止することは違法である。
第5条　国王に請願することは臣民（しんみん）の権利であり，この請願を理由に監禁したり裁判にかけたりすることは違法である。

Ⅲ
　我々は以下のことを自明の真理であると信じる。人間はみな平等につくられ，ゆずりわたすことのできない権利を神によって与えられていること，その中には，生命，自由，幸福の追求が含まれていること，である。

ア〔Ⅰ　Ａ，Ⅱ　Ｂ，Ⅲ　Ｃ〕　　　イ〔Ⅰ　Ａ，Ⅱ　Ｃ，Ⅲ　Ｂ〕
ウ〔Ⅰ　Ｂ，Ⅱ　Ａ，Ⅲ　Ｃ〕　　　エ〔Ⅰ　Ｂ，Ⅱ　Ｃ，Ⅲ　Ａ〕
オ〔Ⅰ　Ｃ，Ⅱ　Ａ，Ⅲ　Ｂ〕　　　カ〔Ⅰ　Ｃ，Ⅱ　Ｂ，Ⅲ　Ａ〕

(2) ［　b　］ に当てはまる，人間らしい生活を保障する権利の名称を書きなさい。

(3) 下線部分ｃのような考え方を何というか，漢字4字で書きなさい。

(4) 下線部分ｄに関連して，日本は非核三原則の立場を表明している。これはどのような原則か，書きなさい。

(5) 下線部分ｅについて，天皇の国事行為として，適当でないものを，次のア～エから一つ選び，その符号を書きなさい。

ア　国会の召集　　　イ　憲法改正の発議　　　ウ　法律，条約などの公布　　　エ　衆議院の解散

(6) ［　f　］ に当てはまる語句を書きなさい。

〔8〕 次に示したのは，公民の授業で，Nさんが「日本の民主政治」というテーマでまとめたレポートの一部である。これについて，下の(1)～(4)の問いに答えなさい。

【日本の民主政治】

○日本の政治は，a国会，内閣，裁判所の三つの機関によって担われている。

・国会…立法権をもち，国権の最高機関とされ，法律の制定やb予算の議決などの仕事をする。

・内閣…行政権をもち，法律で定められたことを実行して，法律案や予算を国会に提出する。c議院内閣制によって，国会と密接に関係しあっている。

・裁判所…司法権をもち，国会や内閣からの干渉を受けることなくd裁判を行う。

---

(1) 下線部分aについて，右の表は，2024年2月現在の国会を構成する衆議院と参議院とを比べたものである。表中の　A　～　C　に当てはまる数字の組合せとして，正しいものを，次のア～エから一つ選び，その符号を書きなさい。

ア 〔A―3，B―30，C―25〕　　イ 〔A―3，B―25，C―30〕
ウ 〔A―4，B―30，C―25〕　　エ 〔A―4，B―25，C―30〕

	衆議院	参議院
議員定数	465名	248名
任　期	A 年	6年（3年ごとに半数を改選）
選挙権	満18歳以上の男女	満18歳以上の男女
被選挙権	満 B 歳以上の男女	満 C 歳以上の男女

(2) 下線部分bに関して，予算の議決などについて，衆議院と参議院とで議決が異なった場合，意見の一致を図るために開かれる会議を何というか，書きなさい。

(3) 下線部分cのしくみを示した右の図を見て，次の①，②の問いに答えなさい。

① 図中の　X　に当てはまる語句として，正しいものを，次のア～エから一つ選び，その符号を書きなさい。

ア 3分の1以上　　　イ 過半数
ウ 3分の2以上　　　エ 全員

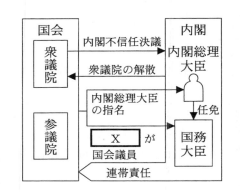

② 衆議院で内閣不信任決議が可決されたあとにとられる手続きを，右の図を参考にし，「内閣」，「10日以内」，「総辞職」という語句を用いて書きなさい。

(4) 下線部分dについて，次の①，②の問いに答えなさい。

① 右の図は，刑事裁判の法廷の様子を模式的に表したものである。図中の　Y　には，法律の専門家であり，被告人の利益を守る仕事をする人を表す語句が当てはまる。その語句を漢字3字で書きなさい。

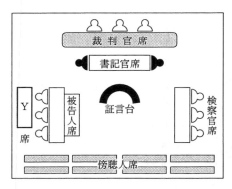

② 日本の裁判や裁判所について述べた文として，最も適当なものを，次のア～エから一つ選び，その符号を書きなさい。

ア 国民が裁判員として裁判に参加する制度は，民事裁判に取り入れられている。

イ 下級裁判所は，高等裁判所，地方裁判所，簡易裁判所の三つだけである。

ウ 第一審の判決に納得できない場合，上級の裁判所に裁判を求めることを，上告という。

エ 判決が確定したあと，裁判の重大な誤りが疑われる場合には，裁判をやり直すことがある。

〔9〕 都道府県に興味をもったNさんは，さまざまな面から都道府県について調べ，要点を次の表にまとめた。これを見て，下の(1)～(5)の問いに答えなさい。

都道府県の歩み	・ 明治新政府は，1869年に ____a____ を行ったが，改革の効果があまりあがらなかったため，1871年に廃藩置県を行い，中央集権体制を確立した。 ・ b1972年，現在の１都１道２府43県が成立する。
現代の都道府県の人口	・ 東京・大阪・名古屋の三大都市圏に人口が集中する一方で， c地方の県では過疎化の進んだ町や村が増えている。
都道府県の自治と財政	・ d住民が自分の住む都道府県の政治に参加するしくみが整えられている。 ・ e都道府県の多くは，財政難となっている。

(1) 次の文は，表中の ____a____ に当てはまる政策について述べたものである。この政策の名称を，漢字４字で書きなさい。

　　中央集権国家の建設をめざす明治新政府は，1869年，藩主に土地と人民を政府に返上させた。しかし，藩の政治は元の藩主がそのまま担当した。

(2) 下線部分ｂのときに加わった県はどこか。県名を書きなさい。

(3) 下線部分ｃについて，右の地図中の ▓▓▓▓ は，2021年における，各都道府県の総面積に占める過疎地域面積の割合が50％以上の道県を示したものである。この地図から読みとれることを述べた文として，最も適当なものを，次のア～エから一つ選び，その符号を書きなさい。

ア　関東地方には，過疎地域面積の割合が50％以上の県がない。

イ　中国・四国地方の県は，香川県を除いて過疎地域面積の割合が50％以上である。

ウ　過疎地域面積の割合が50％未満の都府県は，全国に30以上ある。

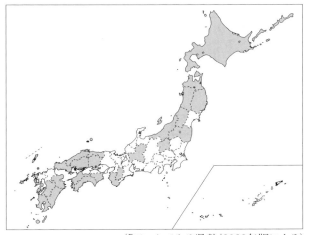

（「データでみる県勢」2022年版による）

エ　海に面していない内陸の県は，すべて過疎地域面積の割合が50％以上である。

(4) 下線部分ｄについて，地方公共団体の住民には直接請求権が認められている。有権者数が900,000人の県において，条例の制定を請求する場合に最小限必要な署名数と請求先の組合せとして，最も適当なものを，次のア～エから一つ選び，その符号を書きなさい。

ア　〔最小限必要な署名数　18,000，　　請求先　県知事　　　　　　〕

イ　〔最小限必要な署名数　18,000，　　請求先　選挙管理委員会〕

ウ　〔最小限必要な署名数　300,000，　請求先　県知事　　　　　　〕

エ　〔最小限必要な署名数　300,000，　請求先　選挙管理委員会〕

(5) 下線部分ｅについて，右のグラフは，2019年度における愛知県と鳥取県の歳入の内訳を示したものである。右のグラフから読みとれる，都道府県の歳入に関する問題を，「自主財源」という語句を用いて書きなさい。

（「データでみる県勢」2022年版による）

〔**10**〕 大日本帝国憲法と日本国憲法とを比べた次の表を見て，下の(1)～(5)の問いに答えなさい。

	大日本帝国憲法	日本国憲法
天皇の地位	国家の X	日本国・日本国民統合の Y
軍　　事	軍隊を指揮する権限は天皇がもつ	戦争放棄など，Z 主義の立場をとる
国民の権利	「臣民の権利」（法律によって制限）	永久不可侵のa基本的人権を保障
国民の義務	男子の兵役，b，（教育）	教育，勤労，b

(1) 日本国憲法成立の年月日について述べた文として，正しいものを，次のア～エから一つ選び，その符号を書きなさい。

　ア　1946年5月3日に公布され，1947年11月3日に施行された。

　イ　1946年11月3日に公布され，1947年5月3日に施行された。

　ウ　1946年5月3日に公布され，1947年2月11日に施行された。

　エ　1946年11月3日に公布され，1947年2月11日に施行された。

(2) 表中の X ， Y に当てはまる語句の組合せとして，正しいものを，次のア～エから一つ選び，その符号を書きなさい。

　ア　〔X　元首，Y　主権者〕　　　　イ　〔X　主権者，Y　元首〕

　ウ　〔X　象徴，Y　主権者〕　　　　エ　〔X　主権者，Y　象徴〕

(3) 表中の Z と右に示した日本国憲法の前文中の四つの □ には同じ語句が共通して当てはまる。その語句を漢字2字で書きなさい。

日本国憲法の前文（一部分）

> 日本国民は，恒久の □ を念願し，人間相互の関係を支配する崇高な理想を深く自覚するのであつて，□ を愛する諸国民の公正と信義に信頼して，われらの安全と生存を保持しようと決意した。われらは，□ を維持し，専制と隷従，圧迫と偏狭を地上から永遠に除去しようと努めてゐる国際社会において，名誉ある地位を占めたいと思ふ。われらは，全世界の国民が，ひとしく恐怖と欠乏から免かれ，□ のうちに生存する権利を有することを確認する。

(4) 表中の下線部分aについて，次の①，②の問いに答えなさい。

　①　基本的人権の一つである自由権のうち，経済活動の自由に当てはまるものを，次のア～エから一つ選び，その符号を書きなさい。

　　ア　居住・移転・職業選択の自由　　　イ　奴隷的拘束・苦役からの自由

　　ウ　集会・結社・表現の自由　　　　　エ　思想・良心の自由

　②　社会権の一つである生存権とはどのような権利か，「健康」，「文化的」，「最低限度」の三つの語句を用いて，書きなさい。

(5) 表中の b に共通して当てはまる義務を，漢字2字で書きなさい。

〔11〕 あるクラスでは，公民の学習で班ごとに日本の政治に関するテーマをあげて発表することになった。次に示した各班のレポートの一部を読んで，下の(1)～(6)の問いに答えなさい。

A班 【三権分立のしくみ】

　日本の政治では，国の権力が a 立法，行政，司法の三権に分けられ，それぞれ b 国会， c 内閣， d 裁判所によって担当されています。これは，国の権力が一つの機関に集中して強大になり，国民の自由をおびやかすことを防ぐためです。

B班 【地方自治のしくみ】

　日本国憲法には，地方自治を尊重し，地方自治を行うために e 地方公共団体のしくみを整えることなどが述べられています。また，地方自治には，直接民主制が取り入れられており，住民の f 直接請求権も保障されています。

(1) 下線部分 a について，三権分立のしくみを示した右の図を見て，次の①，②の問いに答えなさい。

① 図中のXに当てはまるものを，次のア～エから一つ選び，その符号を書きなさい。

ア　裁判官の弾劾裁判　　　イ　内閣不信任の決議

ウ　衆議院の解散　　　　　エ　命令，規則，処分の違憲・違法審査

② 法律の違憲審査（違憲立法審査権）に当たるものを，図中のA～Dから一つ選び，その符号を書きなさい。

(2) 下線部分 b について，衆議院で可決し，参議院で異なる議決をした法律案が法律となる場合を，次のア～エから一つ選び，その符号を書きなさい。

ア　衆議院で，出席議員の過半数の賛成により再可決したとき。

イ　衆議院で，出席議員の3分の2以上の賛成により再可決したとき。

ウ　参議院で，出席議員の過半数の賛成により再可決したとき。

エ　参議院で，出席議員の3分の2以上の賛成により再可決したとき。

(3) 下線部分 c について，日本では議院内閣制が採用されている。これはどのようなしくみか，「信任」，「責任」の二つの語句を用いて，40字以内で書きなさい。

(4) 下線部分 d で行われる裁判のうち，犯罪行為について，被疑者の有罪・無罪を決定する裁判を何というか，書きなさい。

(5) 下線部分 e について，次の文中の ① ， ② に当てはまる語句の組合せとして，正しいものを，下のア～エから一つ選び，その符号を書きなさい。

　市(区)町村長と都道府県・市(区)町村議会議員の被選挙権が得られる年齢は ① で，都道府県知事の被選挙権が得られる年齢は ② である。

ア 〔① 20歳以上，② 25歳以上〕　　　　　イ 〔① 20歳以上，② 30歳以上〕

ウ 〔① 25歳以上，② 30歳以上〕　　　　　エ 〔① 30歳以上，② 25歳以上〕

(6) 下線部分 f について，右の表は，有権者数が40万人以内の地方公共団体について，住民の直接請求権に必要な署名と請求先をまとめたものである。議会の解散請求に当てはまるものを，表中のア～エから一つ選び，その符号を書きなさい。

	必要な署名	請求先
ア	有権者の3分の1以上	選挙管理委員会
イ	有権者の3分の1以上	首長
ウ	有権者の50分の1以上	監査委員
エ	有権者の50分の1以上	首長

〔12〕 中学校3年生のあるクラスでは，A～Cの三つの班が「現代の日本と国際社会」に関してそれぞれテーマを決め，調べ学習を行った。各班のテーマを示した次の表を見て，下の(1)～(6)の問いに答えなさい。

	「現代の日本と国際社会」に関するテーマ
A班	【共生社会について】 ○ _a人間らしい生活を送ることのできる社会をつくるためには何が必要か。 ○ _b高齢者や障がい者にとって暮しやすい環境を整えるためのくふうには，どのようなものがあるか。
B班	【国際社会と日本の役割】 ○ _c国際連合は国際社会においてどのような働きをしているのか。 ○ _d日本の政府や民間組織が行う国際的な活動にはどのようなものがあるか。
C班	【地球環境問題と貧困問題】 ○ _e地球環境問題にはどのようなものがあり，どのような解決方法が考えられているか。 ○ _f先進工業国と発展途上国との経済的な格差とそこから発生する問題とは何か。

(1) 下線部分aについて，日本国憲法で保障された社会権の一つで，人間らしい生活を送るための権利を何というか，漢字3字で書きなさい。

(2) 下線部分bについて，介護保険制度の費用は，サービス利用者の自己負担や公的資金（税金）のほか，何によってまかなわれているか，「40歳以上」という語句を用いて書きなさい。

(3) 下線部分cについて，右の図は，国際連合のしくみをおおまかに示したものである。図中のX～Zに当てはまる機関名またはその略称の組合せとして，正しいものを，次のア～エから一つ選び，その符号を書きなさい。

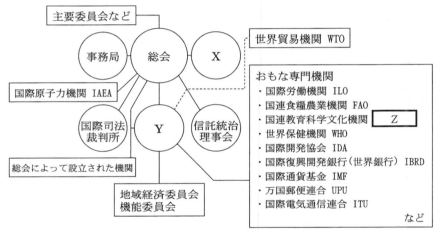

ア 〔X 経済社会理事会，Y 安全保障理事会，Z UNICEF〕
イ 〔X 経済社会理事会，Y 安全保障理事会，Z UNESCO〕
ウ 〔X 安全保障理事会，Y 経済社会理事会，Z UNICEF〕
エ 〔X 安全保障理事会，Y 経済社会理事会，Z UNESCO〕

(4) 下線部分dについて，右のグラフは，二国間のODA（政府開発援助）において日本が援助している国の内訳を示したものである。援助額の上位5か国が共通して属している州を，次のア～エから一つ選び，その符号を書きなさい。

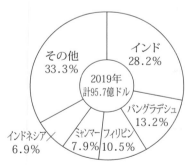

（「日本国勢図会」2021/22年版による）

ア アジア州　　　イ アフリカ州　　　ウ 南アメリカ州　　　エ 北アメリカ州

(5) 下線部分eについて述べた文として，正しいものを，次のア～エから一つ選び，その符号を書きなさい。

ア オゾン層破壊の主な原因は，わたしたちの生活の中で排出される二酸化炭素である。

イ 1997年に京都市で開かれた国際会議では，温室効果ガスの排出削減が先進国に義務づけられた。

ウ フロンガスの使用を原因とする酸性雨によって，大理石の建築物がとけるなどの被害が出ている。

エ ヨーロッパ州は，森林の過剰な伐採や放牧による砂漠化が最も進行している地域である。

(6) 下線部分fを何というか，漢字4字で書きなさい。

〔13〕　Nさんは，日本の経済に関して疑問に思ったことを，次のカードにまとめた。これらのカードについて，下の(1)～(5)の問いに答えなさい。

○消費生活で必要なことは何か
・毎日の生活で消費する商品やサービスを購入するため，計画的に_a消費支出を行うこと。 ・収入の一部を_b貯蓄に回し，将来の支出に備えること。

・毎日の生活で消費する商品やサービスを購入するため，計画的に_a_消費支出を行うこと。
・収入の一部を_b_貯蓄に回し，将来の支出に備えること。

○価格はどのように決まるのか
・_c_市場での価格は，需要量と供給量の関係によって変化する。
・生産や販売市場を支配する_d_少数の企業が独占価格を決めることがある。

○金融機関の役割は何か
・金融機関には，銀行，証券会社，保険会社などがある。
・_e_日本銀行は，日本の中央銀行としてさまざまな役割を果たし，金融政策などを行う。

(1)　下線部分aについて，右のグラフは，二人以上の全世帯について，1世帯当たり月平均消費支出の変化を示したものである。グラフに示した三つの年を比較して読み取れることとして，最も適当なものを，次のア～エから一つ選び，その符号を書きなさい。

　ア　食料費の割合は増加し続けている。

　イ　被服・はきもの費の割合は増加し続けている。

　ウ　交通・通信費の支出額は減少し続けている。

　エ　住居費の支出額は増加し続けている。

二人以上世帯

年	食料	被服・はきもの	住居	教養娯楽	交通・通信	その他
1970年 7万9531円	食料 34.1%	9.5	9.0	5.2	4.9	その他 37.3
1990年 31万1174円	25.4%	7.4	9.7	9.5	4.8	43.2
2019年 29万3379円	25.7%	3.7	10.0	14.9	5.8	39.9

（「日本国勢図会」2020/21 年版による）

(2)　下線部分bに含まれるものを，次のア～エから一つ選び，その符号を書きなさい。

　ア　生命保険料の支払い　　　イ　税金の支払い　　　ウ　社会保険料の支払い　　　エ　公共料金の支払い

(3)　下線部分cについて，右の図は，市場における需要量・供給量・価格の関係を示したものである。次の文は，この図から読み取ったことをNさんがまとめたものである。文中の　A　～　C　に当てはまる語句の組合せとして，最も適当なものを，下のア～エから一つ選び，その符号を書きなさい。

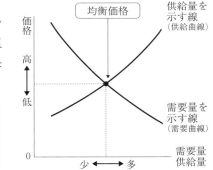

・需要量が供給量を上回ると，価格が　A　する。

・価格が下落すると，供給量は　B　が，需要量は　C　。

　ア　〔A　上昇，　B　増える，　C　減　る〕

　イ　〔A　上昇，　B　減　る，　C　増える〕

　ウ　〔A　下落，　B　増える，　C　減　る〕

　エ　〔A　下落，　B　減　る，　C　増える〕

(4)　下線部分dによって消費者が不利益をこうむることがないよう，独占禁止法が定められている。この法律の運用に当たっている行政機関の名称を書きなさい。

(5)　下線部分eについて，右の図は，日本銀行や一般の銀行の働きを示したものである。これについて，次の①，②の問いに答えなさい。

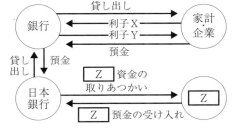

　①　一般の銀行は，どのようにして利潤を得ているか。図中の利子Xと利子Yの利子率のちがいを考え，「貸し出し利子率」，「預金利子率」の二つの語句を用いて書きなさい。

　②　図中の　Z　に共通して当てはまる語句を，漢字2字で書きなさい。

〔14〕 あるクラスの社会科の授業では，「市場経済と金融のしくみ」について，テーマを決めて調べることにした。次の**資料Ⅰ**〜**資料Ⅲ**は，Ｓさんがこのテーマにしたがって集めたものの一部である。これらについて，下の(1)〜(3)の問いに答えなさい。

資料Ⅰ 市場経済における需要量・供給量と価格の関係

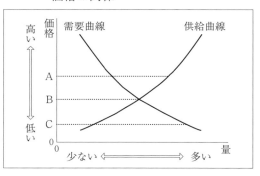

資料Ⅱ 銀行の働き

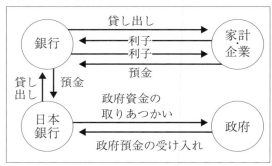

(1) 次の文は，**資料Ⅰ**について述べたものである。この文で説明されていることとして，最も適当なものを，下のア〜エから一つ選び，その符号を書きなさい。

> 財やサービスの需要量が供給量を下回り，品物が売れ残る状態になると，価格が下がることで，需要量が増え，供給量が減り，需要量と供給量が一致する。このように需要量と供給量が一致するときの価格を均衡価格という。

資料Ⅲ 日本銀行の金融政策

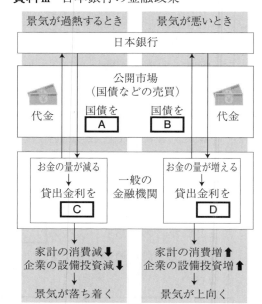

ア 　**資料Ⅰ**中の価格がＡからＢに変化すること。
イ 　**資料Ⅰ**中の価格がＢからＣに変化すること。
ウ 　**資料Ⅰ**中の価格がＣからＢに変化すること。
エ 　**資料Ⅰ**中の価格がＣからＡに変化すること。

(2) **資料Ⅱ**について，次の①，②の問いに答えなさい。

① 次の文中の Ｘ に当てはまる内容を，「貸し出し」「預金」「利子」の三つの語句を用いて書きなさい。

> 　**資料Ⅱ**中の銀行と家計・企業との関係に着目すると，銀行は， Ｘ ことによって収入を得ていることがわかる。

② 日本銀行には，**資料Ⅱ**に示した役割のほか，紙幣を発行する役割もある。このことから日本銀行は何とよばれるか。漢字4字で書きなさい。

(3) **資料Ⅲ**中の Ａ 〜 Ｄ に当てはまる語句の組合せとして，最も適当なものを，次のア〜エから一つ選び，その符号を書きなさい。

ア 〔**Ａ** 売る， **Ｂ** 買う， **Ｃ** 下げる，**Ｄ** 上げる〕
イ 〔**Ａ** 売る， **Ｂ** 買う， **Ｃ** 上げる，**Ｄ** 下げる〕
ウ 〔**Ａ** 買う， **Ｂ** 売る， **Ｃ** 下げる，**Ｄ** 上げる〕
エ 〔**Ａ** 買う， **Ｂ** 売る， **Ｃ** 上げる，**Ｄ** 下げる〕

〔15〕 あるクラスでは，公民の学習で，班ごとに日本の国の政治と地方自治について発表することになった。次に示した各班のレポートを読んで，下の(1)～(5)の問いに答えなさい。

1班 【国の政治のしくみ】

日本の政治では，国の権力が a 立法，行政，司法の三権に分けられ，それぞれ b 国会，c 内閣，裁判所によって担当されている。これは，国の権力が一つの機関に集中して強大になり，国民の自由をおびやかすことを防ぐためである。

2班 【地方自治のしくみ】

日本国憲法には，地方自治を尊重し，地方自治を行うために d 地方公共団体のしくみを整えることなどが述べられている。地方自治の実現のために，直接民主制が取り入れられており，住民の e 直接請求権も保障されている。

(1) 下線部分 a について，三権の抑制と均衡の関係を示した右の図を見て，次の①，②の問いに答えなさい。

① 図中の X に当てはまる働きを，次のア～エから一つ選び，その符号を書きなさい。

　ア　弾劾裁判所の設置　　イ　最高裁判所長官の任命
　ウ　内閣不信任の決議　　エ　最高裁判所長官の指名

② 衆議院の解散に当てはまる働きを，図中のア～エから一つ選び，その符号を書きなさい。

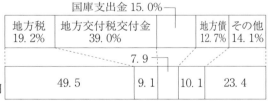

(2) 下線部分 b について，衆議院で可決し，参議院で異なる議決をした法律案が法律となる場合として，最も適当なものを，次のア～エから一つ選び，その符号を書きなさい。

　ア　衆議院で，出席議員の過半数の賛成により再可決したとき。
　イ　衆議院で，出席議員の3分の2以上の賛成により再可決したとき。
　ウ　参議院で，出席議員の過半数の賛成により再可決したとき。
　エ　参議院で，出席議員の3分の2以上の賛成により再可決したとき。

(3) 下線部分 c の行政に対する監視・調査などのために衆議院や参議院に与えられている権利を何というか，書きなさい。

(4) 下線部分 d の自主財源の中心は地方税であるが，地方税収入には，地方公共団体の間に差がみられる。右のグラフに示した鳥取県の歳入の内訳には，大阪府と比べたとき，どのような特徴がみられるか。「地方税」，「依存財源」の二つの語句を用いて書きなさい。

歳入とその内訳（2018年度）

国庫支出金 15.0%

	地方税 19.2%	地方交付税交付金 39.0%		地方債 12.7%	その他 14.1%

鳥取県 3,436億円

7.9

大阪府 2兆5,800億円

49.5	9.1	10.1	23.4

（「データでみる県勢」2021年版による）

(5) 下線部分 e について，有権者数が15万人の都市において，住民が市議会の解散を選挙管理委員会に請求する場合，有権者何人以上の署名が必要になるか，算用数字で書きなさい。

〔16〕 Nさんは，「私たちの生活と経済」について学ぶため，次のA～Dのテーマを設定して調べることにした。これについて，下の(1)～(4)の問いに答えなさい。

【テーマ】

> A　消費生活において，支出の内訳にはどのような傾向がみられるのだろうか。
> B　商品が消費者に届くまでの流通の経路はどのようになっているのだろうか。
> C　企業にはどのような種類があり，どのような特徴があるのだろうか。
> D　労働者の権利や，労働をめぐる環境にはどのような課題があるのだろうか。

(1) テーマAについて，右のグラフは，二人以上世帯の，1970年と2020年における1世帯当たり1か月間の消費支出の内訳を示したものである。1970年から2020年までの間で消費支出の割合が最も増加したものを，次のア～エから一つ選び，その符号を書きなさい。なお，グラフ中の「その他」については考えなくてよい。

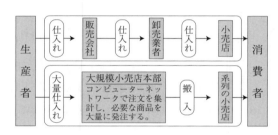

被服・はきもの 9.5%　教養娯楽 9.0%
1970年 79,531円　食料 34.1%　その他 37.3%
交通・通信 5.2%　住居 4.9%
2020年 277,926円　27.5　8.7　14.4　40.0
3.2　6.2

（「日本国勢図会」2021/22年版による）

ア　交通・通信費　　　イ　教養娯楽費　　　ウ　被服・はきもの費　　　エ　住居費

(2) テーマBについて，Nさんが流通に関してまとめた次の文中の　X　，　Y　に当てはまる語句を，それぞれ書きなさい。

> 右の図は，2種類の流通経路を表している。このうち，大規模小売店本部が商品を　X　から直接に仕入れている場合は，販売会社や，卸売業者が関わっている場合と比べて，流通にかかる経費が　Y　と考えられる。

(3) テーマCについて，次の①，②の問いに答えなさい。

① 地方公営企業や独立行政法人をまとめて何というか，書きなさい。

② 株式会社の株主総会が行うことを，次のア～エから二つ選び，その符号を書きなさい。

ア　株式の購入による出資　　　イ　仕事の具体的な方針の決定
ウ　会社の経営方針の決定　　　エ　配当の決定

(4) テーマDについて，下の資料Ⅰは，日本の雇用形態別労働者構成比の推移を示したものである。また，資料Ⅱは，日本の雇用形態別・年齢別平均月収の比較を表している。資料Ⅰと資料Ⅱから読みとれる，非正規労働者の側からみた日本の雇用の問題点を書きなさい。

資料Ⅰ

非正規労働者 16.4%
1985年　正規労働者 83.6%
2000年　74.0　26.0
2020年　62.8　37.2

（「数字でみる日本の100年」改訂第7版などより作成）

資料Ⅱ

（2020年）
正規労働者
非正規労働者
20～24歳　25～29歳　30～34歳　35～39歳　40～44歳　45～49歳　50～54歳　55～59歳　60～64歳　65～69歳

（厚生労働省「令和2年賃金構造基本統計調査」より作成）

〔17〕 Nさんは，「私たちの生活と経済」について学ぶため，テーマを設定して，次のカードⅠ～Ⅲにまとめた。また，各テーマに関連する**資料Ⅰ～資料Ⅳ**を集めた。これらについて，下の(1)～(3)の問いに答えなさい。

カードⅠ　市場における価格	カードⅡ　金融機関の役割	カードⅢ　景気の変動と安定
商品が自由に売り買いされる場を市場といい，<u>a市場における価格</u>は，需要量と供給量の関係で変化する。	資金を必要としている側と，余裕がある側との資金の貸し借りを金融といい，<u>b金融機関</u>はその仲立ちをする。	景気変動は<u>c企業の活動</u>に大きな影響を及ぼすので，政府や日本銀行は<u>d景気を安定させる政策</u>を実施する。

資料Ⅰ　市場における価格と需要量・供給量の関係

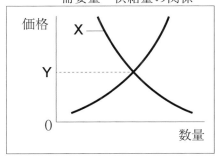

資料Ⅱ　金融機関の役割とお金の流れ

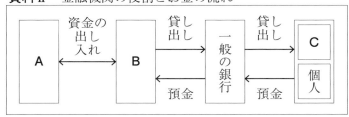

資料Ⅲ　我が国の大企業と中小企業の従業者数の比率

（「中小企業白書2018年版」より作成）

資料Ⅳ　従業者数別一人当たりの賃金

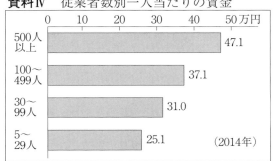

（厚生労働省資料より作成）

(1) カードⅠの下線部分aについて，**資料Ⅰ**中の曲線**X**と**Y**の価格の組合せとして，正しいものを，次のア～エから一つ選び，その符号を書きなさい。

ア 〔**X** 供給曲線，　**Y** 独占価格〕　　イ 〔**X** 需要曲線，　**Y** 独占価格〕

ウ 〔**X** 供給曲線，　**Y** 均衡価格〕　　エ 〔**X** 需要曲線，　**Y** 均衡価格〕

(2) カードⅡについて，次の①，②の問いに答えなさい。

① 下線部分bについて，**資料Ⅱ**中の**A**～**C**のそれぞれが表すものを，次のア～ウから一つずつ選び，その符号を書きなさい。

ア 日本銀行　　　　　イ 企業　　　　　ウ 政府

② 金融機関の一つである日本銀行は，紙幣を発行する役割から何とよばれるか，書きなさい。

(3) カードⅢについて，次の①，②の問いに答えなさい。

① 下線部分cは，大企業と中小企業に分けられる。大企業と比べた中小企業の特徴を，**資料Ⅲ**と**資料Ⅳ**から読みとって書きなさい。

② 下線部分dについて，不景気のときに政府が行う財政政策として，最も適当なものを，次のア～エから一つ選び，その符号を書きなさい。

ア 公共投資を増やしたり増税を行ったりする。　　イ 公共投資を減らしたり増税を行ったりする。

ウ 公共投資を増やしたり減税を行ったりする。　　エ 公共投資を減らしたり減税を行ったりする。

〔18〕 あるクラスの社会科の授業では，「社会保障のしくみ」について調べることにした。次の文は，Sさんが調べたことをもとにして，まとめたものの一部である。この文を読み，下の**資料Ⅰ～資料Ⅳ**を見て，あとの(1)～(3)の問いに答えなさい。

○病気や失業などによって生活が困難になるリスクに対し，個人の力だけで備えることには限界があるので，<u>a日本国憲法第25条で保障された人権</u>にもとづき，<u>b社会保障制度</u>が整備されている。
○政府は，子どもを産み育てやすく，<u>c高齢者が安心して暮らせるような環境</u>の整備を進めている。

資料Ⅰ 日本国憲法第25条

①すべて国民は，健康で文化的な最低限度の生活を営む権利を有する。
②国は，すべての生活部面について，社会福祉，社会保障及び　X　の向上及び増進に努めなければならない。

資料Ⅱ

	社会保障制度の四つの柱と仕事の内容
社会保険	病気・けが・失業・高齢になったときに給付を受ける。
公的扶助	収入が少なく，最低限の生活を送れない人に生活費などを給付する。
社会福祉	高齢者・障がいのある人・保育や保護を必要とする子どものいる家庭に，保護や援助を行う。
X	病気の予防や地域社会の生活環境を改善し，生活の基礎を整える。

資料Ⅲ 年齢区分別人口の推移と将来推計

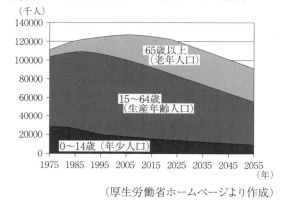

（厚生労働省ホームページより作成）

資料Ⅳ 社会保障給付費の推移

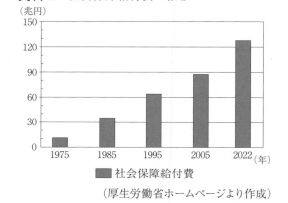

（厚生労働省ホームページより作成）

(1) 文中の下線部分aについて，**資料Ⅰ**の条文で保障されている，社会権の一つを何というか，書きなさい。

(2) 文中の下線部分bについて，次の①，②の問いに答えなさい。

① **資料Ⅰ**と**資料Ⅱ**中の　X　に共通して当てはまる語句を書きなさい。

② **資料Ⅱ**の社会保険の一つについてSさんがまとめた次の文中の　Y　に共通して当てはまる語句を，漢字2字で書きなさい。

2000年から導入され，40歳以上のすべての国民が加入し，高齢などによって　Y　が必要となったときに，国や地方公共団体などから　Y　サービスを受けられるしくみを　Y　保険制度という。

(3) 文中の下線部分cについて，**資料Ⅲ**は，年齢区分別人口の推移と将来推計を，**資料Ⅳ**は，社会保障給付費の推移をそれぞれ示したもので，**資料Ⅳ**にみられる傾向は今後も続くと考えられる。現在の制度が続くとして，**資料Ⅲ**と**資料Ⅳ**から，社会保障に必要な費用について，生産年齢人口一人当たりの負担は，今後どうなると考えられるか。理由も含めて書きなさい。

〔19〕 右の【資料】は，わが国の国会，内閣，裁判所の関係と，地方議会(都道府県議会・市町村議会・区議会)と首長の関係を示したものである。これを見て，次の(1)～(6)の問いに答えなさい。

(1) (X)，(Y)のそれぞれに共通して当てはまる語句を，次のア～エから一つずつ選び，その符号を書きなさい。

　ア　解散　　　　イ　国民審査
　ウ　弾劾　　　　エ　不信任決議

(2) 下線部分 a について，次の①，②の問いに答えなさい。

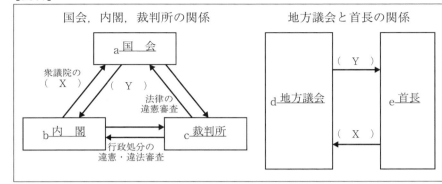

【資料】

国会，内閣，裁判所の関係

a 国　会

衆議院の
(X)　　　(Y)
　　　　　　　法律の
　　　　　　　違憲審査

b 内　閣　　　　　　　c 裁判所
　　　行政処分の
　　　違憲・違法審査

地方議会と首長の関係

d 地方議会　　(Y)　　e 首長
　　　　　　　(X)

① 次の文中の　P　に当てはまる語句を，漢字3字で書きなさい。

　国会に提出された議案は，まず　P　で審議されてから，本会議で議決される。

② 国会は衆議院と参議院とで構成されるが，衆議院には参議院より優越した権限が認められている。衆議院の優越について述べた文として，正しいものを，次のア～エから一つ選び，その符号を書きなさい。

　ア　日本国憲法改正の発議権をもつのは衆議院のみである。
　イ　国政調査権をもつのは衆議院のみである。
　ウ　予算は，必ず衆議院から先に審議することになっている。
　エ　条約の承認については，衆議院の優越が適用されない。

(3) 下線部分 b は，内閣総理大臣と国務大臣とで構成される。議院内閣制のもとでは，内閣総理大臣が国務大臣を任命するに当たり，国会との間にどのようなきまりが設けられているか。「過半数」という語句を用いて書きなさい。

(4) 下線部分 c について，右の図は，重大な犯罪事件を裁く第一審の法廷を模式的に示したものである。図中の　Q　には，裁判官と一緒に裁判の審理や評決に参加するために，一般の国民から選ばれた人が当てはまる。このような人を表す語句を書きなさい。

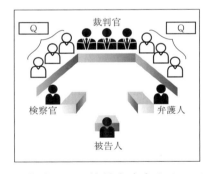

(5) 下線部分 d について述べた文として，適当でないものを，次のア～エから一つ選び，その符号を書きなさい。

　ア　地方議会議員は，地方公共団体の住民の直接選挙によって選ばれる。
　イ　地方議会は，国会と同様に法律案を作成して審議することができる。
　ウ　地方議会は，地方公共団体の予算を議決する権限をもっている。
　エ　地方議会は，審議のやり直しを首長から求められることがある。

(6) 下線部分 e について，次の文中の　A　，　B　に当てはまる語句の組合せとして，最も適当なものを，下のア～エから一つ選び，その符号を書きなさい。

　人口40万人以下の地方公共団体において，首長の解職を住民が直接請求するとき，有権者の　A　以上の署名で，　B　に請求するという手続きが必要である。

　ア　〔A　50分の1，B　監査委員〕　　イ　〔A　50分の1，B　選挙管理委員会〕
　ウ　〔A　3分の1，B　監査委員〕　　　エ　〔A　3分の1，B　選挙管理委員会〕

〔20〕 経済のしくみについて述べた次の文を読んで，下の(1)～(5)の問いに答えなさい。

> 家族や個人など，a 消費生活を営む単位を家計という。家計は b 企業や政府に c 労働力などを提供して収入を得る。一方，政府や地方公共団体は，主として家計や企業から集められる d 税金によって，さまざまな仕事を行う。税金などを収入とし，それを用いて国や地方公共団体が行う活動を財政という。国の財政支出には，e 社会保険，公的扶助，社会福祉，公衆衛生の四つを基本的な柱とする社会保障のための支出や，国が発行した，国の借金である国債の利子の支払いなどに支出される国債費などがある。

(1) 下線部分 a について，製品の欠陥によって消費者が受けた被害については，法律により，被害者の救済が企業などの製造者に義務づけられている。この法律を何というか，書きなさい。

(2) 下線部分 b について，右の図は，企業の代表的な形態である株式会社のしくみを示したものである。図中の A ～ D のそれぞれに当てはまる語句を，次のア～エから一つずつ選び，その符号を書きなさい。

　ア　株主総会　　　　イ　株主
　ウ　取締役会　　　　エ　役員

(3) 下線部分 c について，右の資料は，労働者の生活の向上を目的として定められた法律の一つの，主な内容をまとめたものである。この法律の名称を書きなさい。

> ○労働者と使用者は対等である。
> ○男女同一賃金である。
> ○労働時間は週40時間，1日8時間以内とする。
> ○少なくとも週1日の休日を設ける。

(4) 下線部分 d について，次の表は，わが国の2017年度における国税の内訳（当初予算）を示したものである。これを見て，下の①，②の問いに答えなさい。

		金額(億円)	割合(%)				金額(億円)	割合(%)
X	所 得 税	179,480	29.2	Y	関	税	9,530	1.6
	Z	123,910	20.2		た ば こ 税		9,290	1.5
	相 続 税	21,150	3.4		石油石炭税		6,880	1.1
	そ の 他	30,228	5.0		自動車重量税		3,700	0.6
Y	消 費 税	171,380	27.9		そ の 他		10,722	1.7
	揮 発 油 税	23,940	3.9	印紙収入			10,920	1.8
	酒 税	13,110	2.1	合計(X＋Y＋印紙収入)			614,240	100.0

（「日本国勢図会」2018/19年版による）

① 表中のX～Zが表すことがらの組合せとして，最も適当なものを，次のア～エから一つ選び，その符号を書きなさい。

　ア〔X　直接税，Y　間接税，Z　法人税〕　　イ〔X　直接税，Y　間接税，Z　事業税〕
　ウ〔X　間接税，Y　直接税，Z　法人税〕　　エ〔X　間接税，Y　直接税，Z　事業税〕

② 所得税や相続税に取り入れられている累進課税とはどのようなしくみか。「所得」，「税率」という二つの語句を用いて書きなさい。

(5) 下線部分 e の四つのしくみのうち，さまざまな理由で生活が困難な人に生活費などを支給するものを何というか，一つ選んで書きなさい。

〔21〕 次の文を読んで，下の(1)～(6)の問いに答えなさい。

・毎日の生活で消費する<u>a財やサービスを購入する</u>ための支出を消費支出という。

・<u>b金融機関</u>には，銀行，証券会社，保険会社などがあり，日本の中央銀行である<u>c日本銀行</u>は，景気を安定させるために金融政策を行う。

・<u>d政府の経済活動</u>を財政といい，政府は，景気を安定させるために財政政策を行う。

・政府の収入は，原則として<u>e税金</u>でまかなわれなければならないが，<u>f税金だけでは足りない場合がある。</u>

---

(1) 下線部分aの方法の一つにクレジットカードの利用がある。クレジットカードのしくみを示した右の図中の A ～ D に当てはまる語句を，次のア～エから一つずつ選び，その符号を書きなさい。

ア 銀行(口座)　　　イ 小売店

ウ クレジットカード会社　　　エ 消費者

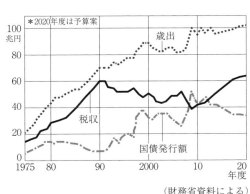

①～③は購入から支払いまでの順序

(2) 下線部分bについて，企業や家計などが，銀行などの金融機関を通じて資金を集める金融の方法を何というか。漢字4字で書きなさい。

(3) 下線部分cについて述べた文として，最も適当なものを，次のア～エから一つ選び，その符号を書きなさい。

ア 日本銀行は，一般の銀行のほか，企業や個人とも取り引きを行う。

イ 日本銀行は，硬貨を発行する役割から，発券銀行とよばれている。

ウ 日本銀行は，政府の資金を預金として預かり，その出し入れを行う。

エ 日本銀行は，不景気(不況)のときには，一般の銀行に国債などを売る。

(4) 下線部分dの一つに社会保障がある。社会保障について述べた次の文Ⅰ～Ⅲと，それぞれ関係の深い語句W～Zの組合せとして，最も適当なものを，下のア～カから一つ選び，その符号を書きなさい。

Ⅰ 収入が少なく生活に困っている人に対して，生活費や教育費などを給付する。

Ⅱ 国民の健康を増進し，感染症の予防などを行う。

Ⅲ 障がいのある人や高齢者などに対して，生活の保障や支援サービスを提供する。

W 社会福祉　　X 社会保険　　Y 公衆衛生　　Z 公的扶助

ア Ⅰ－W Ⅱ－X Ⅲ－Z　　　　イ Ⅰ－W Ⅱ－Z Ⅲ－X

ウ Ⅰ－X Ⅱ－W Ⅲ－Y　　　　エ Ⅰ－X Ⅱ－Z Ⅲ－W

オ Ⅰ－Z Ⅱ－Y Ⅲ－X　　　　カ Ⅰ－Z Ⅱ－Y Ⅲ－W

(5) 下線部分eのうち，納税者(税金を納める人)と，担税者(税金を実際に負担する人)が一致しない国税を，次のア～エから一つ選び，その符号を書きなさい。

ア 法人税　　　イ 消費税　　　ウ 相続税　　　エ 所得税

(6) 下線部分fについて，日本の財政では，歳入に占める公債金の割合が高く，国債残高は年々増加し続けている。国債残高が増加し続けている理由を，日本の財政の変化を示した右のグラフを参考にし，「歳出」，「税収」，「国債」の三つの語句を用いて，50字以内で書きなさい。

〔22〕 中学校3年生のあるクラスでは，公民の学習を通じて興味をもったことについて調べたことを発表することになった。次の文は，6人の生徒が発表内容について述べたものである。これらについて，あとの(1)～(6)の問いに答えなさい。

> Aさん：日本国憲法には直接的に規定されていない「新しい人権」について調べてみました。
> Bさん：民主政治における政党の役割について調べてみました。
> Cさん：我が国の国会，内閣，裁判所の三権がどのような関係にあるのか調べてみました。
> Dさん：地方自治がどのようなしくみで行われているのか調べてみました。
> Eさん：商品がどのようにして消費者のもとへ届くのかについて調べてみました。
> Fさん：我が国の財政のしくみやさまざまな税金について調べてみました。

(1) Aさんは，「新しい人権」に対応するために国が設けた制度について調べるため，右の図を作成した。この図についてAさんがまとめた次の文中の ☐☐☐ に当てはまる語句を，下のア～エから一つ選び，その符号を書きなさい。

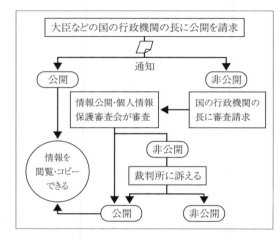

> 　国民が主権者として政治に関する判断をするためには，さまざまな情報を入手して分析することが必要である。そのため，国が保有する情報を求める権利として ☐☐☐ が主張されるようになった。国は，この「新しい人権」に対応するため，右の図に示した制度を設けた。

ア　環境権　　　　イ　自己決定権　　　　ウ　知る権利　　　　エ　プライバシーの権利

(2) Bさんは，政党政治について調べ，次の文にまとめた。文中の ① ， ② に当てはまる語句を，それぞれ漢字2字で書きなさい。

> 　我が国では，いくつかの政党が議席を争う政党政治が行われており，政党は，選挙でできるだけ多くの議席を得ようとする。多くの場合，議会の選挙で最も多くの議席を得た政党の党首が首相となって，内閣を組織する。内閣を組織して政権を担当する政党を ① といい，それ以外の政党を ② という。

(3) Cさんは，国会，内閣，裁判所の三権の関係について調べるため，右の図を作成した。これについて，次の①，②の問いに答えなさい。
① 図中のXは，最高裁判所の裁判官を国民が直接辞めさせることができることを示している。主権者である国民の意思を反映させるこの制度を何というか，書きなさい。
② 図中のY，Zに当てはまるはたらきを，次のア～カから一つずつ選び，その符号を書きなさい。
ア　裁判官の弾劾裁判　　　イ　予算の決議　　　ウ　法律の違憲審査
エ　内閣総理大臣の指名　　オ　衆議院の解散　　カ　最高裁判所長官の指名

－126－

(4) Dさんは，地方の政治に関する右の図やグラフを作成した。これらについて，次の①，②の問いに答えなさい。

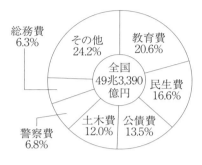

① 地方の政治における，首長，地方議会，住民の関係を示した図中の③に当てはまるはたらきを，次のア〜エから一つ選び，その符号を書きなさい。

ア 具体的な予算案や条例案を作成して提出することができる。

イ 住民投票により過半数の同意が得られれば解職することができる。

ウ 不信任決議権を行使することによって辞職を求めることができる。

エ 有権者の3分の1以上の署名があれば解散を求めることができる。

② グラフは，2019年度における地方財政歳出の内訳を示したものである。Dさんがグラフから読みとったことについてまとめた次の文中の　Ⅰ　，　Ⅱ　のそれぞれに当てはまる語句を，グラフから一つずつ選んで，書きなさい。

（「データでみる県勢」2022年版より作成）

　　2019年度における歳出では，教育費の割合が最も大きいが，借金を返すための　Ⅰ　の割合も大きい。また，福祉関連の費用である　Ⅱ　は，今後ますます増加することが予想される。

(5) Eさんは，流通について調べ，かつては右の**資料Ⅰ**のような流通が一般的であったが，現在では**資料Ⅱ**のような流通が増えてきていることがわかった。これについて述べた次の文中の□□□に当てはまる内容を，「価格」，「販売」の二つの語句を用いて書きなさい。

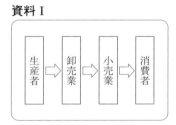

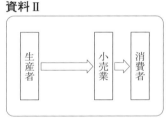

　　資料Ⅰと比べたときの**資料Ⅱ**の流通の利点は，小売業者が生産者から商品を直接仕入れることにより，仕入れにかかる費用が抑えられ，消費者に対して，□□□□□□□□ことである。

(6) Fさんは，財政について次の文にまとめた。これについて，下の①，②の問いに答えなさい。

　　政府が行う経済活動を財政といい，その収入は 下線部a 税金でまかなわれ，公共事業や社会保障などに支出される。また，政府は 下線部b 財政政策 によって景気の安定を図る。

① 下線部分aについて，右のグラフは，2021年度当初予算における国税収入の内訳を示したものである。上位の五つの税のうち，間接税はいくつあるか，書きなさい。

② 下線部分bのうち，好景気のときに行われる政策として，最も適当なものを，次のア〜エから一つ選び，その符号を書きなさい。

ア 公共投資を増やし，減税を行う。

イ 公共投資を増やし，増税を行う。

ウ 公共投資を減らし，減税を行う。

エ 公共投資を減らし，増税を行う。

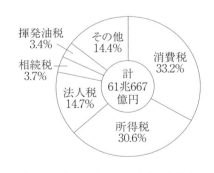

（「日本国勢図会」2022/23年版より作成）

【 問題の使用時期 】

□模試の実施月一覧
「新潟県統一模試」で出題された実施月を一覧表にまとめました。問題練習をすすめる際の参考
にしてください。

□問題の使用時期
・模試実施月の前後1か月の期間に使用するのが標準的な使用方法です。
・ただし,「地理」「歴史」の問題は,7月以降であれば学校では学習済み内容のため,問題練習
を順次進めることができます。
・ただし,不得意なものは,〔1〕の問題から始めるのも効果的です。

世界地理

〔1〕	〔2〕	〔3〕	〔4〕	〔5〕	〔6〕
中2.3月	中2.3月	中2.3月	5月	5月	5月
〔7〕	〔8〕	〔9〕	〔10〕	〔11〕	〔12〕
7月	7月	8月	8月	10月	10月
〔13〕	〔14〕	〔15〕	〔16〕	〔17〕	〔18〕
11月	11月	12月	12月	1月	1月
〔19〕	〔20〕				
2月	2月				

日本地理

〔1〕	〔2〕	〔3〕	〔4〕	〔5〕	〔6〕
中2.3月	中2.3月	5月	5月	5月	7月
〔7〕	〔8〕	〔9〕	〔10〕	〔11〕	〔12〕
7月	8月	8月	8月	10月	10月
〔13〕	〔14〕	〔15〕	〔16〕	〔17〕	〔18〕
11月	11月	12月	12月	1月	1月
〔19〕	〔20〕				
2月	2月				

歴史

〔1〕	〔2〕	〔3〕	〔4〕	〔5〕	〔6〕
中2.3月	中2.3月	中2.3月	中2.3月	中2.3月	中2.3月
〔7〕	〔8〕	〔9〕	〔10〕	〔11〕	〔12〕
5月	5月	5月	7月	7月	7月
〔13〕	〔14〕	〔15〕	〔16〕	〔17〕	〔18〕
7月	7月	7月	8月	8月	8月
〔19〕	〔20〕	〔21〕	〔22〕	〔23〕	〔24〕
8月	8月	8月	10月	10月	10月
〔25〕	〔26〕	〔27〕	〔28〕	〔29〕	〔30〕
10月	10月	11月	11月	11月	12月
〔31〕	〔32〕	〔33〕	〔34〕	〔35〕	〔36〕
12月	12月	12月	12月	1月	1月
〔37〕	〔38〕	〔39〕	〔40〕	〔41〕	〔42〕
1月	1月	1月	1月	2月	2月
〔43〕	〔44〕	〔45〕	〔46〕		
2月	2月	2月	2月		

公民

〔1〕	〔2〕	〔3〕	〔4〕	〔5〕	〔6〕
10月	10月	10月	11月	11月	11月
〔7〕	〔8〕	〔9〕	〔10〕	〔11〕	〔12〕
12月	12月	12月	12月	12月	1月
〔13〕	〔14〕	〔15〕	〔16〕	〔17〕	〔18〕
1月	1月	1月	1月	2月	2月
〔19〕	〔20〕	〔21〕	〔22〕		
2月	2月	2月	2月		

受験生の皆様へ	●この問題集は,令和7・8年度の受験生を対象として作成したものです。 ●この問題集は,「新潟県統一模試」で過去に出題された問題を,分野や単元別にまとめ,的をしぼった学習ができるようにしています。 特定の教科における不得意分野の克服や得意分野の伸長のためには,同種類の問題を集中的に練習し,学力を確かなものにすることが必要です。 ●この問題集に掲載されている問題の使用可能時期について,問題編巻末の「問題の使用時期」にまとめました。適切な時期に問題練習を行い,詳しい解説で問題解法の定着をはかることをおすすめします。

※問題集に誤植などの不備があった場合は，当会ホームページにその内容を掲載いたします。以下のアドレスから問題集紹介ページにアクセスしていただき，その内容をご確認ください。

https://t-moshi.jp

令和7・8年度受験用　新潟県公立高校入試　入試出題形式別問題集　社会（問題編）

2024年7月1日　第一版発行

監　修　新潟県統一模試会
発行所　新潟県統一模試会
新潟市中央区弁天 3-2-20 弁天 501 ビル 2F
〒950-0901
TEL 0120-25-2262
発売所　株式会社 星雲社（共同出版社・流通責任出版社）
東京都文京区水道 1-3-30
〒112-0005
TEL 03-3868-3275
印刷所　株式会社 ニイガタ

ISBN978-4-434-33995-0 C6037

県内最大規模

県内中3生の
2人に1人が
受験!!

※中高6年制を除く,中3生に対する当模試に
受験登録をした人数(2023年度)

中3志望校
判定テスト
(入試5教科)

新潟県統一模試

特色 **1** 新潟県の中3生が実力を競う

特色 **2** 新潟県高校入試に直結した出題内容

特色 **3** 高校入試さながらの臨場感

特色 **4** 的確に実力・志望校を判定

特色 **5** 総合得点判定システム

特色 **6** 弱点補強・パワーアップに最適

特色 **7** 欠席者フォロー

合格力
向上

協賛塾

新潟県統一模試は,県内約400を超える学習塾様よりご採用いただいております。
協賛塾にて受験を希望される方は,直接ご希望の協賛塾へお申込みください。
協賛塾の情報は,https://t-moshi.jp/cooperation/index2をご覧ください。

協賛書店 (下記協賛書店にて,申込書の配布及び受験申し込みを受け付けております。)

【新潟市】
紀伊國屋書店 新潟店
くまざわ書店 アピタ新潟亀田店
くまざわ書店 アピタ新潟西店
くまざわ書店 新潟デッキィ店
知遊堂 亀貝店
萬松堂 古町本店

【新発田市】
コメリ書房 新発田店
蔦屋書店 新発田店
【五泉市】
コメリ書房 五泉店
【燕市】
コメリ書房 分水店

【加茂市】
川口書店
コメリ書房 加茂店
【三条市】
コメリ書房 三条店
知遊堂 三条店

【長岡市】
くまざわ書店 長岡店
くまざわ書店 CoCoLo長岡店
コメリ書房 北長岡店
戸田書店 長岡店
【柏崎市】
コメリ書房 柏崎店
尚文館

【上越市】
春陽館書店
知遊堂 上越国府店

お問い合わせ HOT LINE
お気軽にお問い合わせください

新潟県統一模試会
事務局

0120-25-2262
(受付時間/10:30~18:30 月~金)

FAX 025-243-1200

〒950-0901
新潟市中央区弁天3-2-20
弁天501ビル2F

https://t-moshi.jp

※本表紙には菌の繁殖率を抑制する抗菌処理と，特定ウイルスの数を
減少させる抗ウイルス加工を施しております。

SIAA
ISO 21702
抗ウイルス加工
無機系・表面（印刷面）
JP0612386X0002J

SIAA
ISO 22196
抗菌加工
無機抗菌剤・片面（本体）
JP0122386A0001Y

新潟県統一模試会
＜社会／問題編＋解答・解説編　2冊セット＞

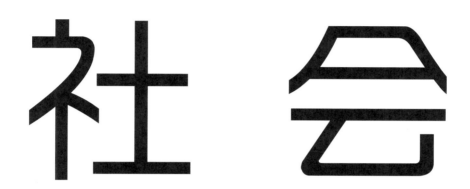

目　　次

〔1〕

《解答》

(1)　6時間　　(2)　アルプス・ヒマラヤ造山帯　　(3)　ウ　　(4)　ア　　(5)　イ

《解説》

(1)　経線Xは東経45度，経線Yは東経135度である。したがって，モスクワと東京の標準時子午線の経度差は90度となる。経度15度ごとに1時間の時差が生じるので，モスクワと東京の時差は，90÷15＝6(時間)と計算される。

(2)　造山帯には高くて険しい山脈が多く，火山の活動も活発である。アルプス・ヒマラヤ造山帯は，ヨーロッパのアルプス山脈からアジアのヒマラヤ山脈を経てインドネシア東部にまで達する造山帯である。

(3)　シドニーは温帯に位置している。そのため，季節による気温の変化がはっきりしており，年降水量も乾燥帯よりは多い。ただし，南半球に位置しているため，気温の変化は北半球の温帯とは逆になる。これらの条件に当てはまるのはウである。

(4)　バスコ＝ダ＝ガマが開いた航路は，ポルトガル西岸を出発点とし，アフリカ大陸南端付近の喜望峰を回り，インド洋を渡ってインドに達するというものであった。イはヨーロッパから北アメリカ大陸東岸付近の西インド諸島に到達する航路を開いた人物，ウは宗教改革を始めた人物，エは最初の世界周航を達成した船隊の隊長であった人物である。

(5)　人口，輸出額，穀物生産量，製造業生産額の4項目で数値が最も大きくなっているウはBの中国。1人当たり国民総所得と輸入額の2項目で数値が最も大きくなっているエはCのアメリカ合衆国。残ったアとイのうち，1人当たり国民総所得，輸出額，輸入額，製造業生産額の4項目で数値が上回っているイはAのドイツで，アはDのブラジル。

〔2〕

《解答》

(1)　アジア(州)　　(2)　ア　　(3) c　イ，　e　エ　　(4)　アルパカ

(5) (正答例)　発電量の大部分を原子力発電が占め，電力の多くを近隣の国々に輸出している。　　　(6)　イ

《解説》

(1)　トルコは，アジア州西端のアナトリア（小アジア半島）と，ヨーロッパ州南東部のトラキアからなる国で，二つの地域は，ボスポラス海峡やダーダネルス海峡によって隔てられている。

(2)　経線Xの経度は西経120度。したがって，日本とロサンゼルスの標準時子午線の経度差は，135＋120＝255（度）。経度15度ごとに1時間の時差が生じるので，日本とロサンゼルスの時差は，255÷15＝17（時間）。日付変更線の西側から1日が始まるので，ロサンゼルスの時刻は，日本よりも17時間遅れることになる。

(3)　地点cは北半球の冷帯（亜寒帯）に位置するので，1月の平均気温がひじょうに低いイが当てはまる。また，地点eは北半球の温帯のうち，温暖（温帯）湿潤気候がみられる地域に位置するので，1月の平均気温が低く，年降水量がやや多いエが当てはまる。なお，アは地点b，ウは地点a，オは地点dに当てはまる。

(4)　アルパカはリャマと同じくラクダ科の動物であるが，リャマよりはやや小形である。ペルー，チリ，ボリビアのアンデス山岳地帯で飼育され，その毛は衣料の原材料として使われている。

(5)　資料1から，フランスの電力の近隣諸国への輸出量が輸入量を大きく上回っていることがわかる。また，資料2からフランスの発電量の大部分が原子力発電によるものであることがわかる。

(6)　人口が極端に多く，小麦の生産量と石炭の産出量が最大のアは国C（中国）。一人当たりの国民総所得が最も多いイは国D（アメリカ）。残ったウとエのうち，人口に対する人口密度が極端に低いエは国B（ロシア），小麦の生産量と一人当たりの国民総所得が最少のウが国A（南アフリカ共和国）である。

〔3〕
《解答》
(1)国　ウ，気候　イ　　(2)　3月10日午前3時　　(3)　人権宣言　　(4)　イ　　(5)　ウ

(6)（正答例）　スペイン語を話すメキシコや西インド諸島からやって来た移民。
　　　　　　　〔スペイン語を公用語とするラテンアメリカ諸国からの移民。〕

(7)　ア

《解説》
(1)　地図中のウはモンゴルで，国土の大部分は乾燥帯の高原となっており，草原や砂漠が広がっている。資料1は遊牧民が移動しながら生活するためのゲルとよばれるテント式の住居。
(2)　日本とエジプトの標準時子午線の経度差は105度。経度15度ごとに1時間の時差が生じるので，日本とエジプトの時差は，105÷15＝7時間となる。
(3)　国Aはフランスで，1789年にフランス革命が起こり，絶対王政が倒れて，貴族や僧侶などの身分の特権が廃止された。
(4)　国Bはインドである。インドは古代に仏教がおこった国であるが，やがて国民の大部分がヒンドゥー教を信仰するようになった。資料2は，ヒンドゥー教徒が，「聖なる川」とされるガンジス川で沐浴(もくよく)を行っている様子を示したものである。
(5)　国Cはオーストラリアである。ウ…最大の輸出相手国は中国である。近年，オーストラリアの貿易相手国の中心となっているのは，中国や日本などのアジア諸国である。
(6)　国Dはアメリカ合衆国である。「ヒスパニック」とはスペイン語を話す人という意味である。アメリカ合衆国の隣国に当たるメキシコをはじめ，カリブ海の西インド諸島の国々や南アメリカ州の国々など，スペイン語を公用語とする国々から，仕事などを求めてアメリカ合衆国へ移住する人が多くなっている。
(7)　人口が最も多く，人口密度も高いウはB（インド）。インドに次いで人口の多いアはD（アメリカ合衆国）。人口密度が極端に低く，輸出上位3品目がいずれも鉱産資源であるエはC（オーストラリア）。残ったイはA（フランス）。

〔4〕
《解答》
(1)　イ　　(2)　アルプス・ヒマラヤ（造山帯）　　(3)　c → a → b

(4)（正答例）　一人っ子政策がとられたため，人口の増加が抑えられ，0〜14歳の人口の割合が低くなってきている。

(5)気候　ウ，作物　キ　　(6)　白豪主義

《解説》
(1)　地図1は東アジア付近，地図2は西ヨーロッパ付近を示しており，どちらも北半球に位置しているので，緯度は北緯で表される。したがって，緯線Ⅰと緯線Ⅱが同じで，その緯度は北緯40度である。なお，地図3に示した地域は南半球に位置し，緯線Ⅲは南緯15度を通っている。
(2)　地図1中のXは世界最高峰のエベレスト山を含むヒマラヤ山脈，地図2中のYはアルプス山脈である。アルプス・ヒマラヤ造山帯は，これらの高くて険しい山脈を含み，ユーラシア大陸南部を通ってインドネシアのスマトラ島やジャワ島まで続く。
(3)　経度180度の経線に沿って日付変更線が引かれており，この線の西から1日が始まる。したがって，c（東経175度付近）→ a（東経107度付近）→ b（経度0度）の順に1日が始まる。
(4)　人口がひじょうに多い中国では，1979年から，人口の増加を抑えるために，夫婦一組につき生まれてくる子どもを一人に制限する「一人っ子政策」を行ってきた（2015年に廃止）。その結果，人口増加率は低下してきたが，人口の増加は続いている。

(5) スペインの南部を中心にウ（地中海性気候）の特徴が見られる。乾燥に強いオリーブは，この気候に適している。なお，カの天然ゴムは熱帯で，クのてんさいは温帯の冷涼な地域や冷帯（亜寒帯）で栽培される。

(6) オーストラリアでは，20世紀半ばまで，有色人種の移民を排除する政策がとられてきた。白豪主義とよばれるこの政策は，1950年代に見直され，1970年代以降はアジア系移民を受け入れるようになった。

〔5〕
《解答》
(1) イ　　(2) ア　　(3) フィヨルド　　(4) 白夜

(5)①（正答例）　経済的に豊かな先進国であり，一人当たりのGDPとエネルギー消費量が多い。

②ブラジル　ウ，南アフリカ共和国　ア，フランス　イ

《解説》
(1) 赤道はアマゾン川河口付近を通るので，Ⅰが当てはまる。なお，Ⅱは南緯20度を通っている。また，ブラジルはかつてポルトガルの植民地であったため，現在でもポルトガル語が公用語となっている。

(2) グラフ中の月平均気温は，北半球の温帯における気温の変化と同じ特徴をもつが，月降水量はいずれの月においても非常に少ない。これらのことから，グラフに当てはまるのはアフリカ州北部の乾燥帯に位置するアであると考えられる。

(3) フィヨルドとは，氷河による浸食作用でできた谷に海水が入り込むことによって形成された，深い奥行きをもつ湾。スカンディナビア半島の海岸には大規模なフィヨルドがみられる。

(4) 白夜は高緯度地方で夏にみられる現象で，夜であってもうす明るい状態となる。北半球の北極圏などでは，夏至のころを中心に白夜が続く。

(5)① グラフから，日本とフランスは，一人当たりのGDPと一人当たりのエネルギー消費量のいずれもが，世界平均を大きく上回っていることがわかる。両国は先進国であり，経済的に豊かである点で共通している。一方，ブラジルと南アフリカ共和国は，両国ともに一人当たりのGDPが世界平均を下回っており，発展途上国に含まれる。

② 日本への輸出額の上位3品目がいずれもレアメタルであるアは南アフリカ共和国。ぶどう酒が第3位となっているイは世界有数のぶどうおよびぶどう酒の生産国であるフランス。鉄鉱石や農産物の輸出額が大きいウはブラジル。

〔6〕
《解答》
(1) ウ　　(2) インド洋　　(3) d　　(4) ア

(5)① アメリカ　②番号　Ⅲ，根拠（正答例）　一人当たりのエネルギー供給量が大幅に増えていること。

《解説》
(1) アは北緯60度，イは北緯30度，ウは緯度0度（赤道上），エは南緯23度付近（南回帰線上）の線分である。地球上の経度の間隔は，緯度0度の赤道から離れて北極・南極に近づくにしたがってせまくなる。つまり，ウの赤道上において最も間隔が広い。

(2) インド洋は，太平洋，大西洋とならぶ三大洋の一つで，アフリカ大陸，ユーラシア大陸，オーストラリア大陸の間に広がっている。

(3) グラフ中の気温の変化から，四季がはっきりしていて，温帯の気候であることがわかるが，北半球の温帯と異なり，折れ線グラフがU字型となるので，南半球に位置することがわかる。なお，地点bは，同じ南半球でも，オーストラリア大陸中央部の乾燥帯に位置している。

(4) X…360（度）÷24＝15（度）となる。Y…本初子午線とは経度0度の経線で，イギリスの首都ロンドンを通る。なお，日本の標準時子午線は東経135度なので，東京とロンドンの時差は，135÷15＝9（時間）と

なる。

(5)① Ⅱの特徴は，一人当たりのエネルギー供給量が他の国々と比べてきわめて多いことである。また，2014年における人口が3億人を超えていることから，アメリカであることがわかる。なお，Ⅰはフランス，Ⅲは中国，Ⅳはナイジェリアである。

② Ⅲの中国は，1990年代以降，急激な工業化にともなって経済発展が進み，国民の生活水準が向上した。その結果，電化製品が普及し，火力発電の発電量が大幅に増加したため，一人当たりのエネルギー供給量が2021年までに約3.4倍になった。

〔7〕
《解答》
(1) ウ　(2) イ　(3) 6　(4) ウ　(5) 関東地方　(6) ウ　(7) エ
《解説》
(1) 日本列島は，北緯およそ20度〜46度の範囲に位置している。アとイはこの範囲よりも南に，エはこの範囲よりも北に位置している。

(2) 日本列島は，東経およそ122度〜154度の範囲に位置している。南アジアの国であるインドは，この範囲よりも西に位置している。

(3) サンパウロに到着したときの日本時間は4月2日午後6時40分であるが，現地の時刻はそれよりも12時間遅れた時刻となる。

(4) 図中の①が陸地，②が海洋を表しているので，陸地が29.2％，海洋が70.8％となり，総面積を10として面積の比を整数で表すと陸地：海洋＝3：7となる。

(5) 関東地方は，茨城県，栃木県，群馬県，埼玉県，千葉県，東京都，神奈川県の1都6県からなる。

(6) 地方Bは近畿地方である。ア…府県名に「川」の字が使われている府県はない。イ…三重県，滋賀県，京都府，大阪府，兵庫県，奈良県，和歌山県の2府5県。ウ…三重県は津市，滋賀県は大津市，兵庫県は神戸市が県庁所在地。エ…滋賀県と奈良県の二つが正しい。

(7) 日の出時刻は西に行くほど遅くなる。aの日の出時刻は高知市よりも遅いので，四国地方に位置している高知市よりも西に位置するエ（那覇市）に当てはまる。

〔8〕
《解答》
(1) ウ　(2) アマゾン(川)　(3) Ⅰ群　ア　Ⅱ群　ク
(4)① イ　②(正答例)　外国からの移民が多いから。
《解説》
(1) ロンドンは経度0度の本初子午線上に位置している。経度上でロンドンと最も離れているのは，経度180度上の地点である。なお，ア〜エはいずれも南緯60度の緯線上にあり，アは経度0度，イは東経90度，ウは経度180度，エは西経90度である。

(2) アマゾン川は南アメリカ大陸北部の赤道付近を流れており，中流域には広大な熱帯林が広がっている。

(3) イタリアでは，夏に高温となって乾燥し，冬に雨が多くなる地中海性気候の地域を中心にオリーブが栽培されている。また，イタリアの首都ローマ市内には，世界最小の国として知られるバチカン市国がある。この国には，サン・ピエトロ大聖堂や，ローマ教皇の居所であるバチカン宮殿などがみられる。なお，イ（あぶらやし）はカ（マレーシアなど）に，ウ（カカオ）はケ（コートジボワールなど）に，エ（コーヒー）はキ（ブラジルなど）に当てはまる。

(4)① 表に示した4か国は，いずれも出生率が死亡率を上回って，人口の自然増加率がプラスの数値となっているが，特にインドの人口の自然増加率は高い。これは，ほかの国と比べて出生率がきわめて高く，

死亡率との差が大きいことによる。

②　オーストラリアとアメリカは，イギリスをはじめとするヨーロッパの国々からの移民によって形成されてきた国家である。オーストラリアは19世紀後半から白豪主義の政策によってアジア系の移民を制限したが，1970年代以降は，ヨーロッパ以外からの移民を積極的に受け入れている。また，アメリカは，植民地時代から現在まで，ヨーロッパを中心に，中南アメリカ，アフリカ，アジアからも多くの移民を受け入れている。国内の人口の出生による人口増加のほか，このような移民による人口増加が目立っている。

〔9〕
《解答》
(1)①　アフリカ大陸　②　エ
(2)(正答例)　標高の高い<u>アンデス山脈</u>に位置しているから。〔<u>アンデス山脈</u>の高地に位置しているから。〕
(3)　ヒスパニック　(4)　ウ　(5)①　アルジェリア　②　キリスト教　③　D
《解説》
(1)①　ケニアは，アフリカ大陸東部の赤道直下に位置している。

②　ケニアは赤道直下に位置しているが，国土の大部分は高原に位置しているため，気候は比較的温暖で，草原が広がっている。アはロシア連邦やカナダなど，イは北極圏・南極圏付近の地域，ウはエジプトなどに当てはまる。

(2)　ボリビアの首都ラパスと，ブラジルの首都ブラジリアは，どちらも南緯15〜16度付近に位置している。ブラジリアは標高1000mを超える高原に位置しているが，ラパスはそれ以上に標高の高いアンデス山脈に位置しているため，一年中すずしい。

(3)　ヒスパニックとは「スペイン語を話す人」という意味である。メキシコやカリブ海諸国など，かつてスペインの植民地となった国々の公用語はスペイン語であり，それらの国々からの移民やその子孫が，アメリカ合衆国ではひじょうに多くなっている。

(4)　国Xはポルトガルである。ポルトガルはスペインとともに，日本にとって南蛮貿易の相手国であった。ア…鎖国中の日本と，長崎で貿易を行った国はオランダと中国(明・清)。イ…1789年に市民革命が起こったのはフランス。エ…ルターが宗教改革を始めた国はドイツ。

(5)①　アルジェリアは発展途上国であり，65歳以上の人口の割合が低く，一人当たり国内総生産も少ないが，原油の産出量が多く，重要な輸出品となっている。また，国内にはイスラム教徒が多い。Aは面積が最も大きいのでカナダ。Cは一人当たり国内総生産が最も多く，輸出額第1位の品目が鉄鉱石なのでオーストラリア。Dは面積が最も小さく，65歳以上の人口の割合が低くて一人当たり国内総生産が少ない発展途上国なのでフィリピンが当てはまる。

②　ヨーロッパや南北アメリカ大陸の国では主にキリスト教が信仰されている。また，オセアニアではイギリスの植民地であったオーストラリアやニュージーランドなど，東南アジアではスペインの植民地であったフィリピンがキリスト教国となっている。

③　人口密度は1km²当たりの人口を表す数値で，人口÷面積で計算することができる。ただし，表中のA〜Dの中では，面積が最も小さいDの人口が最も多くなっているので，計算するまでもなく，Dの人口密度が最も高いことがわかる。

〔10〕

《解答》

(1)　ウ　　(2)　パンパ　　(3)　エ

(4)（正答例）　原油は可採埋蔵量に限りがあり，価格の変動も大きいので，安定した収入を継続して得られないから。

(5)国Ａ　ウ　国Ｃ　ア

《解説》

(1)　この地図は，高緯度になるほど２点間の距離が拡大して表示される。したがって，ウ（緯度０度）の２点間の距離が最大であり，ア（北緯60度）の２点間の距離が最小となる。なお，イ（北緯30度）とエ（南緯30度）の２点間の距離は等しい。

(2)　パンパは，ラプラタ川をはさんでアルゼンチン中部に広がる草原地帯で，土壌が肥沃であることから，小麦・とうもろこしの栽培や牧草の成長に適している。

(3)　北半球の温帯に位置するロンドンでは，四季の変化が明確で，気候の変化が山なりになる。また，西岸海洋性気候に属しているため，毎月の降水量はほぼ一定している。なお，アはリヤド，イはシドニー，ウはマナオスに当てはまる。

(4)　中東に位置するアラブ首長国連邦の発展に関わる資源は原油である。**資料Ⅰ**から，この国の原油の可採埋蔵量に限りがあることがわかる。また，**資料Ⅱ**から，原油の価格の変動が大きいことがわかる。原油に頼った経済は，原油の年生産量が減ったり，可採埋蔵量が尽きたりしたときに悪化すると考えられる。

(5)　国内総生産と穀物生産量がともに最大のエは，人口が世界最大で米・小麦の生産量もそれぞれ世界最大である国Ｂ（中国）に当てはまる。逆に国内総生産と穀物生産量がともに最小で，第一次産業の就業人口割合が最も高いウはアフリカに位置する国Ａ（ケニア）に当てはまる。残ったアとイのうち，第三次産業の就業人口割合が高いアが国Ｃ（カナダ）に当てはまるので，イは国Ｄ（ブラジル）に当てはまる。

〔11〕

《解答》

(1)　ウ　　(2)　南西　　(3)　季節風〔モンスーン〕　　(4)　イ　　(5)　ア　　(6)　ベトナム戦争　　(7)　エ

(8)（正答例）　小麦を，日本で収穫できない時期に，日本に輸出することができること。

《解説》

(1)　0度の緯線である赤道は，アフリカ大陸のギニア湾，インドネシア，エクアドル，ブラジルのアマゾン川河口付近を通る。

(2)　中心から見て，下は南，左は西に当たる。したがって，東京から見て左下にある国は南西に位置することになる。

(3)　季節風（モンスーン）は半年周期で風向きが変わり，日本付近が夏のころには海洋から大陸に向かって吹き，冬のころには大陸から海洋に向かって吹く。

(4)　国Ａはイギリスである。ア…イギリスの通貨はポンド。ドルはアメリカ合衆国などの通貨。ウ…ＡＳＥＡＮ（東南アジア諸国連合）ではなくＥＵ（ヨーロッパ連合）に加盟している。エ…造山帯には含まれない。

(5)　国Ｂはインドである。古代にシャカによって仏教が開かれた国であるが，現在ではヒンドゥー教を信仰する人が最も多くなっている。

(6)　国Ｅはアメリカ合衆国である。アメリカ合衆国の支援でベトナム共和国（南ベトナム）が建国されたが，南ベトナム解放民族戦線が政府に抵抗するようになると，北ベトナムがこれを支援した。これに対し，アメリカ合衆国が1965年に北ベトナムへの爆撃を開始した。こうしてベトナム戦争が始まり，1975年まで続いた。

(7) ⓐは国D（ロシア連邦），ⓑは国B（インド），ⓒは国E（アメリカ合衆国），ⓓは国C（中国）に当てはまる。アはⓐ＞ⓒ＞ⓓ＞ⓑ，イはⓑ＞ⓓ＞ⓒ＞ⓐ，ウはⓓ＞ⓑ＞ⓒ＞ⓐとなる。

(8) 南半球に位置しているオーストラリアでは，小麦の収穫期が北半球とは逆になる。北半球では，冬場に小麦の収穫量が減るので，その時期に小麦を日本へ輸出し，高い利益を得ている。

〔12〕
《解答》
(1) 大西洋　　(2) 西経75（度）　　(3) エ　　(4) ア

(5)① イ

② (正答例) 進出してきた日本の自動車メーカーが，現地で自動車を<u>生産</u>して<u>輸出</u>しているから。

《解説》
(1) 三大洋（三海洋）は，太平洋・大西洋・インド洋である。aはユーラシア大陸，アフリカ大陸，北アメリカ大陸，南アメリカ大陸に囲まれた大西洋である。

(2) ニューヨークの時刻は日本よりも14時間遅れている。地球は24時間かけて東西に360度回転するので，経度15度ごとに1時間の時差が生じる。したがって，東京とニューヨークの標準時子午線の経度差は15度×14＝210度。東経135度の経線から西に210度離れた経線は西経75度である。

(3) グラフを見ると，降水量は非常に多い時期と少ない時期とに分かれているが，気温は年間を通して高いことがわかる。これは熱帯のサバナ気候の特徴であり，赤道に最も近いエが当てはまる。

(4) 国Aはカナダである。カナダの国土の大部分は冷帯（亜寒帯）や寒帯に属し，寒帯の地域には先住民のイヌイットが暮らしている。なお，イはイタリアやスペインなどの地中海に面した国，ウはサウジアラビアやアラブ首長国連邦などのペルシャ湾に面した国，エは低緯度の熱帯地域に位置する国に当てはまる。

(5)① 国Bは仏教国のタイである。男性の多くが，生涯に一度，僧侶としての修行をする。

② タイは，日本と比べて人件費が安いので，日本の自動車メーカーはタイに工場を建て，現地の人を雇って自動車を生産し，輸出することで大きな利益を得ている。

〔13〕
《解答》
(1) 北アメリカ（州），オセアニア（州）　　(2) I群 イ　 II群 ケ　　(3) スペイン（語）　　(4) イ

《解説》
(1) 国A（ブラジル）は南アメリカ州，国B（コートジボワール）はアフリカ州，国C（ドイツ）はヨーロッパ州，国D（モンゴル）はアジア州に属している。したがって，国A〜Dのいずれも属さない州は，北アメリカ州とオセアニア州の二つである。

(2) I群 地点aは北半球の高緯度に位置しており，冬の寒さが厳しく，冬と夏との気温差の大きい冷帯（亜寒帯）の特徴を示すイが当てはまる。なお，アは南半球の温帯に属する地点b，ウは熱帯に属する地点d，エは北半球の温帯（地中海性気候）に属する地点cに当てはまる。

II群 地点aを含む国はカナダである。カナダにはタイガとよばれる広大な針葉樹林帯があり，木材の生産がさかんである。なお，カは地点dを含むタイ，キは地点cを含むスペイン，クは地点bを含むアルゼンチンに当てはまる。

(3) アメリカでは，メキシコやカリブ海の国々から移住してきたスペイン語系の人々であるヒスパニックの人口が増えている。

(4) 人口が10億人を超えて最も多いアはインド。一人当たりの国民総所得，一人当たりの輸出額，日本への輸出額のいずれも4か国中最大となっているウはアメリカ。残ったイとエのうち，すべての項目で数値が上回っているイがロシアであるから，エは南アフリカ共和国である。

〔14〕

《解答》

(1)　ウ　　(2) X　ウ，Y　イ，Z　ア　　(3)①　北大西洋海流　②　偏西風　　(4)　エ

(5)（正答例）　（アメリカは，中国と比べて，）農産物の生産量に占める輸出量の割合が大きい。

《解説》

(1)　緯線と経線が直角に交わる地図では，高緯度になるほど拡大されて表されるが，球体の地球儀上では，高緯度になるほど経線の間隔はせまくなる。したがって，シドニーとブエノスアイレスを結ぶア～ウの中では，最も南を通るウが最短距離となる。

(2)　南アメリカ大陸のアンデス山脈は，太平洋側のペルーと内陸部のボリビアにまたがっている。また，中央部と大西洋側には，ブラジルの国土が広がっている。

(3)　ヨーロッパ西部のイギリスやフランスは，日本と比べて高緯度に位置しているが，冬でも比較的温暖である。これは，北大西洋の中緯度以北の海洋を南西から北東に向かって流れる暖流の北大西洋海流，およびその上空をヨーロッパ西部に向って吹く偏西風の影響による。

(4)　国Aはコートジボワールである。コートジボワールやガーナなどのギニア湾に面した国々は，チョコレートの原料となるカカオ豆の生産がさかんである。なお，アは北アフリカの国々やナイジェリア，イはサウジアラビア，ウはオーストラリアに当てはまる。

(5)　中国の米，小麦の生産量は世界最大であり，とうもろこしの生産量も多いが，いずれもアメリカと比べると輸出量は少ない。これは中国の人口が非常に多いため，生産した穀物の大部分が国内に供給されるからである。一方，「世界の食料庫」とよばれるアメリカは，生産された農産物を世界各国に輸出している。

〔15〕

《解答》

(1)　エ　　(2)　13（時間）　　(3)　遊牧　　(4)（正答例）　輸出のほとんどを原油と石油製品が占めている。

(5) A　フランス　C　オーストラリア

《解説》

(1)　X（アルプス山脈）とエはアルプス・ヒマラヤ造山帯に属している。なお，アとイは環太平洋造山帯に属しており，ウは造山帯に属さない古い山脈である。

(2)　日本の標準時は東経135度を基準とするので，成田とニューヨークの標準時子午線の経度差は210度。経度15度ごとに１時間の時差が生じ，西半球に位置するニューヨークは東半球に位置する日本よりも時刻が遅れていることから，サマータイム以外の時期のニューヨークの時刻は成田の時刻の14時間前となる。したがって，旅客機が成田を出発した12月１日午後６時は，ニューヨーク時間の12月１日午前４時となる。ニューヨークに到着した時刻は12月１日午後５時なので，旅客機の飛行時間は13時間である。

(3)　写真に示したのは，モンゴルの遊牧民が使用する伝統的な移動式住居で，ゲルとよばれる。木製の骨組みにフェルトの覆いをかけ，ロープでとめるテント式の住居で，移動に便利である。

(4)　ブラジルは，輸出品が鉱産資源や農産物から工業製品まで多種多様であるが，ベネズエラの経済は原油と石油製品の輸出に依存し，原油価格の変化に大きな影響を受けるモノカルチャー経済となっている。

(5)　Aは輸出相手上位３か国中の２か国がEU加盟国であることからフランス。Cは上位３か国のすべてが環太平洋地域の国であることからオーストラリア。BとDはどちらもアメリカが第１位であるが，80.5％という極端に高い数値を示すDは隣国のメキシコで，残ったBはインドである。

〔16〕

《解答》

(1)　エ　　(2)　12月25日午前2時　　　(3)　北西

(4)（正答例）　<u>大西洋を流れる暖流の上を通って偏西風</u>が吹いてくる

(5)　右の図　　(6) A　ア　　C　エ

《解説》

(1)　エはオーストラリアである。オーストラリアの北部は低緯度となるので熱帯に含まれる。また，オーストラリア大陸は太平洋とインド洋に面している。

(2)　国 X（ドイツ）と日本の標準時子午線の経度差は120度なので，時差は120÷15＝8時間。したがって，日本の時刻は国 X の時刻よりも8時間進んでいる。

(3)　地図1では，ダカールの位置は東京から見てやや左下に位置しているが，地図2に置きかえると，ダカールは東京から見て左上（北西）に位置することがわかる。

(4)　偏西風は，地球の中緯度から高緯度に向かって一年中吹く西寄りの風である。暖流の北大西洋海流の上を通って西ヨーロッパに吹きつけ，一年を通して平均した降水をもたらす。また，この風の影響により，西ヨーロッパ諸国は，高緯度に位置しているわりに温暖である。

(5)　赤道は0度の緯線である。南アメリカ大陸ではエクアドルやブラジル北部を通っており，ブラジルのアマゾン川河口付近は赤道直下に位置している。

(6)　人口と穀物生産量が最も多いイは B（中国）。100人当たり自動車保有台数と第三次産業の就業人口割合が最も多いエは C（アメリカ合衆国）。残ったアとウのうち，100人当たり自動車保有台数が多いアが A（ロシア連邦）で，ウは D（ブラジル）。

〔17〕

《解答》

(1)　14時間　　(2)　ア　　(3)　ア　　(4)　人権宣言

(5)（正答例）　国 Y〔中国〕の<u>人口は増え（続け）ている</u>が，<u>一人っ子政策が行われた</u>ことにより，<u>人口増加率は低下</u>してきている。

(6)　韓国〔大韓民国〕

《解説》

(1)　経度15度ごとに1時間の時差が生じる。東京とニューヨークの標準時子午線の経度差は135度＋75度＝210度なので，両都市間の時差は210÷15＝14（時間）。つまり，ニューヨークの時刻は東京よりも14時間遅れていることになる。

(2)　山脈 P はアンデス山脈であり，環太平洋造山帯に含まれる。環太平洋造山帯は太平洋を取り囲むように連なっており，その中には日本，フィリピン，ニュージーランドなどの島国も含まれる。

(3)　図に示したのはインド半島である。

(4)　国 X はフランスであり，1789年に起こった革命とはフランス革命である。この革命では，ルソーの思想の影響を受けた人権宣言が発表され，王制が廃止されて共和制が成立した。

(5)　国 Y の中国では，人口の増加によって食料の供給などの面でさまざまな問題が起こってきた。しかし，1979年からの一人っ子政策実施により，人口増加率は低下してきた。しかし，それでも人口は増え続けている。

(6)　人口が最も多く，輸出額上位3品目中に原油がある A はメキシコ。首都の平均気温が1月に高くて7月に低い B は南半球に位置する南アフリカ共和国。残った C と D のうち，国内総生産が多い C がイギリス，D が韓国（大韓民国）である。

〔18〕

《解答》

(1)　イ　　(2)　日付変更線　　(3)①　エ　②　ウ

(4)（正答例）　バングラデシュは，豊富で安価な<u>労働力</u>があり，経済も成長していて，今後<u>市場</u>としても期
　　　　　　　待できるから。

《解説》

(1)　Ｘ（南アメリカ大陸）に位置するエクアドルの国名はスペイン語で「赤道」を意味する。赤道はエクアドル
　　の北部を通っている。アはアフリカ州，ウは北アメリカ州，エはアジア州の国である。

(2)　日付変更線は，太平洋上の経度180度の経線にほぼ沿って南北に引かれている線。この線を東から西へ
　　越えるときは日付を１日進め，西から東へ越えるときは日付を１日遅らせる。

(3)①　ａ（カイロ）は，年降水量が非常に少なく乾燥した砂漠気候の特徴がみられるエジプトに位置してい
　　　るのでエのグラフが当てはまる。なお，アは冬の寒さが厳しい冷帯（亜寒帯）の特徴がみられるのでｄ
　　　（モントリオール），イは年平均気温が高く，雨季と乾季に分かれた熱帯のサバナ気候の特徴がみられ
　　　るのでｂ（バンコク），ウは気温の変化が，日本とは逆になっており，南半球の温帯の特徴がみられる
　　　のでｃ（クライストチャーチ）に当てはまる。

　②　ｄ（モントリオール）はカナダに位置している。カナダの中央部には，タイガとよばれる広大な針葉樹
　　　林帯が広がっている。また，17〜18世紀にイギリスとフランスの植民地となったことから，現在でも英
　　　語とフランス語が公用語となっている。

(4)　**資料Ⅱ**から，バングラデシュは日本よりも人口が多くて労働力が豊富であること，経済成長率が高いこ
　　と，月額賃金が安いことがわかる。これらの条件を生かすため，製造業を中心にバングラデシュへ進出す
　　る日系企業が多くなっている。

〔19〕

《解答》

(1)　ア　　(2)　オセアニア（州）　　(3)　イ　　(4)Ⅰ群　エ　Ⅱ群　ケ　　(5)表　ア　地図　Ａ

《解説》

(1)　パキスタンは南アジアの国で，国土の南部がインド洋に面している。イは南アメリカ大陸の太平洋側の
　　国，ウはヨーロッパの地中海沿岸に位置する国，エはアフリカ大陸西部の大西洋側の国である。

(2)　オセアニア州は，オーストラリア大陸とその周辺の太平洋上の島々を含む州で，それらの島々は，ポリ
　　ネシア，ミクロネシア，メラネシアの三つの地域に区分される。

(3)　赤道上の太線で結ばれた２地点間は，経度360度のうちの225度分に当たる。したがって，この部分の実
　　際の距離は，40,000km×225÷360＝25,000kmとなる。

(4)　**Ⅰ群**　地中海沿岸に位置するギリシャは，夏になると強い日差しが照りつけるため，住宅は外壁や屋根
　　だけでなく，内壁も石灰で白く塗られ，室内が高温にならないように工夫されている。また，高温の外気
　　が屋内に入らないように窓は小さくつくられている。

　　Ⅱ群　ギリシャの気候の特徴は，夏に高温になり，乾燥することである。このような気候に合わせた地
　　中海式農業が行われており，夏には，乾燥に強いオリーブ，ぶどう，かんきつ類などの果樹栽培が行われ
　　る。

(5)　原油の可採年数（採掘可能な年数）は，アが約75年，イが約16年，ウが約20年，エが約13年となる。可
　　採年数が最も長いアは，４か国中最も人口と国内総生産が少ないことからサウジアラビア（地図中の国Ａ）
　　であることがわかる。なお，イはアメリカ（国Ｃ），ウはロシア（国Ｂ），エはブラジル（国Ｄ）に当てはまる。

〔20〕

《解答》

(1)①　インド洋　②　3（月）4（日）午後6（時）　　(2)　イ

(3)A（正答例）　牧場・牧草地の割合が高い〔耕地・樹園地の割合が低い〕　B　羊

　　C（正答例）　牧畜〔畜産〕がさかんである

《解説》

(1)①　経線Xは，アフリカ大陸南端付近の東で三大洋の一つであるインド洋を通って南極に達する。

　　②　イギリスのロンドンを通る経線が経度0度であり，その一つ右を通る経線Xは東経30度。したがって，エジプトと日本の標準時子午線の経度差は105度。経度15度ごとに1時間の時差が生じるので，エジプトと日本の時差は7時間となる。また，日付変更線に近い日本の方が時刻は進んでいるので，日本が3月5日午前1時のとき，エジプトはその7時間前の3月4日午後6時となる。

(2)　温帯の月平均気温の変化は，北半球と南半球とで逆になる。地中海性気候は夏に降水量が少なく乾燥するので，Pは1月が夏，Qは7月が夏になる。1月が夏になるのは南半球に位置するケープタウンである。

(3)A　アルゼンチンと日本の農地の内訳を比べると，アルゼンチンは牧場・牧草地の割合が約73％に達しているが，日本は約14％にすぎない。アルゼンチンのパンパには，広大な牧草地がみられる。

　　B　家畜頭数（羽数）のうち，アルゼンチンが日本を上回っているのは，牛と羊の頭数である。牛の頭数はアルゼンチンが日本の約14倍，羊の頭数はアルゼンチンが日本の約923倍となる。

　　C　牧場・牧草地の広さと，牛・羊の頭数の二つの点で，アルゼンチンは日本を大きく上回っており，牧畜（畜産業）がさかんであると考えられる。特に肉牛の放牧がさかんであり，生産された牛肉は，アルゼンチンの重要な輸出品の一つとなっている。

〔1〕

《解答》

(1)　奥羽山脈　　(2)　季節風〔モンスーン〕　　(3)　エ

(4)　中京工業地帯　　(5)　ウ　　(6)①　B　②府県A　イ，府県C　エ

《解説》

(1)　奥羽山脈は，南北約500kmにおよぶ長い山脈で，東北地方の気候を太平洋側と日本海側に分けている。

(2)　この風は夏と冬とで風の向きが変わることから季節風とよばれる。夏に吹く南東の季節風は，本州以南に大量の雨をもたらし，冬に吹く北西の季節風は，日本海側に大量の雪をもたらす。

(3)　Yは高知平野，Zは宮崎平野である。この二つの平野は，冬でも温暖であるため，野菜の促成栽培がさかんである。アは根釧台地(北海道)に当てはまる。イは千葉県や埼玉県などで行われている近郊農業について述べている。ウは中部地方や関東地方の高原で行われている高原野菜の抑制栽培について述べている。

(4)　中京工業地帯は愛知県と三重県にまたがる工業地帯で，特に機械工業の占める割合が高い。機械工業の中では，愛知県豊田市などの自動車に代表される輸送用機器の製造がさかんである。

(5)　織田信長は，1576年に安土(滋賀県近江八幡市)に安土城を築いた。安土城は焼失し，現在では石垣などわずかな遺構を残すのみである。アは福岡県，イは岩手県，エは長崎県・熊本県に当てはまる。

(6)①　人口密度は1km²当たりの人口を表す数値であり，人口÷面積で計算する。ただし，この表では，面積の最も小さいBの人口が最も多いので，計算するまでもなくBの人口密度が最も高いことがわかる。

②　人口と製造品出荷額等が最も多いBはウ(大阪府)に当てはまる。米の産出額が最も多いDはア(秋田県)に当てはまる。面積が最も大きく，野菜，果実の産出額が最も多いAはイ(長野県)に当てはまる。畜産の産出額が最も多いCはエ(鹿児島県)に当てはまる。

〔2〕

《解答》

(1)　イ　　(2)　ア　　(3)根室　ウ，酒田　ア，仙台　イ　　(4)　エ　　(5)　右の図

(6)①　38 (ha)

②(正答例)　(全国と比べて)農家(1戸当たり)の経営規模が大きく，特に畜産がさかんである。

《解説》

(1)　▨▨▨で示した2県は，秋田県(県庁所在地は秋田市)と福島県(県庁所在地は福島市)である。ア…福島市は盆地に位置しているが，秋田市は平野に位置している。ウ…秋田市と福島市はどちらも北緯40度よりも南に位置している。エ…秋田市と福島市はどちらも人口が100万人未満である。

(2)　X…十勝平野は北海道の代表的な畑作地帯で，じゃがいも，てんさい，豆類などの生産量が多く，酪農もさかんである。Y…北上川は，岩手県北部から南に向かって流れ，宮城県東部の追波^{おっぱ}湾に注ぐ東北地方最大の河川である。

(3)　アは冬に降水量が多くなる日本海側の気候の特徴がみられる酒田。イは冬に降水量が少なくなる太平洋側の気候の特徴がみられる仙台。ウは冬の気温が低く，夏でも比較的涼しい北海道の気候がみられる根室。

(4)　南部鉄器は岩手県盛岡市や奥州市で生産され，1975年に国の伝統的工芸品に指定された。なお，アは青森県弘前市周辺，イは秋田県仙北市，ウは福島県会津若松市で生産される伝統的工芸品である。

(5)　グラフ中のAには青森県，Bには岩手県が当てはまる。りんごは冷涼な地域でさかんに栽培される果樹で，代表的な産地は青森県の津軽平野である。

(6)①　農家1戸当たりの耕地面積は，耕地面積÷農家数で計算されるので，北海道の農家1戸当たりの耕地面積は，114(万ha)÷3(万戸)＝38(ha)となる。

② 農業産出額に占める割合を見ると，米，野菜，果実の割合はいずれも全国が北海道を上回っているが，畜産の割合は北海道が全国を大きく上回っており，北海道の農業の目立った特徴となっている。北海道では広い牧草地などを生かして，肉用牛や乳用牛の飼育がさかんである。

〔3〕
《解答》
(1)①　エ　②　兵庫(県)　③　ウ　(2)①　三角州　②　イ　③　促成栽培　④　名古屋(市)
《解説》
(1)①　日本の領海は，領土沿岸から12海里以内の水域である。排他的経済水域は，領海の外側で沿岸から200海里(約370km)以内の水域で，この水域内の水産資源や鉱産資源を利用する権利は，日本にある。ア…排他的経済水域内の外国船の航行は自由。イ…領空は領土と領海の上空。ウ…国土面積の10倍以上である。
②　日本の標準時子午線(東経135度)は，兵庫県明石市のほか，京都府京丹後市，和歌山県和歌山市沖などを通る。日本海に面し，県名と県庁所在地名が一致していないという条件から，この県が兵庫県であることがわかる。
③　ア(日本の北端)は択捉島，イ(日本の東端)は南鳥島，エ(日本の西端)は与那国島である。なお，アは北方領土であり，現在はロシアに不法占拠されている。
(2)①　都市aは広島県広島市。広島市の市街地は，太田川の河口付近の三角州の上に広がっている。三角州は，川の流れによって運ばれてきた土砂が，河口付近に積もることによって形成された。
②　対馬海流は，日本海を北に向かって流れる暖流で，冬の季節風とともに，日本海側の気候に大きな影響をおよぼしている。
③　平野Aは高知平野，平野Bは宮崎平野で，どちらも温暖な気候を生かした野菜の促成栽培がさかんである。早い時期に収穫されたなすやピーマンなどの野菜は，フェリーで大都市圏に運ばれ，高い値段で売ることができる。
④　都市bは，愛知県の県庁所在地で，大都市圏の中心となる名古屋市である。

〔4〕
《解答》
(1)　ウ　(2)　リアス海岸　(3)符号　ウ，県名　青森県　(4)①　イ　②　(約)2000m
《解説》
(1)　北緯40度の緯線は秋田県の大潟村を通る。
(2)　三陸海岸の南部には複雑に入り組んだリアス海岸が見られる。リアス海岸には，天然の良港が発達し，養殖漁業がさかんに行われている。
(3)　県庁所在地の人口が100万人を超えているエは，仙台市を県庁所在地とするC(宮城県)に当てはまる。果実の産出額が最も多いウは，全国一のりんごの産地となっているA(青森県)に当てはまる。製造品出荷額が最も多いアはD(福島県)に当てはまる。残ったイはB(秋田県)に当てはまる。
(4)①　 a 地点の標高は160mであるから，「高陣山」山頂の198.5mとの標高差は38.5mである。
②　この地形図の縮尺は25000分の1なので，地形図上の8cmの実際の距離は，8cm×25000＝200000cm＝2000mである。

〔5〕

《解答》

(1) シラス台地　　(2) ウ　　(3)符号　ア，県名　岩手県　　(4) ウ

(5)(正答例)　<u>大消費地</u>に近い条件を生かして，都市向けに<u>新鮮</u>な<u>農産物</u>を出荷する農業。

(6)① エ　② 1500m

《解説》

(1) シラスとは，灰白色をした古い火山噴出物である。シラスにおおわれた台地は，鹿児島県から宮崎県に
　　かけて広がっている。水もちが悪いので，稲作には向いていない。

(2) 河川Yは利根川である。利根川は信濃川に次ぐ長流であり，「首都圏の水がめ」の役割を果たしている。
　　アは信濃川，イは太田川，エは天竜川に当てはまる。

(3) 胆沢城跡は岩手県奥州市にある。また，中尊寺金色堂は岩手県平泉町にある。「平泉―仏国土（浄土）を表
　　す建築・庭園及び考古学的遺跡群」は，2011年に世界遺産（文化遺産）として登録された。

(4) ①は年降水量が少なく，冬でも比較的温暖であることから瀬戸内の気候に当てはまる。②は冬の降水量
　　がひじょうに多いことから日本海側の気候に当てはまる。③は年降水量が多く，冬でも比較的温暖である
　　ことから太平洋側の気候に当てはまる。

(5) 近郊農業は，東京大都市圏や大阪大都市圏などの大都市近郊で行われている。大消費地までの距離が近
　　いので，野菜や花，畜産物などを新鮮な状態で出荷することができ，輸送費もおさえることができる。

(6)① 高等学校は⊗，寺院は卍，図書館は⊞で表されており，それぞれ地形図中に見られるが，博物館を表
　　　す⛬は見られない。

　　② この地形図の縮尺は2万5千分の1であるから，地形図上の6cmの実際の長さは6cm×25000＝150000cm＝
　　　1500mである。

〔6〕

《解答》

(1) a　イ，b　ウ，c　ア　　(2) 日本アルプス　　(3) イ

(4)(正答例)　<u>林業従事者数が大きく減少</u>し，<u>60歳以上の従事者の割合が高くなっている</u>。　　(5) 地場産業

(6)① 北東　② ウ

《解説》

(1) アは冬でも温暖で年間降水量がひじょうに多いことから，太平洋に面した都市cに当てはまる。イは冬
　　の降水量がひじょうに多いことから，日本海に面した都市aに当てはまる。ウは冬の寒さが厳しく年間降
　　水量が少ないことから，内陸に位置する都市bに当てはまる。

(2) Xは，北から順に飛騨山脈，木曽山脈，赤石山脈である。2000〜3000m級の山々が連なるこれらの山
　　脈は，高峰が連なるアルプス山脈の名をとって日本アルプスとよばれる。

(3) この都市は，愛知県の県庁所在地である名古屋市。ウの大阪市も大都市圏の中心となる都市であるが，
　　「貿易港から輸出される自動車や自動車部品の輸出額は日本最大」とあるので，中京工業地帯に位置するイ
　　（名古屋市）が正解となる。

(4) グラフから，1965〜2017年に林業従事者数が極端に減少していること，60歳以上の従事者の割合が大
　　幅に増加していることが読み取れる。つまり，林業は後継者不足という問題を抱えている。

(5) 北陸には地場産業のさかんな地域が多く，燕市の金属洋食器のほか，新潟県三条市の金物，富山県高岡
　　市の銅器，福井県鯖江市の眼鏡フレームなどが，代表的な地場産業として知られている。

(6)① 地形図上では上が北，右が東となるので，地点Aから見て右上にある「城山運動公園」は，八方位では
　　　北東に位置することになる。

② 2万5千分の1の地形図上の2cmの実際の長さは2cm×25000＝50000cm＝500m。したがって，地形図上の1辺2cmの正方形の実際の面積は，500×500＝250000（㎡）と計算される。

〔7〕
《解答》
(1) やませ　　(2) ウ　　(3)① 東海工業地域　② エ　　(4) 地場産業　　(5) ウ
(6)(正答例) 輸送に便利な高速道路や空港の近くにつくられている。
《解説》
(1) 東北地方の太平洋側では，やませが長い期間にわたって吹くと，米などの農産物の育ちが悪くなる冷害に見まわれることもある。
(2) この地域は山梨県の中央部に位置する甲府盆地である。アはじゃがいも，たまねぎ，てんさいの栽培や酪農がさかんな十勝平野。イはりんごの栽培がさかんな津軽平野。エはさつまいも，茶の栽培や畜産がさかんなシラス台地。
(3)① 東海工業地域は，静岡県の臨海部に形成されている。なお，Ⅹは京葉工業地域である。
　　② 京葉工業地域は，化学工業と金属工業の占める割合が大きく，東海工業地域は輸送用機器などの機械工業の占める割合が大きい。
(4) 特に北陸地方では地場産業がさかんで，富山県の売薬，福井県鯖江市の眼鏡のフレームづくりなども有名である。なお，地場産業の中で，手工業や家内工業であった農家の副業がおこりで，現在でも受け継がれているものを特に伝統産業とよぶ。
(5) 1467年，将軍の跡継ぎ問題などをめぐる有力な守護大名どうしの対立から，京都を中心に11年にわたってくり広げられた戦いを応仁の乱という。アは奈良市，イは平泉（岩手県），エは大阪市に当てはまる。
(6) 高速道路や航空機を利用すると輸送費が多くかかるが，ICは高価であるため，それらの交通機関を利用してもじゅうぶんな利益を得ることができる。

〔8〕
《解答》
(1) D→A→B→C　　(2) イ　　(3) エ　　(4) ア　　(5) イ
(6)(正答例) 豚の飼育農家1戸当たりの飼育頭数が増加している。
(7) 促成　　(8) 中京工業地帯
《解説》
(1) D（高知平野付近）→A（紀伊半島付近）→B（越後平野〜金沢平野付近）→C（十勝平野・釧路平野付近）の順となる。
(2) 木曽ひのきの産地は，日本アルプスの一つである木曽山脈付近である。木曽山脈は，中央アルプスともよばれ，2000m級の山々が連なっている。
(3) Aの文は紀伊半島付近について述べており，この地域に位置する世界遺産は，「紀伊山地の霊場と参詣道」である。高野山（和歌山県）の金剛峯寺もその登録地に含まれている。金剛峯寺は，唐で仏教を学んで帰国した空海が建てた寺で，真言宗の拠点となった。なお，同じ時期には，最澄が比叡山延暦寺（滋賀県・京都府）を拠点として天台宗を広めている。
(4) 南部鉄器は，岩手県の盛岡市や奥州市でつくられている伝統的工芸品である。イは青森県，ウは京都府，エは福島県の伝統的工芸品。
(5) 1970年代になって，多くの国が自国の水産資源を保護するため，沿岸から200海里までの経済水域を設けた。このため，遠洋漁業の漁獲量は大きく減少した。アは沖合漁業，ウは沿岸漁業，エは海面養殖業に当てはまる。

(6) 豚の飼育頭数はおおむね増え続けていて2006年以降やや減少傾向になるものの，飼育農家数が減り続けているため，飼育農家1戸当たりの豚の飼育頭数は増えている。

(7) 促成栽培は，高知平野や宮崎平野でさかんに行われている。促成栽培は，出荷時期をずらすことができるため，大きな利益をあげることができる。

(8) 中京工業地帯は，愛知県と三重県にまたがる工業地帯で，製造品出荷額に占める機械工業の割合がきわめて高い。特に豊田市などで行われている自動車工業を中心とした輸送用機器工業がさかんである。

〔9〕
《解答》

(1) ウ　(2) 1750 m　(3) イ　(4) 南東　(5)（正答例）降水量が少ないので，水を確保するため。

《解説》

(1) 「讃岐」は香川県の旧国名である。奈良時代の741年に，聖武天皇は，国分寺建立の詔を出して，諸国に国分寺と国分尼寺を建てさせた。これは，仏教の力にたよって国家を守ろうとする政策であった。

(2) この地形図の縮尺は2万5千分の1であるから，地形図上の7cmの実際の長さは7cm×25000＝175000cm＝1750mである。

(3) 「端岡」の丘陵の斜面に見られる○の記号は，果樹園を表している。

(4) 地形図では下が南で右は東であるから，JR「はしおか」駅から見て右下に位置している「加藍山」の方位は南東である。

(5) 地形図中に，「神崎池」，「関ノ池」，「新池」，「宮池」など，多数のため池が見られる。香川県の讃岐平野は，全国的にみても降水量が少なく，水不足になりやすい地域である。そのため，水の確保を目的として，多くのため池がつくられてきた。

〔10〕
《解答》

(1)a　ウ，b　ア，c　イ　(2)符号　ア，山地名　紀伊山地　(3) イ　(4) エ

(5)① 有明海　②（正答例）海岸線が直線になっていること。

(6)（正答例）大阪府には，周辺の県から多くの通勤・通学者が流入するから。

《解説》

(1) アは瀬戸内の気候の特徴を示しているのでb（岡山市），イは太平洋側の気候の特徴を示しているのでc（宮崎市），ウは日本海側の気候の特徴を示しているのでa（鳥取市）に当てはまる。

(2) アは，和歌山県，奈良県，三重県にまたがる紀伊山地。紀伊山地は日本でも最も降水量の多い地域の一つであり，すぎやひのきなどの針葉樹がよく生育する。それらの多くは私有林である。

(3) Aは広島市，Bは福岡市。広島市は中国・四国地方の，福岡市は九州地方の中枢都市である。広島市とともに原子爆弾を投下されたのは長崎市であり，福岡市には原子爆弾は投下されていない。

(4) みかんは，暖かい地方で栽培される果樹で，果実の収穫量の多い上位2県は和歌山県と愛媛県である。

(5)① 平野Xは福岡県と佐賀県にまたがる筑紫平野。有明海は，福岡県，佐賀県，長崎県，熊本県に囲まれた海である。

　② 筑紫平野の有明海沿岸部では，干拓によって水田などの農地が開かれた。直線の海岸線は，海岸が人工的につくられていることを示している。

(6) 三大都市圏の一つである大阪大都市圏の中心に位置する大阪府には，企業・大学などが集中しており，近隣の県からの通勤・通学者の流入によって昼間人口が増える。したがって，近隣の県の昼間人口は夜間人口よりも少なくなる。

〔11〕

《解答》

(1) 十勝平野　　(2)　イ　　(3)　ウ　　(4)　ウ　　(5)　屯田兵　　(6)　千葉県

(7)①　イ　②（正答例）　広い採土場があること。

《解説》

(1)　冷涼な十勝平野では，稲作よりも，野菜，じゃがいも，豆類などの畑作や酪農がさかんである。

(2)　筑後川は九州最長の河川。有明海は福岡県，佐賀県，長崎県，熊本県に囲まれた海。海岸部ではさかん
　　に干拓が行われてきた。

(3)　アは寒流のリマン海流，イは寒流の親潮（千島海流），エは暖流の黒潮（日本海流）である。対馬海流は暖
　　流で，冬には北西の季節風が対馬海流から大量の水蒸気を蒸発させて雲を形成させるため，北陸などの日
　　本海側では，冬に多くの雪が降る。

(4)　飛驒山脈は北アルプス，木曽山脈は中央アルプス，赤石山脈は南アルプスともよばれる。越後山脈は新
　　潟・群馬・福島の3県の境にある山脈で，2000m級の山々が連なっている。

(5)　屯田兵は，開拓使の下で，北海道の開拓や北方警備などに当たった。当初は士族が中心であったが，の
　　ちには平民からも募集されるようになった。

(6)　人口，輸送用機器の出荷額が最も多い③は愛知県。人口に占める65歳以上の割合が最も高く，米の収穫
　　量が最も多い④は山形県。海面漁業の生産額が最も多い②は長崎県。残った①が千葉県である。

(7)①　△の記号で表されているのが裁判所である。なお，地域Xに見られる⊕は郵便局，◇は税務署，✿は
　　　発電所（変電所）を表している。

　　②　地形図中の北部に「採土場」が広がっており，ここでとられた土が陶器の原料になると考えられる。地
　　　形図に示した愛知県瀬戸市では，「瀬戸物」ともよばれる陶磁器の製造が地場産業となっている。

〔12〕

《解答》

(1)A　香川県　　C　岩手県

(2)①I　エ　III　イ　②X　東北　Y　中部

(3)（正答例）　販売農家1戸当たりの農業産出額が多く，大規模な農業経営が
　　行われている。

(4)　右の図

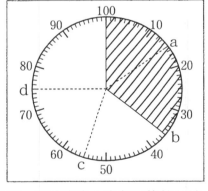

《解説》

(1)　Aは香川県で，ため池が多く見られるのは讃岐平野。Bは鹿児島県で，
　　シラス台地は鹿児島県から宮崎県南部にかけて広がっている。Cは岩手県で，三陸海岸の南部に複雑な地
　　形のリアス海岸が見られる。Dは長野県で，県域は飛驒山脈，木曽山脈，赤石山脈にまたがっている。

(2)①　人口が最も多いアはII（関東地方），面積が最も大きいエはI（北海道地方）に当てはまる。イとウのう
　　　ち，人口の多いイはIII（近畿地方）で，ウはIV（九州地方）に当てはまる。

　　②　二つの地域を比べて，面積がほぼ等しい場合，人口の多い方が人口密度は高くなる。グラフから，中
　　　部地方と東北地方の面積がほぼ等しいことがわかる。一方，人口は中部地方が東北地方の2倍以上となっ
　　　ているので，人口密度は中部地方の方が高い。

(3)　地図中のIは北海道地方で，グラフを見ると，販売農家数のわりに農業産出額がきわめて多いことがわ
　　かる。したがって，販売農家1戸当たりの農業産出額が多いと判断できる。

(4)　全国の製造品出荷額等の合計334.6兆円に対する，上位5都道府県の合計金額119.8兆円の割合は約36％な
　　ので，グラフ中のbの点線をなぞって実線にし，斜線をかき入れてグラフを完成させる。

〔13〕
《解答》
(1)　ア　　(2)　三角州〔デルタ〕
(3)①Ａ　ウ　Ｂ　ア
　　②（正答例）　全国平均と比べて，従業者規模の大きい事業所の割合が高い。
(4)①　イ　②　ウ
《解説》
(1)　都市Ｘは高知市。沖合を流れる暖流の黒潮（日本海流）や夏に吹く南東の季節風の影響を受けること，また，台風の進路に当たることなどから，夏から秋にかけての降水量がひじょうに多い。イは東北地方の太平洋側，ウは瀬戸内，エは北陸に当てはまる。
(2)　都市Ｙは広島市。広島市の市街地は，太田川の河口付近に形成された広い三角州の上に広がっている。
(3)①　アは漁業生産量が最も多く，製造品出荷額も多いことからＢ（静岡県）に当てはまる。エは小売業の年間商品販売額と製造品出荷額が最も多いことからＣ（大阪府）に当てはまる。残ったイとウのうち，漁業生産量が多いウがＡ（岩手県）に当てはまり，製造事業所数が少ないわりに製造品出荷額が多いイがＤ（山口県）に当てはまる。
　　②　千葉県は，従業者10〜99人，100人以上の製造事業所の割合が全国平均を上回っている。また，千葉県の製造事業所数は全国平均と大差がないが，製造品出荷額が2倍以上となっている。つまり，1事業所当たりの製造品出荷額が多い。重化学工業が発達した千葉県には，生産規模の大きな事業所が多い。
(4)①　殖産興業を進める政府は，1872年，フランス人技師を招いて官営富岡製糸場を創設し，操業を開始した。アは鹿児島市など，ウは栃木県足尾市など，エは福岡県北九州市に当てはまる。
　　②　Ｙの記号は消防署を表している。また，この地形図の縮尺は2万5千分の1であるから，地形図上の3cmの実際の距離は，3cm×25000＝75000cm＝750mとなる。

〔14〕
《解答》
(1)　ウ　　(2)嬬恋　ウ，金沢　ア，名古屋　イ　　(3)①　三重（県）　②　右の図
(4)①　南西　②　125,000（m²）

《解説》
(1)　紀伊山地は，温暖であり，日本有数の多雨地域でもあるため，すぎやひのきなど樹木が生育しやすい。奈良県の「吉野すぎ」や三重県の「尾鷲ひのき」などは，この地域の代表的な木材ブランドとなっている。
(2)　アは冬の降水量が多いので日本海側に位置する金沢に当てはまる。イは夏から秋にかけて降水量が多く，夏に高温となるので太平洋側に位置する名古屋に当てはまる。ウは冬の気温が低く，夏でも涼しいので，内陸の高原に位置する嬬恋に当てはまる。
(3)①　表中のＰの三重県は，近畿地方に含まれるが，中部地方の愛知県や静岡県などとともに，東海とよばれる地域にも含まれる。
　　②　昼夜間人口比率（夜間人口に対する昼間人口の比率）を見ると，昼間人口が夜間人口を上回っている京都府は計算するまでもなく100以上であることがわかる。奈良県は1,228÷1,364×100＝90.0…，和歌山県は946÷964×100＝98.1…となる。
(4)①　水戸駅から見て市役所（◎）は左下にある。地形図では下が南。左が西となるので，左下は8方位で表すと南西となる。
　　②　地形図上の長さの実際の長さは，地形図上の長さ×縮尺の分母で計算されるので，地形図上の1cmの実際の長さは25,000cm＝250m。また，地形図上の2cmの実際の長さは50,000cm＝500m。したがって，

地形図上の1cm×2cmの長方形の実際の面積は，250×500＝125,000（m²）と計算される。

〔15〕

《解答》

(1)　イ　　　(2)　エ　　　(3)　右の図

(4)（正答例）　安い外国産の牛肉が大量に輸入されるようになったため，ブランド牛肉の生産によって国際競争力をつけることが求められている。

(5)①　院政　②移動距離　1500（m）　方角　北東

《解説》

(1)　木曽川は飛驒山脈から流れ出し，岐阜県で飛驒川と合流し，伊勢湾にそそぐ。紀伊山地は，紀伊半島の大部分を占める山地で，険しい山が多く，温暖で降水量が多い。

(2)　アは冬でも温暖で年降水量が多いことから尾鷲に当てはまる。イは冬の気温がやや低く，年降水量が少ないことから中央高地に位置する松本に当てはまる。ウは冬の降水量が多いことから日本海側に位置する金沢に当てはまる。エは冬でも温和で年降水量が少ないことから瀬戸内に位置する神戸に当てはまる。

(3)　米の産出額が大きいaは米どころの北陸に位置する富山県。果実の産出額が大きいcは，平野が少なく米の産出額は小さいが，ぶどうやももなどの栽培がさかんな山梨県。したがってbは静岡県。

(4)　1991年に牛肉の輸入が自由化されてから，安い外国産の牛肉が大量に輸入されるようになり，国内の畜産農家は，牛肉の品質を上げることで国際競争力をつけようとした。

(5)①　11世紀末に白河上皇が始めた政治は，上皇の御所である院にちなんで院政とよばれる。院政は，白河，鳥羽，後白河の三上皇の時代に最も力をもった。

②　地形図上の距離の実際の距離は，地形図上の距離×縮尺の分母で計算される。したがって，地形図上の6cmの実際の距離は，6cm×25,000＝150,000cm＝1,500mとなる。地形図では上が北，右が東を表す。したがって，地点Pから見て右上にある清水寺は，北東に位置することになる。

〔16〕

《解答》

(1)　ア　　　(2)符号　ウ，都市名　仙台（市）

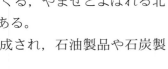

(3)（正答例）　やませの影響で，夏の気温が特に低くなる。

(4)　ウ　　　(5)　右の図　　　(6)　イ

《解説》

(1)　北方領土は，日本固有の領土でありながら，1945年にソ連によって占領され，ソ連解体後はロシアによって不法に占拠されている島々。北端に位置する択捉島のほか，国後島，色丹島，歯舞群島からなる。

(2)　この都市は宮城県の県庁所在地の仙台市。仙台市は東北地方の政治・経済の中心で，大企業の支社や政府の出先機関などが集まっている。また，七夕まつりは，東北地方の代表的な夏祭りの一つとなっている。

(3)　秋田市と宮古市はほぼ同緯度に位置するが，特に夏の月平均気温には大きな差が生じ，宮古市の気温が低くなっている。これは，夏に寒流の親潮（千島海流）の上を通って吹きこんでくる，やませとよばれる北東風の影響による。やませは，東北地方の太平洋側の冷害の原因になることもある。

(4)　千葉県の東京湾臨海部に広がる京葉工業地域には石油化学コンビナートが造成され，石油製品や石炭製品，化学製品などが生産されている。

(5)　農業産出額と漁業産出額がともに最大であるⅣは青森県。漁業産出額のデータがないⅢは内陸に位置する群馬県。小売業の年間商品販売額が最大のⅡは大都市圏を形成する神奈川県。残ったⅠが山形県。

(6)　円内の〇は町村役場，Yは消防署を表している。ア…神社（⛩）のほかに寺院（卍）もみられる。ウ…大石田駅の近くに標高80mを示す「80」の表示がある。エ…地形図上では地点Ａと地点Ｂとの間の直線距離は4cm未満なので，実際の直線距離は1km未満である。

〔17〕
《解答》
(1)　イ　　(2)　門前町　　(3)①　静岡（県）　②　エ
(4)①（正答例）　多くの国が<u>排他的経済水域</u>を設定して，他国の<u>漁業活動</u>を制限するようになったから。
　　②　ウ
《解説》
(1)　盆地Ｘは松本盆地で，内陸（中央高地）の気候の特徴が見られる。なお，アは瀬戸内，ウは太平洋側の関東地方以西，エは日本海側の北陸に当てはまる。
(2)　有力な寺院・神社の周辺に形成された町を門前町という。都市ａは長野市であり，数百年前から善光寺の門前町として栄えてきた。
(3)①　人口密度は1km²当たりの人口を表す数値で，人口÷面積で計算する。したがって，表中のＡ（新潟県）は約182人/km²，Ｂ（長野県）は約154人/km²，Ｃ（富山県）は約250人/km²，Ｄ（静岡県）は約474人/km²となる。
　　②　ＡとＣは極端に数値が大きく，ＢとＤは数値が小さいことから，他の地域と比べて北陸の数値が大きくなることがらを考える。新潟県や富山県では，農業の中でも特に稲作がさかんであり，米の収穫量が多いので，エが当てはまる。
(4)①　排他的経済水域とは，領海と公海の間に設けられた水域で，この水域を設けた国は，水域内の水産資源や鉱産資源を自国のものとすることができる。1970年代以降，漁業のさかんな国は，自国の水産資源を確保するため，排他的経済水域を設けるようになり，その影響で日本の遠洋漁業の漁獲量は大きく減少した。
　　②　ア…地点Ｚに見られる⊗は高等学校の記号。イ…地形図では下は南，右は東に当たる。「やいづ」駅から見て市役所（◎）は右下に位置しているので，南西ではなく南東が正しい。ウ…「中港三丁目」や「本町一丁目」の海岸は，内側に向かって掘りこまれている。エ…この地形図の縮尺は2万5千分の1であるから，地形図上の3cmの実際の距離は，3cm×25000＝75000cm＝750mである。

〔18〕
《解答》
(1)　フォッサマグナ　　(2)　ウ　　(3)　ア
(4)（正答例）　排他的経済水域に<u>設定</u>して，<u>他国</u>の漁業活動を<u>規制した</u>
(5)　右の図　　(6)方角　南東，符号　ウ

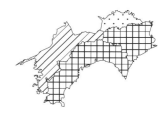

《解説》
(1)　フォッサマグナは，ラテン語で「大きな溝」を意味し，新潟県南西部から静岡県東部まで，南北にのびる地溝帯を指す。フォッサマグナを境として，東側では山地・山脈が南北に並び，西側ではほぼ東西に並ぶ。
(2)　三重県の志摩半島南岸にはリアス海岸が形成され，沖合を暖流の黒潮（日本海流）が流れているため，気候は温暖である。リアス海岸はウ（若狭湾）にもみられるが，沖合を流れる暖流は黒潮ではなく対馬海流。
(3)　愛知県は，県庁所在地で地方中枢都市である名古屋市に多くの事業所が集中し，中京工業地帯の中心でもあることから，県内・県外からの出張・業務目的での宿泊者数が非常に多い。したがってアが正解。
(4)　排他的経済水域は，領海の外側で，沿岸から200海里（約370km）以内の海域で，沿岸国は水産資源や鉱産資源を利用する権利をもつ。多くの国々が自国の水産資源を守るため，排他的経済水域を設定するようになったことなどから，日本の遠洋漁業の漁獲量は1970年代半ば以降，大きく減少してきた。

(5) 図中に表されているのは，高知県の総面積に占める過疎地域面積の割合（79.6％）である。徳島県は71.1％なので▦，香川県は41.0％なので▤，愛媛県は62.5％なので▨で表される。

(6) 地形図では，上が北，下が南，右が東，左が西となる。地点ａから見て地点ｂは右下に位置しているので，8方位では南東となる。地形図上の距離の実際の距離は，地形図上の距離×縮尺の分母で算出する。したがって，地形図上の3.5cmの実際の距離は，3.5×25,000＝87,500cm＝875mとなる。

〔19〕
《解答》

(1) 親潮〔千島海流〕　　(2) 米騒動　　(3)① エ　② ア

(4)① ウ　②（正答例）火力発電に必要な<u>エネルギー資源</u>のほとんどを<u>輸入</u>に頼っていること。

(5) エ

《解説》

(1) 親潮（千島海流）は，千島列島・北海道東岸に沿って太平洋を房総半島沖まで南下する寒流。魚のえさとなるプランクトンが豊富であるため，さまざまな種類の魚がたくさん集まる。

(2) 1917年にロシア革命が起こると，これに干渉するため，シベリア出兵が決められた。これを見こした商人が米を買い占めたり売りおしんだりしたため，米価が急上昇した。1918年には，富山県の漁村の主婦たちが，米の安売りを求めて米屋に押しかけるという騒動が起こり，全国に広がったことから米騒動とよばれた。

(3)① 人口密度は1km²当たりの人口を表す数値で，人口÷面積で計算する。人口密度は，アが約338人/km²，イが約461人/km²，ウが約4376人/km²，エが約8100人/km²である。

② りんご農家の多い弘前市には，第一次産業の就業者割合が高いアが当てはまる。人口が最も多いウは福岡市。観光産業が発達し，第三次産業の就業者割合が最も高いエは那覇市。自動車工業がさかんで，製造品出荷額等が最も多いイは豊田市。

(4)① 日本では，総発電量の約3分の2は火力発電によるが，火力発電に必要な化石燃料のほとんどは輸入している。そのため，火力発電所の多くは資源の輸入に便利な臨海部に位置している。

② 石炭，石油，天然ガスは，いずれも火力発電に必要なエネルギー資源であるが，日本ではほとんど産出されず，輸入に頼っている。また，化石燃料の燃焼は，二酸化炭素を大量に発生させるため，地球温暖化の原因になると考えられ，火力発電の大きな問題点となっている。

(5) エ…病院を表す⊕の記号が見られる。

〔20〕
《解答》

(1) シラス　　(2) エ　　(3) イ

(4)（正答例）<u>明石海峡大橋</u>の開通によって，高速バスを使って<u>大都市</u>へ買い物に行く人が増えたから。

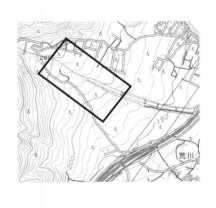

(5)① 右の図　② ウ

《解説》

(1) シラス台地は，鹿児島県から宮崎県南部にかけて広がっている。古い火山噴出物であるシラスは，もろくて水持ちが悪く，大雨が降るとくずれやすいので，稲作には適していない。

(2) この雨温図は，夏に高温となり，冬でも温暖で，夏から秋にかけての降水量が非常に多い亜熱帯の特徴がみられる。これは，南西諸島の気候の特徴なので，エ（那覇）が当てはまる。

(3) 人口，製造品出荷額等，小売業の年間商品販売額がいずれも最大となっているウは，大都市圏の中心

となる**A**（大阪府）。農業産出額が最大のアは**D**（宮崎県）。残ったイとエのうち，人口，製造品出荷額等，小売業の年間商品販売額が上回っているエは**B**（広島県）なので，イは**C**（愛媛県）に当てはまる。

(4)　明石海峡大橋は1998年に完成し，これによって本州四国連絡橋の神戸・鳴門ルートが開通した。その結果，徳島市から神戸市や大阪市などの大都市圏へ高速バスや乗用車で移動して買い物をする人が増え，徳島市の小売業の年間商品販売額が減少した。

(5)①　枠内の右から左に向かって標高が高くなっていく。右の方を通る200mの等高線（計曲線）から左に3本目の等高線（主曲線）が標高230mとなる。

②　大谷川周辺の斜面にみられる∧は針葉樹林を表している。ア…Ｙは消防署の記号である。イ…畑を表す∨は少ないが，田を表す‖は多い。エ…大谷川周辺の斜面にみられる地形は扇状地である。

歴 史

〔1〕

《解答》

(1) エ　　(2) 邪馬台国　　(3) エ　　(4) ウ　　(5) 法隆寺

(6)(正答例)　人口の増加によって口分田が不足したから。　　(7) ア　　(8) 藤原道長　　(9) イ

《解説》

(1) Ⅹ…中国の歴史書「魏志」倭人伝によると，卑弥呼は，239年に魏に使いを送り，「親魏倭王」の称号や金印などを授けられた。Ⅰ…聖徳太子は，7世紀初めに遣隋使を送り，隋の進んだ文化や制度を取り入れようとした。Ⅱ…奈良時代には遣唐使が送られていたため，天平文化は唐の文化の影響を強く受けている。

(2) 邪馬台国は日本のどこかにあったとされる国であるが，その場所ははっきりしていない。邪馬台国の女王卑弥呼は，うらないによって政治を行ったとされている。

(3) 佐賀県にある吉野ヶ里遺跡は，弥生時代の環濠集落の遺跡であり，二重の濠や物見やぐらなどが復元されている。これらは，集落どうしの争いがあったことを示すものである。

(4) アの「和」は調和のこと，イの「法」は仏教の教えのことである。

(5) 奈良盆地に建てられた法隆寺は，7世紀初めに聖徳太子によって創建されたが，7世紀後半に焼失した。現在の法隆寺は再建されたものであるが，現存する世界最古の木造建築であると考えられている。

(6) 奈良時代の中ごろになると，人口が増加した。また，天災などによって土地が荒れたりした。これらが原因となって，しだいに口分田が不足してきたため，朝廷は743年に墾田永年私財法を出して，新しく開墾した土地の永久の私有を認めた。

(7) 唐の僧鑑真は，日本に渡ろうとして何度も遭難し，8世紀中ごろに来日を果たしたときには盲目になっていた。鑑真は，律宗を日本に伝え，平城京に唐招提寺を建てた。

(8) 大化の改新で活躍した中臣鎌足の子孫に当たる藤原氏は，平安時代になると貴族の中でも特に勢力をのばした。そして，9世紀中ごろから摂政・関白の地位を独占して政治の実権を握るようになった。このような摂関政治が最も栄えたのは，藤原道長・頼通父子が摂政や関白の地位にあった11世紀前半であった。

(9) かな文字は漢字を変形させて，日本語の発音を表せるようにくふうされた文字。かな文字の発明によって，人々の感情を書き表すことが容易になり，文学が発達した。

〔2〕

《解答》

(1) 鉄砲　　(2) 楽市・楽座　　(3) イ　　(4) エ　　(5) イ　　(6) 株仲間

(7)(正答例)　（アメリカの）領事裁判権〔治外法権〕を認め，（日本に）関税自主権がなかったこと。

《解説》

(1) 1543年，種子島(鹿児島県)に漂着した中国船に乗っていたポルトガル人が，日本に初めて鉄砲を伝えた。このできごとは，日本とヨーロッパの関係の始まりを告げるとともに，その後の戦いの方法に大きな変化をもたらすことになった。例えば1575年の長篠の戦いでは，織田信長は足軽による鉄砲隊を組織し，武田氏の騎馬隊をやぶった。

(2) 織田信長は，安土城下の商工業を発展させるため，楽市・楽座を実施した。また，物資や兵力の輸送を円滑にするため，各地の関所を廃止した。

(3) 豊臣秀吉は，長崎が教会領としてイエズス会に寄進されていたことを知ると，キリスト教が全国統一のさまたげになると考え，1587年にバテレン(宣教師)追放令を出した。アは徳川家光，ウはキリシタン大名の大友・大村・有馬の3氏，エは大村氏に当てはまる。

(4) Ａの時期の，徳川綱吉が将軍であったころを中心に，上方(京都・大阪)の町人を担い手とする元禄文化が栄えた。アは桃山文化(安土桃山文化)，イとウは江戸時代後期の文化(化政文化)に当てはまる。

(5) Ｙ（1775年）→Ｘ（1789年）→Ｚ（1840年）の順となる。アメリカ独立戦争を支援したフランスでは，戦費の支払いのために，国王が課税を強化しようとした。これに反発する民衆が立ち上がってフランス革命を起こし，身分の特権が廃止された。一方，イギリスは，清との貿易が大きな赤字であったため，インドから清へ麻薬（アヘン）を密輸させ，清がこれを取りしまると戦争（アヘン戦争）を起こして勝利した。

(6) 株仲間は，江戸時代に裕福な商工業者が結成した同業者団体である。老中水野忠邦は，物価上昇の原因が，株仲間が商品の流通を独占しているためと考え，株仲間の解散を命じた。しかし，この政策は流通市場の混乱をまねき，失敗に終わった。

(7) 領事裁判権（治外法権）を認めるということは，日本で罪を犯した相手国の人を，日本の法律で裁くことができないということを意味している。

〔3〕
《解答》
(1)① 土偶　② ア　　(2) 古墳　　(3) エ
(4)① 仮名文字〔かな文字〕　②（正答例）菅原道真が遣唐使の停止を訴えた
《解説》
(1)① 土偶は，縄文時代の人々が，自然の豊かな実りへの祈り，魔よけなどを目的としてつくった土製の人形。その多くは女性をかたどったものである。
　　② 縄文時代の人々は，主に狩猟や植物の採集などによって食料を得ていた。イは古墳時代，ウは弥生時代，エは旧石器時代に当てはまる。
(2) 古墳には円墳，方墳，前方後円墳などさまざまな形のものがあり，大和政権（ヤマト王権）の支配地となった地域（九州地方から東北地方南部まで）に広く分布している。
(3) 和同開珎は律令のしくみが整えられた8世紀初めにつくられた貨幣で，都（平城京）の市やその周辺で流通していたと考えられている。アは9〜11世紀，イは6世紀末〜7世紀初め，ウは8世紀末に当てはまる。
(4)① それまでは漢字の音を使って，一字一音で日本語を書き表す万葉仮名が用いられていたが，平安時代中期になって，日本語を音声どおりに表す仮名文字がつくられた。これによって，人々は自分の感情を，自由に表現することができるようになり，文学が発達するきっかけにもなった。
　　② 平安時代中期まで，日本の文化は唐の文化の影響を強く受けていたが，唐がおとろえてきたことや，894年の遣唐使の停止などをきっかけに，唐の文化の影響がしだいにうすれていき，日本の風土や生活，日本人の感情に合った国風文化が発達していった。

〔4〕
《解答》
(1)① 源頼朝　② エ　　(2) ア　　(3) 座
(4)①（正答例）浄土真宗の信仰で結びついた（武士や）農民（たち）が守護大名を倒した。　② イ
(5) イ
《解説》
(1)① 1185年，源頼朝は，源義経をとらえることを理由として，朝廷に対し守護と地頭の設置を強く求め，これを認めさせた。守護は国内の軍事・警察・御家人の統率などに当たり，地頭は荘園や公領の管理や年貢の取り立て，警察などに当たった。
　　② Ａ…源氏の将軍が絶えたのちは，本来は将軍を補佐する役職である執権の地位についていた北条氏が，実質的に政治を動かすようになった。Ｂ…六波羅探題は，1221年の承久の乱ののちに京都に置かれた機関で，朝廷の監視や西国の御家人の統率などに当たった。

(2) アの元寇は13世紀後半に起こった。イは663年（7世紀），ウは16世紀中ごろ，エは12世紀後半のできごとである。

(3) 座は，寺社や貴族などに営業税などを納めるかわりに営業の独占権を認めてもらうなどしていた。そのため，座は商工業の自由な発展をさまたげる側面をもっていた。

(4)① 浄土真宗は一向宗ともよばれる。加賀国（石川県）の一向一揆の勢力は，約100年間にわたって自治を行った。

　② 足利義政は，応仁の乱が続いていた時期に将軍の地位から引退していた。アは14世紀に足利義満が建てたもの。ウは奈良時代，エは平安時代に建てられた。

(5) 惣は有力な農民の寄合によって運営され，農業用水路の建設や管理，共有する森林の利用や管理などについてのおきてを定めたりした。

〔5〕
《解答》
(1) イエズス会　　(2) イ　　(3)（正答例）　武士と農民の身分の区別を明らかにする政策。
(4) エ　　(5) 株仲間　　(6) ペリー〔マシュー＝ペリー〕　　(7) ア
《解説》
(1) 宗教改革によって，ヨーロッパではプロテスタントが広まってきたため，カトリック教会の立て直しを図る人々がイエズス会を結成した。イエズス会の宣教師は，南北アメリカやアジアで布教活動を行った。

(2) 織田信長は，キリスト教の布教を認める一方で，仏教勢力に対しては厳しい態度でのぞんだ。ア…少年使節をローマ教皇のもとへ派遣したのは大村氏，大友氏，有馬氏の三大名。ウ…宣教師（バテレン）追放令を出したのは豊臣秀吉。エ…朱印船貿易を奨励したのは徳川家康ら。

(3) 豊臣秀吉は，太閤検地によって，農民を耕作者として検地帳に登録させ，年貢の義務を負わせた。また，刀狩を行って，農民から武器をうばい，農耕に専念させた。これらの政策により，兵農分離が進んだ。

(4) X（17世紀前半）→ Z（17世紀後半）→ Y（18世紀後半）の順となる。3代将軍徳川家光は大名を厳しく統制したが，5代将軍徳川綱吉のころには，幕府の財政も苦しくなってきて，8代将軍徳川吉宗は享保の改革で財政の立て直しを図った。その後，老中田沼意次が，商人の力を利用して幕府の収入を増やそうとした。

(5) 初期の株仲間は商品の不正取引などを仲間どうしで防止することを主な目的としていたが，やがて幕府や藩が公認するようになり，営業税を納めるかわりにさまざまな特権を認められるようになった。

(6) ペリーは1853年と1854年に，黒船とよばれる軍艦を率いて浦賀（神奈川県）に来航し，日米和親条約を結んで日本を開国させた。

(7) 生糸の輸出がさかんになると，東日本を中心に，生糸の生産がさかんになった。イ，ウ，エは主な輸入品。

〔6〕
《解答》
(1) ウ　　(2) エ　　(3) 朱印状　　(4) ア　　(5) 絵踏　　(6) イ→ア→エ→ウ
(7)（正答例）　日本に関税自主権がなかったこと。
《解説》
(1) 織田信長は，初めは足利義昭が室町幕府の15代将軍となるよう援助を行っていたが，やがて敵対するようになり，1573年に義昭を京都から追放し，幕府を滅ぼした。アは足利義満，イは徳川将軍家，エは豊臣秀吉に当てはまる。

(2) 農民は土地の権利を認められたが，その土地から離れることや土地の売買は禁止された。こうして，農民は農耕に専念せざるを得なくなった。

(3) 徳川家康は，朱印状を持った船の保護を，東南アジア諸国に依頼した。これにより，朱印状をもった貿易船（朱印船）は，ルソン，安南（ベトナム），カンボジア，シャム（タイ）などへ渡り，貿易活動を行った。

(4) 1635年に，「鎖国」の体制をつくるための政策として，日本人の海外渡航と帰国が禁止された。イは豊臣秀吉による政策で1588年。ウは織田信長による政策で1577年。エは江戸幕府による政策で1825年。

(5) キリストやマリアの像を刻んだ板（踏絵）を踏めなかった者はキリスト教徒とみなされ，処罰された。このような絵踏は，毎年正月の行事として，幕末まで続けられた。

(6) イ（1687年）→ア（1742年）→エ（1789年）→ウ（1841年）の順となる。徳川吉宗の政治改革を享保の改革，松平定信の政治改革を寛政の改革，水野忠邦の政治改革を天保の改革という。

(7) 日本には，輸入品に自由に関税をかける権限が認められなかった。そのため，貿易においては不利な立場におかれることになった。関税自主権を回復したのは1911年である。

〔7〕
《解答》
(1) ア　　(2)① 唐　② エ　　(3) 紫式部
(4)（正答例）　正長元年以前の借金を帳消しにする　　(5) ウ
《解説》
(1) 中国の歴史書「後漢書」東夷伝には，建武中元2年（西暦57年）に倭の奴国の王が後漢に朝貢し，光武帝が印綬（印とそれを結びとめるひも）を贈ったと記されている。

(2)① 唐の僧鑑真は，日本への渡航を試みて何度も遭難し，8世紀中ごろに遣唐使に伴われて来日を果たしたときには盲目になっていた。来日後，鑑真は日本の仏教の発展に努め，唐招提寺を建立した。

② 8世紀初めに大宝律令が制定されて律令国家のしくみが整えられた。アは平安時代後期，イは平安時代中期，ウは古墳時代〜飛鳥時代に当てはまる。

(3) 平安時代には国風文化が発達し，貴族の間ではかな文字が使用されるようになった。かな文字の使用は文学の発達を促し，紫式部が「源氏物語」を，清少納言が「枕草子」を書いた。

(4) 1428年，近江国（滋賀県）の馬借が中心となって，京都周辺の農民たちとともに土一揆を起こし，守護大名に借金の帳消しを定めた徳政令を出すようせまった。

(5) 石塁（防塁）は，元軍の最初の襲来である文永の役（1274年）ののち，元軍の再襲来に備えて博多湾の海岸に築かれた石垣。1281年の弘安の役で元軍の攻撃を防ぐことに役立った。元寇は鎌倉時代のできごとであるからC（平安時代）とD（室町時代）の間となる。

〔8〕
《解答》
(1) 坂本龍馬　　(2) エ
(3)（正答例）　土地の所有者が地価の3％の地租（税）を現金で納めることになった。　　(4) 西南戦争
(5) 天皇　　(6) 貴族院　　(7) ア
《解説》
(1) 土佐藩出身の坂本龍馬は，薩長同盟の仲立ちとなったが，その後，京都で暗殺された。

(2) X（1858年）→Z（1863年）→Y（1864年）の順となる。幕府が日本にとって不利な通商条約を欧米諸国と結んだことで，長州藩を中心に尊王攘夷運動が高まった。さらに長州藩は，幕府に攘夷の実行を約束させ，下関海峡（関門海峡）を通る外国船を砲撃し，海峡を封鎖した。これに対し，イギリス，フランス，アメリ

カ，オランダの連合艦隊が長州藩に報復の攻撃を行い，下関砲台を占領した。

(3) 明治新政府は富国強兵のために税制の改革を進め，1873年から地租改正を実施した。これによって，政府は安定した収入を得ることができるようになったが，民衆の税の負担は，江戸時代の年貢とほとんど変わらなかったため，地租改正反対一揆が起こった。その結果，税率は地価の3％から2.5％に引き下げられた。

(4) 明治新政府の改革によって，士族は，かつて武士だったときにもっていた特権をうばわれ，不満をもつ者も多かった。このような不平士族は，しばしば反乱を起こした。1877年に西郷隆盛を中心とする鹿児島の士族たちが起こした西南戦争は最も規模が大きかったが，政府軍によって鎮圧された。

(5) 大日本帝国憲法の草案は，君主権の強いドイツ（プロイセン）憲法を参考にして作成された。そのため，天皇主権であり，天皇には強い権限が与えられた。

(6) 帝国議会は，衆議院と貴族院からなる二院制を取り入れていた。このうちの衆議院は，直接国税15円以上を納める満25歳以上の男子を有権者とする選挙によって，臣民（国民）から選出された議員で構成され，貴族院は，皇族・華族・多額納税者などで構成された。

(7) 日本の産業革命は，紡績，製糸などの軽工業から始まり，この時期には，生糸の輸出額が大きくのびた。また，その主な輸出相手国はアメリカであった。

〔**9**〕
《解答》
(1) ア 　(2) エ
(3)（正答例）御家人が質入れしたり売ったりした領地を，ただで取りもどさせようとした。
(4) ウ 　(5) 勘合 　(6) イ 　(7) ア
《解説》
(1) 天智天皇が死去すると，672年，皇位をめぐって，天皇の子の大友皇子と天皇の弟の大海人皇子が対立し，壬申の乱が起こった。この戦いで勝った大海人皇子が即位して天武天皇となり，天皇の地位を高めて，中央集権国家の建設を強力に進めた。

(2) 平清盛と源義朝は，ともに1156年の保元の乱で活躍したが，やがて対立を深め，1159年に平治の乱が起こった。これに勝った清盛は，ますます勢力を強め，1167年には武士としては初めて太政大臣となって，政治の実権をにぎった。

(3) 生活が苦しくなって領地を手放す御家人が増えてくると，1297年，鎌倉幕府は永仁の徳政令を出したが，効果は上がらず，御家人の幕府への反感は高まった。

(4) 後醍醐天皇は鎌倉幕府を滅ぼして自ら政治（建武の新政）を行ったが，武士の不満が高まり，足利尊氏の挙兵によって吉野に逃れた。これによって，朝廷が京都の北朝と吉野の南朝に分かれることになった。アは北条泰時，イは源頼朝，エは後鳥羽上皇に当てはまる。

(5) 日本の貿易船は，勘合とよばれる合い札の左半分（文字の左半分がある側）を持ち，明の原簿にある右半分の文字と照合することになっていた。

(6) 応仁の乱後の約100年間は下剋上の風潮が広まって，各地に戦国大名が台頭し，戦国時代とよばれる戦乱の時代となった。

(7) 浄土真宗の開祖である親鸞は，念仏を唱えればだれでも極楽浄土に生まれ変われるという浄土宗の教えをさらに進め，阿弥陀如来の救いを信じる心さえあればだれでも救われると説いた。イとウは禅宗，エは日蓮宗（法華宗）を広めた人物。

〔10〕

《解答》

(1)　ア　　(2)　エ　　(3)　国風文化　　(4)　太政大臣　　(5)　ウ　　(6)　エ

(7)(正答例)　<u>キリスト教国との貿易は奨励したから。</u>

(8)　外国船打払令〔異国船打払令〕　　(9)　ウ

《解説》

(1)　推古天皇の摂政として政治を行っていた聖徳太子は，607年に，小野妹子を大使とする遣隋使を送った。イは遣唐使とともに唐へ渡り，唐で高官となった人物。ウは聖徳太子に協力して政治を行った豪族。エは平安時代初期に征夷大将軍に任命されて，東北地方の蝦夷の抵抗をおさえた人物。

(2)　遣隋使には，多数の留学生や僧が同行し，隋の進んだ制度や文化の吸収に努めた。

(3)　遣唐使の派遣によって，日本では唐風の文化が栄えていたが，唐のおとろえにともなって，唐の文化の影響は弱くなっていった。そして，894年の遣唐使の停止などをきっかけに，貴族を主な担い手とする日本風の文化(国風文化)が発展した。

(4)　律令制のもとで朝廷に設けられた太政官の中で，最高の地位に当たるのが太政大臣である。平清盛は武士であったが，朝廷での地位を利用して，貴族のような政治を行った。

(5)　禅宗は，座禅によって自らの力でさとりを開こうとする仏教で，12世紀末から13世紀にかけての時期に，栄西が臨済宗を，道元が曹洞宗を伝えた。アは日蓮宗(法華宗)，イは時宗，エは浄土真宗を広めた僧。

(6)　1543年に中国船が種子島(鹿児島県)に流れ着き，これに乗っていたポルトガル人によって，鉄砲が初めて伝えられた。鉄砲は戦国大名に注目され，やがて日本でもつくられるようになった。

(7)　豊臣秀吉は，スペインやポルトガルなどによるキリスト教布教が侵略と結びついていると考え，バテレン(キリスト教宣教師)追放を命じた。しかし，南蛮貿易は奨励したため，キリスト教国との交流は続いた。

(8)　18世紀後半から19世紀前半にかけて，ロシア，イギリス，アメリカの船が日本に近づいてきた。江戸幕府は，これを警戒し，海に臨む諸藩に対し，日本に近づく外国船を打ち払うよう命じた。この命令にもとづき，1837年には，アメリカ船モリソン号に対する砲撃が実行された。

(9)　モンゴル帝国皇帝フビライ＝ハンは，中国を支配下に収め，国号を元とした。フビライは，日本に服従を要求して鎌倉幕府から拒否されると，二度にわたって日本に大軍を送ってきた。元軍の最初の襲来を文永の役(1274年)，二度目の襲来を弘安の役(1281年)という。

〔11〕

《解答》

(1)　大王　　(2)　ウ　　(3)　荘園　　(4)　ア　　(5)　エ　　(6)　分国法　　(7)　書院造(り)

《解説》

(1)　大和地方（奈良県）を中心とする地域に生まれた大和政権（ヤマト王権）は，大王を中心とする，近畿地方の豪族たちによる連合政権であった。

(2)　奈良時代中期，人口の増加や自然災害の影響で口分田が不足してきたため，朝廷は743年に墾田永年私財法を定め，新たに開墾した土地の永久の私有を認めた。アとイは鎌倉幕府の政策，エは飛鳥時代の聖徳太子の政策である。

(3)　有力な貴族や寺社が所有した私有地を荘園という。10世紀以降，有力農民によって開かれた土地が，藤原氏などの有力な貴族に荘園として寄進されるようになっていた。

(4)　10世紀初めに唐が滅び，多くの国々が分立したが，やがて宋が中国を統一した。宋は13世紀後半に元によって滅ぼされるまで続いた。

(5) 運慶は鎌倉時代を代表する仏師（彫刻師）で，東大寺南大門金剛力士像は，弟子の快慶らとともにつくったとされる。アは室町時代に優れた水墨画を描いた禅僧，イは室町時代に能を大成した人物，ウは鎌倉時代の歌人である。

(6) 戦国時代には，家臣が主君を倒してのし上がるなど，下剋上の動きが強まっていたこともあって，戦国大名は分国法を定めて領国内の支配を強化した。

(7) 銀閣と同じ敷地にある東求堂には同仁斎とよばれる部屋があり，ふすまで仕切られた室内にたたみを敷き，床の間やちがい棚を設ける典型的な書院造が見られる。書院造は現代の和風建築のもとになっている。

〔12〕

《解答》

(1)① イ ② エ 　(2) 武家諸法度

(3)（正答例） 外様大名の領地は，<u>江戸</u>から遠いところに置かれていたから。 　　(4) ア 　(5) 株仲間

《解説》

(1)① X（1576年）→Z（1592年，1597年）→Y（1600年）の順となる。織田信長は，近江国（滋賀県）に安土城を築いて全国統一事業を進めたが，家臣の明智光秀の謀反によって達成できなかった。信長のあとをついだ豊臣秀吉は全国統一を達成したのち，二度にわたって朝鮮を侵略したが，失敗に終わった。秀吉の死後，豊臣家の政権を守ろうとする石田三成らの大名は，徳川方の大名との間に起こった関ヶ原の戦いで敗れた。

② Aの時期には，有力な戦国大名や新興の大商人の気風を反映した華やかな桃山文化が栄えた。エの浮世絵の創始は，江戸時代の元禄文化にかかわるできごとである。

(2) 徳川家康は，2代将軍徳川秀忠のときに，武家諸法度を定めた。これは大名を統制するための法で，1635年には，3代将軍徳川家光によって，参勤交代の制度も付け加えられた。

(3) 関ヶ原の戦い以降に徳川氏に従った外様大名は，江戸から遠い場所に領地を与えられていたため，江戸と領地の往復の費用などが，藩の財政を圧迫した。

(4) 5代将軍徳川綱吉は，幕府の財政を補うため，質を落とした貨幣を大量に発行したが，物価が上昇し，人々の生活はかえって苦しくなった。イは3代将軍徳川家光，ウは11代将軍徳川家斉，エは8代将軍徳川吉宗のときに実施された政策である。

(5) 株仲間は，問屋や仲買などの大商人がつくった同業者組織で，幕府の許可を得て営業を独占していた。田沼意次は，株仲間から取った税によって財政を立て直そうとしたが，わいろが横行する原因にもなった。

〔13〕

《解答》

(1) 大王 　(2)① オ ② 天台宗 　(3)① 院政 ② ウ 　(4)① イ ② イ

《解説》

(1) 鉄剣に彫られた「獲加多支鹵大王（ワカタケル）」とは，478年に中国の南朝の宋に使いを送った倭王武のことであると考えられている。熊本県江田船山古墳で出土した鉄刀にも，「獲加多支鹵大王」の文字が彫られており，大王の支配が九州地方から関東地方にまで及んでいたことがわかる。

(2)① Z（645年）→X（743年）→Y（9世紀後半）の順となる。中大兄皇子や中臣鎌足らは，独裁的な政治を行っていた蘇我氏を倒し，中央集権国家をつくることを目標として大化の改新を始めた。8世紀初めに律令制による国家が成立したが，公地・公民のしくみの基盤となる口分田が不足し，朝廷は墾田永年私財法を定めた。その後，中臣鎌足の子孫である藤原氏が力をのばし，平安時代中期以降は摂関政治によって栄えた。

②　805年に唐から帰国した最澄は，比叡山延暦寺(滋賀県・京都府)を本拠地として天台宗を広めた。これは，山奥の寺で学問やきびしい修行を行うことを特徴としていた。

(3)①　院政の始まりは，1086年に白河天皇が位を子にゆずって上皇となり，御所(院)で政治を始めたこと。平清盛が活躍していた時期には，鳥羽上皇や後白河上皇による院政が行われていた。

②　厳島神社は宮島(広島県廿日市市)にあり，平氏が一族の繁栄を願ってつくったはなやかな経典(平家納経)が納められていることでも有名である。

(4)①　足利義満は，京都の北山に鹿苑寺金閣を建てた。アは藤原頼通が宇治(京都府)に建てた阿弥陀堂。ウは足利義政が京都の東山につくった建物。エは奥州藤原氏が平泉(岩手県奥州市)に建てた阿弥陀堂。

②　日明貿易では，日本は銅銭のほか，生糸，絹織物，書画，陶磁器などを輸入した。なお，ア，ウ，エはいずれも日本から明に輸出されたものである。

〔14〕

《解答》

(1) A　イ，B　ア，C　ウ　　(2)　エ　　(3)　ア　　(4)　島原・天草一揆　　(5)　解体新書

(6)(正答例)　イギリスとの戦い(アヘン戦争)で清が敗れたことに衝撃を受けたから。〔大国の清がイギリスの兵力の前に敗れたことに，幕府が衝撃を受けたから。〕

(7)　ウ

《解説》

(1)　ア…コロンブスは1492年に北アメリカの西インド諸島に到達した。イ…マゼラン船隊は1519年から1522年にかけて世界一周を達成した。ウ…バスコ ＝ ダ ＝ ガマは1497から1498年にインド航路を開いた。

(2)　戦国大名は戦いを勝ち抜くため，鉄砲に注目した。全国統一をめざす織田信長もその一人で，1575年に起こった長篠の戦いでは，足軽鉄砲隊を効果的に使った戦法によって，武田氏の騎馬隊を破った。

(3)　宗氏の領地である対馬藩は，江戸幕府の成立後，日本と朝鮮の間の国交の回復に尽力した。そのため，朝鮮との連絡や貿易を認められ，朝鮮通信使の接待などの役割も果たした。

(4)　島原地方(長崎県)や天草地方(熊本県)にはキリシタンが多く，領主から重税を課せられ，弾圧を受けていた。そのため，キリシタンらは16歳の少年天草四郎(益田時貞)を大将にして大規模な一揆を起こした。

(5)　1774年，蘭学者の杉田玄白や前野良沢らは，オランダ語の解剖書「ターヘル ＝ アナトミア」を翻訳し，「解体新書」として発表した。これは蘭学がさかんになるきっかけとなった。

(6)　1840年に清とイギリスの間にアヘン戦争が始まった。この戦争で清はイギリスに敗れ，不平等な内容の条約を結ばされて開国した。これを知った江戸幕府の老中水野忠邦は，日本に近づく外国船を打ち払うことを命じていた異国船打払令(外国船打払令)を緩和した。

(7)　1839年，蘭学者の渡辺崋山や高野長英らは，幕府の命令によってアメリカ船モリソン号への砲撃が行われたことを批判する書物を書き，厳しい処罰を受けた。これを蛮社の獄という。

〔15〕

《解答》

(1)　エ　　(2)　平民　　(3)　イ

(4)(正答例)　(日清戦争と比べて)国民がより大きな犠牲を払ったにもかかわらず，賠償金が得られなかったから。

(5)　ウ　　(6)　日英同盟　　(7)　ウ

《解説》

(1)　第15代将軍徳川慶喜は，幕府だけで政治を行うことが困難になると，新政権の中で幕府勢力の地位を確保するため，土佐藩のすすめで政権を朝廷に返した。しかし，徳川家の政治的な影響力は排除された。

(2) 四民平等の方針のもとに古い身分制度が廃止され，天皇の一族を皇族，もとの公家や大名を華族，もとの武士を士族，もとの百姓・町人を平民とよぶようになった。

(3) イは1911年のできごと。幕末に欧米諸国との間に結ばれた不平等条約の改正は，これによって達成された。なお，アは1885年，ウは1874年，エは1880年のできごとである。

(4) 日本は日露戦争で勝利し，ポーツマス条約を結んで，ロシアから領土や権益などを獲得したが，賠償金は得られなかった。多くの死者を出し，戦争中の増税などに苦しんだ国民はこれに不満をもった。

(5) 第一次護憲運動をきっかけに，大正時代を通じて政党政治が発展し，民主主義(デモクラシー)を求める風潮が強まったことから，この動きを大正デモクラシーという。

(6) イギリスは，第一次世界大戦では，フランスやロシアとともに連合国とよばれ，ドイツ，オーストリア，トルコなどの同盟国と戦った。1902年にイギリスと日英同盟を結んでいた日本は，連合国側に立ってドイツに宣戦布告した。

(7) 普通選挙法の制定以前は，選挙権は納税額によって制限されていた。納税額による制限がなくなったことで，有権者は大幅に増加したが，女子には選挙権は与えられていなかった。

〔16〕
《解答》
(1) イ　　(2) 五人組　　(3) ア　　(4) ウ　　(5) イ
(6)(正答例) (諸藩の)蔵屋敷に運びこまれた年貢米や特産物が販売されたから。
(7) 工場制手工業〔マニュファクチュア〕
《解説》
(1) 太閤検地は豊臣秀吉が行った兵農分離政策の一つ。百姓と耕地を検地帳に登録し，百姓の耕作権を保障するかわりに，石高に応じた年貢を納める義務を負わせた。その結果，百姓は土地にしばりつけられ，耕作に専念させられることになった。

(2) 五人組の制度は，百姓をたがいに監視させて確実に年貢を納入させることを目的としていた。なお，町人の間にも同様の制度が義務づけられた。

(3) 脱穀にはこきばしという農具が使われてきたが，千歯こきの発明によって，脱穀の能率は飛躍的に高まった。イはもみがらなどを選別して取り去るための農具，ウは田畑を深く耕すための農具，エは穀類や豆類などの脱穀のための農具である。

(4) 天明のききん(1782～1787年)や天保のききん(1833～1839年)のときには，年貢減免を求める百姓一揆や，米価の値上がりに対する町人たちの打ちこわしが多発した。

(5) 1576年，織田信長は5層の天守をもつ安土城(滋賀県)を築いた。信長は安土城下で楽市・楽座を実施し，座や各地の関所を廃止して自由な商工業の発展を図った。

(6) 蔵屋敷は，諸藩の年貢米や特産物を保管するための倉庫を備えた邸宅で，大阪には多くの蔵屋敷が置かれていた。大阪は，蔵屋敷に運ばれた年貢米や特産物の販売によって商業が発達し，「天下の台所」とよばれるようになった。

(7) 工場制手工業(マニュファクチュア)は，日本では江戸時代後期に始まり，大阪や尾張(愛知県)の綿織物業，足利(栃木県)や桐生(群馬県)の絹織物業，灘(兵庫県)の酒造業などで見られるようになった。

〔17〕
《解答》
(1) ア　　(2) 政党(内閣)　　(3) イ　　(4) エ　　(5) 国家総動員法　　(6) ア
(7)(正答例) 中東で起こった戦争の影響で，石油の価格が大幅に上昇した。

《解説》

(1) 1872年のころには，明治政府は殖産興業の政策を進めていた。アは1872年，イは1918年，ウは1901年，エは19世紀末のできごとである。

(2) 衆議院で第一党となった政党の党首が総理大臣となって内閣を組織し，その内閣が倒れたときは，野党第一党の党首が組閣するという慣例は「憲政の常道」とよばれた。しかし，1932年の五・一五事件で立憲政友会総裁の犬養毅首相が暗殺され，政党内閣の時代は終わりを告げた。

(3) 写真に示したのは，平塚らいてう（ちょう）らが創刊した雑誌「青鞜」である。アは女子教育の発展に努めた人物，ウは「たけくらべ」や「にごりえ」で知られる小説家，エは歌人で，「君死にたまふことなかれ」の詩で知られる人物である。

(4) 満州に進出していた日本が，さらに中国北部に軍隊を進めたため，日中両国の対立が深まり，盧溝橋事件をきっかけに日中戦争が始まった。アは第一次世界大戦中の日中関係，イは1894年の日清戦争のきっかけとなったできごと，ウは1931年の満州事変のきっかけとなったできごとである。

(5) 日中戦争が長期化すると，国家総動員法の制定により，国の産業・経済から国民生活のすべてにわたって，戦争に動員されることになり，国民は生活のあらゆる面で統制を受けることになった。

(6) 日米安全保障条約は，1951年にサンフランシスコ平和条約とともに結ばれた。なお，イは1919年，ウは1978年，エは1941年に結ばれた条約である。

(7) 1973年の第四次中東戦争では，アラブの石油産出国が，石油の輸出を制限するという戦略を用いた。このため，先進工業国では，石油の価格が上昇し，経済的に大きな打撃を受けた。

〔18〕
《解答》
(1) エ　(2) 口分田　(3) 寝殿造　(4) 承久の乱　(5) ウ　(6) オ　(7) 浄土真宗
《解説》

(1) 中国の歴史書「後漢書」東夷伝に，倭の奴国の王が後漢の皇帝のもとに使いを送り，金印を授けられたことが記されている。志賀島（福岡県）で発見された「漢委奴国王」の文字が刻まれた金印がこのときの金印であると考えられている。

(2) 人々は，口分田の稲の収穫量の約３％を租として，国の役所に納めることになっていた。しかし，8世紀中ごろまでに，人口の増加などにともなって口分田は不足し始めた。

(3) 寝殿造の屋敷は，主人が居住する母屋（寝殿）を中心とし，その東西にいくつかの建物を配置して，渡り廊下で結んだものである。また，庭には池や築山などが設けられていた。

(4) 第３代将軍源実朝が暗殺されて鎌倉幕府が混乱していることを，朝廷の権力回復の好機とみた後鳥羽上皇は，1221年，北条氏打倒の兵を挙げた。これを承久の乱という。執権北条義時の姉であった政子は，御家人たちに将軍の御恩を説き，結束して朝廷軍と戦うようよびかけた。

(5) 足利義満が将軍であった時期は室町時代前期であり，そのころには北山文化が栄えていた。アは鎌倉文化，イは桃山文化（安土桃山文化），エは室町時代後期の東山文化に当てはまる。

(6) Ｚ（1333〜1336年）→Ｘ（1392年）→Ｙ（1467年）の順となる。後醍醐天皇は自ら政治を行ったが，公家を重視した政策を続けたため武士の不満が高まった。足利尊氏が兵を挙げて後醍醐天皇が吉野（奈良県）に逃れると，吉野の南朝と京都の北朝の対立が始まった。将軍足利義満のときに南北朝は統一されたが，その後，将軍足利義政のあとつぎ問題などをめぐる細川氏と山名氏の対立などから応仁の乱が始まり，11年間も続いた。

(7) 加賀の一向一揆では，一揆の勢力が守護大名の富樫氏を倒し，約100年にわたって自治を行った。

〔19〕
《解答》
(1) 唐　　(2)① イ　② 浄土　(3)① オ　② 十字軍
(4)①（正答例）　下の身分の者が上の身分の者を実力で倒して権力をにぎること。　② ア

《解説》
(1) 鑑真は唐の僧で，何度も日本への渡航を試みては遭難し，ついに失明したが，遣唐使にともなわれて来日を果たした。
(2)① 11世紀初めは平安時代中期に当たる。このころ貴族の藤原氏は，天皇が幼少のときには摂政，天皇が成長してからは関白の地位につき，天皇に代わって政治を行っていた。アは古墳時代〜飛鳥時代，ウは鎌倉時代，エは平安時代後期に当てはまる。
　② 貴族の藤原頼通は，極楽浄土をこの世に再現するため，宇治（京都府）に平等院鳳凰堂とよばれる阿弥陀堂を建て，阿弥陀如来像を安置した。浄土信仰（浄土の教え）は地方にも広がり，豪族の藤原氏は，平泉（岩手県）に中尊寺金色堂とよばれる阿弥陀堂を建てた。
(3)① Y（1185年）→Z（1232年）→X（1274年，1281年）の順となる。平氏が滅んだのちに，源氏を征夷大将軍とする鎌倉幕府が成立するが，やがて政治の実権は執権の北条氏に移った。しかし，執権政治は元寇ののちにおとろえていった。
　② 十字軍はローマ教皇のよびかけで，11世紀末から13世紀にかけて遠征を行ったが，聖地エルサレムを取りもどすことはできなかった。
(4)① 特に応仁の乱（1467〜1477年）のころから，室町幕府の権威がおとろえ，諸国では家臣が守護大名を倒して領主（戦国大名）になったり，武士や民衆が一揆を起こして守護大名を倒し自治を行ったりするなど，下剋上の動きが激しくなった。
　② 日明貿易を通じて，日本は明から銅銭，生糸，絹織物などを大量に輸入した。銅銭（明銭，宋銭）は，通貨として使用された。

〔20〕
《解答》
(1) ア
(2)（正答例）　近代産業を発展させるため，官営の模範工場を設置した。〔近代産業の育成をめざして，製糸や紡績などの官営工場を設立した。〕
(3) 第一次世界大戦　　(4) 五・四運動　　(5)① エ　② ウ　③ 沖縄〔沖縄県〕

《解説》
(1) 1882年，伊藤博文は憲法調査のためにヨーロッパに渡り，君主権の強いドイツ（プロイセン）の憲法をおもに調査した。イは大隈重信，ウは原敬，エは福沢諭吉に当てはまる。
(2) 殖産興業とは，生産を増やすために産業をさかんにすることで，明治政府はこれを標語として，富岡製糸場などの官営模範工場を建設した。
(3) 1914年6月，オーストリア皇太子夫妻がバルカン半島のサラエボでセルビア人青年によって暗殺されると，オーストリアがセルビアに宣戦し，他の国々も巻きこんで第一次世界大戦が始まった。
(4) 中国はドイツの権益の返還を主張していたが，パリ講和会議で日本が中国のドイツ権益を引きつぐことが認められた。これに抗議するため，1919年5月4日に北京で学生集会が開かれ，五・四運動が始まった。
(5)① ア…佐藤栄作ではなく吉田茂。イ…獲得ではなく放棄。ウ…国際連合加盟は5年後の1956年。
　② 1950年に朝鮮戦争が始まると，日本本土や沖縄のアメリカ軍基地が使用され，日本は大量の軍需物資の注文を受けることになった。その結果，日本経済は特需景気（朝鮮特需）とよばれる好景気となった。

③　沖縄は太平洋戦争末期にアメリカ軍によって占領され，終戦後も引き続きアメリカの統治下に置かれた。1972年に日本への復帰が実現したが，アメリカ軍の施設が沖縄島などに多数残されている。

〔21〕
《解答》
(1)　ウ　　(2)　エ　　(3)　富岡製糸場　　(4)　イ
(5)(正答例)　衆議院議員の立場にあり，<u>議会</u>で事件の<u>被害</u>を訴えた。
　　　　　　〔帝国議会議員であり，<u>議会</u>でこの事件の<u>被害</u>について政府に訴えた。〕
(6)　エ→ア→イ→ウ　　(7)　ウ　　(8)　国家総動員法　　(9)　ア　　(10)　高度経済成長
《解説》
(1)　日米和親条約によって，函館と下田の2港が開かれ，寄港したアメリカ船にまき，水，食料，石炭などを供給することになった。また，下田（静岡県）にはアメリカ領事が駐在することになった。
(2)　この条約は，日露戦争後の1905年にロシアと結んだポーツマス条約である。この条約では，日本はロシアから樺太の南半分やいくつかの利権を獲得したが，賠償金を得ることができなかったため，国民の不満が高まり，日比谷焼き打ち事件などが起こった。
(3)　殖産興業の政策を進める明治新政府は，群馬県富岡に官営富岡製糸場を創設した。富岡製糸場はフランス人技師の指導のもとに操業を開始し，生糸生産の中心的な役割を果たした。
(4)　1884年に埼玉県秩父地方で起こった秩父事件は，自由民権運動の激化事件の一つで，旧自由党員が農民たちの行動に指導的な役割を果たした。
(5)　栃木県出身の衆議院議員の田中正造は，足尾銅山から流出した鉱毒が渡良瀬川流域の農地に被害を与えるという事件が起こると，帝国議会でこの問題を取り上げて，政府を追及した。また，議員を辞職したのちも，この事件の解決に努力した。
(6)　エ（1910年）→ア（1914年）→イ（1918年）→ウ（1920年）の順となる。第一次世界大戦では，日本は日英同盟を理由として連合国側に立ち，大戦後は国際連盟に加盟して常任理事国となった。
(7)　二・二六事件は，軍部のよびかけによって反乱軍が原隊にもどったことにより終結した。この事件ののち，軍部の政治的な発言力が強まった。アは1918年の米騒動のきっかけとなった事件。イは1932年の五・一五事件。エは1910年の大逆事件。
(8)　日中戦争が長期化すると，政府は国民や物資を優先的に戦争にまわそうとして，1938年に国家総動員法を制定した。
(9)　日米安全保障条約は，サンフランシスコ平和条約とともに，1951年に結ばれた。これにより，日本の安全と東アジアの平和を守るという理由で，アメリカ軍基地が日本国内に残されることになった。イは1919年，ウは1941年，エは1978年に結ばれた。
(10)　1955年から1973年にかけて，日本では年平均10％程度の経済成長が続いていた。このような高度経済成長によって，国民の生活は豊かになったが，その一方で，公害問題などが深刻になった。

〔22〕
《解答》
(1)　エ　　(2)①(正答例)　<u>天皇</u>の命令には必ず従いなさい。　　②　法隆寺
(3)(正答例)　遣唐使の派遣が停止されたから。〔遣唐使が廃止されたから。〕　　(4)　承久の乱
(5)①P　桃山　Q　イ　②　エ
《解説》
(1)　卑弥呼は239年に魏に使いを送り，皇帝から「親魏倭王」の称号を与えられたと伝えられている。ア…卑弥

呼は奴国ではなく邪馬台国の女王。イ…5世紀の倭の大王に当てはまることがらである。ウ…漢の皇帝から金印を与えられたのは奴国の王。

(2)① 「詔」とは天皇の命令のことである。聖徳太子は，天皇を中心とする政治制度を整えようとした。

　② 法隆寺は，7世紀初めに奈良盆地の斑鳩に建てられた。しかし，これは7世紀後半に火災によって焼失し，のちに再建された。現在残っている法隆寺は再建された当時のものであるが，それでも現存する世界最古の木造建築と考えられている。

(3) 9世紀末には，唐の勢力がおとろえており，894年に菅原道真の意見により，遣唐使が停止された。このことは，日本の風土や生活，日本人の感情に合った国風文化が発達するきっかけとなった。

(4) 1221年，後鳥羽上皇が朝廷の実権を取りもどそうとして北条氏を倒す命令を出したことから，幕府軍と朝廷軍の間で承久の乱が起こった。この戦いでは幕府軍が勝利し，朝廷の監視や西国の御家人の統率を強化するため，京都に六波羅探題を設置した。

(5)①P　桃山文化は，織田信長や豊臣秀吉による全国統一事業が進められていたころから，江戸時代初期にかけて栄えた。雄大な天守閣をもつ城に代表される豪華で雄大な文化であるが，千利休によって大成されたわび茶のように，質素な趣を大切にする要素も見られる。

　Q　近松門左衛門は，元禄文化を代表する人形浄瑠璃・歌舞伎作家である。アは化政文化の時期に活躍した浮世絵師，ウは元禄のころに俳諧を芸術に高めた人物，エは元禄のころに浮世草子とよばれる小説を書いた人物である。

　② 寛政の改革を行った松平定信は，生活が苦しくなった旗本・御家人を救うため，棄捐令とよばれる法令を出して，商人からの借金を帳消しにさせた。アは田沼意次，イは水野忠邦（天保の改革），ウは徳川吉宗（享保の改革）に当てはまる。

〔23〕
《解答》
(1)　ウ　　(2)　エ　　(3)　ア　　(4)　フビライ・ハン　　(5)　イ
(6)（正答例）　織田信長はキリスト教（の布教）を認めたが，豊臣秀吉は禁止した。〔織田信長はキリスト教（の布教）を認めたが，豊臣秀吉は（キリスト教の）宣教師を国外に追放した。〕
(7)　エ
《解説》
(1)　X…大和絵は平安時代に描かれるようになった日本風の絵画で，日本の風物をやわらかい線と優美な色彩で描いたもの。Y…水墨画は鎌倉時代に宋から日本に伝えられ，室町時代に明に渡って絵を学んだ雪舟が，帰国後に日本各地の風景を水墨画に描いた。Z…浮世絵は，江戸時代に菱川師宣が創始した絵画で，町人の風俗や風景などを，硬質な線と鮮やかな色彩で描いたもの。版画によって大量生産することで，より多くの人々が楽しめるようになった。

(2)　国から支給された口分田は，持ち主が死亡すると国に返すことになっていたが，墾田永年私財法が出されたことにより，新たに開墾した土地の永久の私有を認められた。これによって，中央の貴族や寺社，地方の豪族などが，周囲の農民を使ってさかんに開墾を進め，私有地を増やしていった。

(3)　菅原道真の提案で遣唐使が停止されたのは894年。そのころには，有力な貴族の藤原氏によって，摂関政治が行われていた。なお，イは12世紀後半，ウは11世紀末～12世紀後半，エは13世紀初め～14世紀前半に当てはまる。

(4)　13世紀初めに，チンギス・ハンがモンゴル民族の諸部族を統一し，その子孫たちによってモンゴル帝国が築かれた。チンギス・ハンの孫のフビライ・ハンはモンゴルと中国にまたがる広大な地域を支配した。

(5)　イ…京都東山の銀閣は，足利義政が室町幕府第8代将軍の職を引退したあとに建てた。なお，第3代将

軍の足利義満は，京都の北山に金閣を建てた。

(6) 織田信長は，仏教勢力に対抗する意味もあってキリスト教を保護し，豊臣秀吉も初めはその方針を受けついだが，長崎が教会領としてイエズス会に寄進されていたことを知ると，宣教師の追放を命じた。

(7) 江戸幕府は，1825年に出した異国船打払令（外国船打払令）にもとづき，日本に近づいたアメリカ船モリソン号を砲撃した。これを知った蘭学者の渡辺崋山や高野長英は幕府を批判する書物を書き，幕府によって処罰された。これを蛮社の獄という。

〔24〕
《解答》
(1) エ　　(2) 徴兵令　　(3) オ　　(4) ドイツ　　(5) 満州国
(6)（正答例）　選挙権をもつ者が満25歳以上の男子から満20歳以上の男女に変わったことにより，有権者数が大幅に増加した。
(7) ア
《解説》
(1) 日米修好通商条約に続いて，オランダ，ロシア，イギリス，フランスと通商条約が結ばれ，幕府はそれらの国との貿易を開始した。アメリカは，日本の開国直後に始まった南北戦争の影響で，日本の貿易額に占める割合が大幅に減ったが，イギリスが大きな割合を占めるようになり，最大の貿易相手国となった。
(2) 富国強兵をめざす明治政府は，近代的な軍隊をつくるため，1873年に徴兵令を発布したが，当初は多くの免除規定があり，実際に兵役についたのは，ほとんどが平民の二男や三男などであった。
(3) Z（1881年）→ X（1890年）→ Y（1900年）の順となる。1881年に政府が国会開設を約束すると，板垣退助はこれに備えて自由党を結成した。そして，1890年に行われた第1回衆議院議員選挙では民権派の流れをくむ政党が多数の議席を占めた。さらに日清戦争後には政党の力がさらに大きくなり，1900年に伊藤博文を党首とする立憲政友会が結成されて，衆議院の第一党として政党内閣を組織した。
(4) 日本は連合国の側に立って第一次世界大戦に参戦し，中国の山東半島にあるドイツの軍事拠点の青島を占領したのち，中国に対しては山東省のドイツの権益を日本にゆずるよう要求した。中国はこの要求を含む二十一か条の要求の多くを認めた。
(5) 満州に進出していた関東軍（日本軍）は1931年に満州事変を起こし，翌年には満州の大部分を占領して，清の最後の皇帝溥儀を元首とする「満州国」を建国させた。
(6) 1925年の普通選挙法の制定により，満25歳以上のすべての男子に選挙権が与えられていたが，1945年の選挙法改正により，満20歳以上のすべての男女に選挙権が与えられた。これにより，有権者数が大幅に増えた。
(7) 1973年，第四次中東戦争が起こると，アラブの産油国は原油の価格を引き上げたり，輸出を制限したりした。その影響で，石油輸入国である日本などの先進工業国の経済が混乱した。これを石油危機という。イは1980年代中ごろ～1991年。ウは1918年，エは1930～1931年。

〔25〕
《解答》
(1)① 平城京　② 国司
(2)① イ　②（正答例）　倭寇と正式な貿易船を区別するための勘合を用いていた。　③ 馬借
(3)① ア　②符号 エ，文化 化政文化　③ エ
《解説》
(1)① 710年，元明天皇は奈良の平城京に遷都した。これ以降の約70年間を奈良時代という。

② 平安時代中期になると，地方の政治は国司に任せきりとなり，任地に代理を派遣して，収入だけを増やす国司が多くなった。

(2)① 六波羅探題は，1221年に後鳥羽上皇の挙兵によって起こった承久の乱ののち，幕府が朝廷の動きを警戒するために京都に設けた役所である。アは室町幕府，ウは江戸幕府，エは律令国家のもとで置かれた役所。

② 室町幕府の3代将軍足利義満は，明が，日本人を中心とした倭寇とよばれる海賊の取りしまりを求めてきたことを受けて，倭寇を禁じた。さらに，明から与えられた勘合という合い札の半分を正式な貿易船に持たせ，日明貿易を始めた。

③ 馬借は鎌倉時代末期から室町時代にかけて活動していた，馬に荷物をのせて運ぶ運送業者。近畿地方の陸上交通の要地に集団で住んでおり，土一揆の中心的な役割を果たすこともあった。

(3)① アの刀狩は，豊臣秀吉が行った兵農分離政策の一つで，農民の一揆を防ぐことを目的としていた。イ，ウ，エはいずれも織田信長に当てはまる。

② 「東海道中膝栗毛」は十返舎一九が19世紀初めに書いた小説で，江戸を中心とした化政文化を代表する滑稽本である。アとウは化政文化を代表する浮世絵師，イは化政文化を代表する文学者の一人で，「南総里見八犬伝」の作者。

③ 江戸時代の三都とは，「将軍のおひざもと」とよばれた江戸，「天下の台所」とよばれた大阪，天皇が住む京都である。1837年，幕府の元役人であった大塩平八郎は，天保のききんに苦しむ民衆を助けるため，大阪で反乱を起こした。アは長崎，イは蝦夷地（北海道）の各地，ウは根室（北海道）に当てはまる。

〔26〕
《解答》

(1)① ウ ② イ (2) 民本（主義） (3)（正答例） 政党内閣〔政党政治〕の時代が終わった。

(4)① サンフランシスコ平和条約 ② ア

《解説》

(1)① 1874年，板垣退助は政府に民撰議院設立の建白書を提出したあと，郷里の高知に政治結社の立志社を設立した。立志社は自由民権運動の中心となり，のちに愛国社，国会期成同盟へと発展した。

② 板垣退助が結成した自由党は，フランス流の急進的な自由主義を主張する政党であった。一方，大隈重信が結成した立憲改進党は，イギリス流の議会政治をめざす政党であった。

(2) 民本主義は天皇主権を容認した上で，普通選挙や政党内閣の実現によって民意を政治に反映させようとする考え方。政治学者の吉野作造が主張し，大正デモクラシーの理論的な支えとなった。

(3) 1932年，立憲政友会総裁の犬養毅首相が海軍の青年将校らによって殺害される五・一五事件が起こったことで，1924年に成立した加藤高明内閣以来8年間続いていた政党内閣の時代が終わりを告げた。その後，軍人出身者主導の内閣が組織されることが多くなった。

(4)① サンフランシスコ平和条約は第二次世界大戦の講和条約で，1951年に吉田茂首相が48か国と調印を行った。これによって，翌年，日本は独立国としての主権を回復した。

② 1960年，池田勇人内閣は「所得倍増」をスローガンとする経済成長政策を打ち出した。これは10年間で一人当たりの国民所得を2倍にするというもので，1967年には所得倍増が達成された。

〔27〕
《解答》

(1)① エ ② シルクロード (2) イ→ア→エ→ウ

(3)① イ

②（正答例）　十分な<u>恩賞</u>が得られなかったから。〔幕府には，<u>恩賞</u>として御家人に与える十分な土地がなかったから。〕

(4)　ア　　(5)①　台所　②　浮世絵

《解説》

(1)①　伝染病の流行や飢饉（ききん）などによって社会不安が高まると，聖武天皇は仏教の力で国を守ろうとし，諸国には国分寺と国分尼寺を，都には東大寺を建てさせた。

　②　シルクロードは漢の時代に開かれた交通路で，これにより西アジアや地中海地域と中国とが結ばれた。中国から西方に絹（シルク）が運ばれたため，この名称がある。

(2)　イ（8世紀末〜9世紀初め）→ア（10世紀中ごろ）→エ（12世紀後半）→ウ（12世紀末）の順になる。

(3)①　元を建国したフビライ＝ハンは，モンゴル帝国第5代皇帝であった。ア…長安は唐の都。元の都は大都（現在の北京）。ウ…新羅ではなく高麗である。エ…甲骨文字を使用していたのは殷の時代。

　②　元寇は外国との戦いであったので，幕府は新たに領地を獲得することもなく，御家人に恩賞として土地を与えることが困難であった。

(4)　13世紀末から18世紀初めのころまでの時期に起こったできごとを選ぶ。アは15世紀のできごとなので，これが正解。イは7世紀，ウは19世紀，エは13世紀のできごとである。

(5)①　江戸時代に江戸，京都と並んで三都の一つであった大阪は，幕府や諸藩の蔵屋敷が多く置かれて，物資の集散地となったため，「天下の台所」とよばれた。

　②　菱川師宣は浮世絵の創始者である。写真に示した「見返り美人図」は，肉筆の浮世絵であるが，浮世絵はやがて版画としてつくられるようになり，多くの人々に喜ばれるようになった。

〔28〕

《解答》

(1)　ウ　　(2)（正答例）　<u>総額</u>に占める<u>地租</u>の<u>割合</u>は減少していった。　　(3)　エ　　(4)　原敬　　(5)　ウ

(6)　ア　　(7)　バブル経済〔バブル景気〕

《解説》

(1)　日米和親条約によって開港されたのは下田（静岡県）と函館（北海道）の2港。下田にはアメリカ領事が置かれたが，日米修好通商条約が結ばれたのちに閉鎖され，アメリカ領事は江戸に移された。

(2)　明治新政府は，安定した収入を確保するために税制の改革を進め，1873年に地租改正を実施した。これは，それまでの年貢にかわり，地価を定め，土地所有者が地価の3％の地租（税）を現金で納めるというしくみである。地租改正によって地租が全国統一の税となり，明治時代初期には歳入の大半を占めていた。その後，さまざまな税が取り入れられると，政府の収入の総額に占める地租の割合は減少していった。

(3)　Y（1880年）→Z（1885年）→X（1890年）の順となる。自由民権運動が進展し，各府県の政治結社の代表が大阪に集まって国会期成同盟を結成。その後，政府は国会開設を約束し，内閣制度を創設してこれに備えた。そして，大日本帝国憲法制定後の1890年に第1回衆議院議員選挙が行われ，同年に帝国議会が開かれた。

(4)　1918年，米騒動の責任をとって寺内正毅内閣が退陣すると，立憲政友会総裁の原敬を総理大臣とする内閣が成立した。これは，陸軍，海軍，外務の3大臣を除きすべて衆議院第一党の立憲政友会の党員で組織する，本格的な政党内閣であった。

(5)　1931年，関東軍（日本軍）は，奉天郊外の柳条湖で南満州鉄道の線路を爆破してこれを中国軍のしわざであるとし，満州全域を占領した。これを満州事変という。なお，アは1937年，イは1915年，エは1899〜1900年のできごとである。

(6)　1939年，ヒトラーに率いられたナチス・ドイツは，ソ連と独ソ不可侵条約を結んだうえで，ポーランド

に侵攻した。これが第二次世界大戦のきっかけとなった。なお，イは1989年，ウは2001年，エは1917年のできごとである。

(7) 株価や地価が経済の実態を超えて急激に高騰し崩壊するさまが，ふくらんだのちに急にはじけるバブル（泡）に似ていることから，バブル経済（景気）とよばれる。

〔29〕
《解答》
(1) ア　　(2) （満）6（歳）　　(3) I　日本，II　清，III　ロシア
(4)（正答例）　米が増産されても，日本へ（大量に）輸出されたから。　　(5) 大西洋憲章　　(6) ウ
(7)① ア，② ア，③ イ
《解説》
(1) 長州藩（山口県）は，1863年に関門海峡を通る外国船を砲撃して攘夷を実行した。しかし，翌年欧米列強4か国の連合艦隊から報復攻撃を受け，下関砲台を占領された。欧米列強の軍事力を知った長州藩は，攘夷をあきらめ，方針を倒幕へと転換した。

(2) 明治新政府は近代国家をめざし，教育制度を整えるため，学制を公布した。これは，小学校から大学校までの学校制度を定めたもので，満6歳になった男女すべてに小学校教育を受けさせることになった。

(3) 絵は，フランス人のビゴーが描いた風刺画。1880年代後半以降，朝鮮では日本の勢力がおとろえ，清の勢力が強まっていた。日本は清に対抗するための軍備の増強を進め，東アジア進出をねらうロシアへの警戒を強めるとともに，朝鮮への進出をめざすようになった。こうした背景のもと，日清戦争が始まった。

(4) 朝鮮では日本への米の輸出を目的に，米の増産計画が進められた。米の生産量は微増であったが，日本への米の輸出量が大幅に増加したため，朝鮮の農民の生活は豊かにならなかった。

(5) 大西洋憲章は，1941年8月に，アメリカとイギリスの首脳会談においてまとめられたもので，第二次世界大戦後の国際社会の原則を示した平和構想である。

(6) 日本の国際連合加盟は，1956年の日ソ共同宣言によってソ連との国交が回復し，ソ連が日本の国連加盟を支持するようになったことで実現した。

(7) 1980年代後半に，銀行の資金援助を受けた企業が余った資金を土地や株式に投資した。これによって，株式と土地の価格が短期間で異常に上昇し，実態以上に景気がよくなるバブル経済とよばれる好況が発生した。バブル経済は1991年に崩壊し，その後，企業の倒産が相次ぐなど，長い不況の時期が続いた。

〔30〕
《解答》
(1) ア　　(2)（正答例）　<u>特定の藩の出身者によって独占されていた</u>　　(3) イギリス　　(4) ウ
(5) ア　　(6) 自衛隊　　(7) カ
《解説》
(1) 大老の井伊直弼は，朝廷の許可なく通商条約を結んだり，政策に反対する大名，藩士，公家らを処罰したりしたため反感を買い，1860年，江戸城の桜田門外で水戸藩の浪士らによって暗殺された。

(2) 明治政府の官職は，倒幕の中心となった薩摩藩や長州藩出身の政治家らによって独占されていた。このような藩閥政治を批判し，国民の政治参加への道を切り開く動きの中から自由民権運動が起こった。

(3) ロシアは，義和団事件ののちに大軍を満州にとどめ，韓国への進出を強めていた。日本は韓国での優位を確保するため，ロシアの動きを警戒するイギリスと日英同盟を結んで，ロシアに対抗した。

(4) ウ…三国協商の関係で結ばれていたのはイギリス，フランス，ロシア。ドイツ，オーストリア，イタリアは三国同盟によって結ばれていた。

(5) 満州事変は，満州に進出していた日本軍（関東軍）が，1931年，奉天郊外の柳条湖で鉄道爆破事件を起こしたことがきっかけとなった。日中戦争は，1937年，北京郊外の盧溝橋付近で日中両国軍の武力衝突が起こったことがきっかけとなった。

(6) 在日アメリカ軍が朝鮮戦争に出兵している間，日本の治安を守るという名目で，1950年に警察予備隊がつくられた。これは1952年に改組されて保安隊となり，さらに1954年に自衛隊となった。自衛隊は，1992年には国連平和維持活動にもとづいてカンボジアに派遣された。

(7) Z（1945年）→Y（1964年）→X（1972年）の順となる。第二次世界大戦後，民主化のためのさまざまな改革が進められるとともに経済的な復興も進んだ。1950年代の中ごろから高度経済成長が始まり，1964年に開催された東京オリンピックはその象徴的なできごととなった。また，アメリカ政府との交渉により，1972年に沖縄が日本に復帰した。

〔31〕
《解答》
(1) D→C→A→B　　(2) イ　　(3) イ　　(4) 享保の改革
(5)（正答例）　質素・検約をすすめるとともに，学問と武芸にはげむよう説いた
(6) 御成敗式目〔貞永式目〕　　(7) ウ　　(8) ア
《解説》
(1) D（奈良時代）→C（鎌倉時代）→A（安土桃山時代）→B（江戸時代）の順となる。

(2) 1575年，織田信長と徳川家康の連合軍は甲斐（山梨県）の武田氏の軍勢と長篠（愛知県）で戦った。信長は，この戦いで鉄砲隊を有効に使って，武田氏の騎馬隊を破った。

(3) 豊臣秀吉は二度にわたって朝鮮を侵略したが，秀吉が病気で死亡すると日本軍は撤退した。アは徳川家光，ウは織田信長，エは徳川綱吉に当てはまる。

(4) 徳川吉宗は1716年に8代将軍となり，財政の立て直しを中心とした政治改革（享保の改革）に着手した。年貢の率を引き上げたり，大名の参勤交代をゆるめる代わりに米を献上させたりして，財政収入を増やそうとした。その結果，一時的に幕府の財政は立ち直った。

(5) 徳川吉宗が質素・検約を奨励したため，これにしたがって諸藩では家臣に対して質素・検約を命じるきまりが定められた。資料中に「もっと文武に精進せよ」とあるが，文武とは学問と武芸のことである。

(6) 鎌倉幕府の執権北条泰時は，御家人に裁判の基準を示すため，1232年に御成敗式目（貞永式目）を定めた。これは51か条からなる法律で，のちの武家法の手本となった。

(7) 六波羅探題は，1221年の承久の乱後に設けられた，朝廷の監視と西国の御家人の統率を目的とする機関であり，京都に設置された。

(8) 奈良時代には，国家の成り立ちや諸国の地理・伝承などを書物にまとめる動きがさかんになった。イは江戸時代，ウは平安時代，エは室町時代に当てはまる。

〔32〕
《解答》
(1) ア　　(2) エ　　(3) 三国干渉　　(4) カ
(5)（正答例）　政治に対する軍部の発言力が高まっていること。　　(6) イ　　(7) 高度経済成長
《解説》
(1) 日本の開国直後，主に輸出されたのは生糸で，主な輸出先はイギリスであった。生糸は貿易商人によって買い占められたので，価格が急激に上昇した。なお，イ，ウ，エは，いずれも開国直後に日本が輸入していたものである。

(2) 板垣退助は，自由民権運動の中心的な役割を果たした人物で，フランス流の急進的な民主主義を唱えて，自由党を結成した。なお，アは伊藤博文，イは大隈重信，ウは大久保利通に当てはまる。

(3) 下関条約は日清戦争の講和条約である。日本は，清から領土のほか賠償金2億両(テール)を得たが，ロシア，ドイツ，フランスによる三国干渉によって遼東半島を清に返還した。これをきっかけとして，日本のロシアへの対抗心が高まった。

(4) Z(1910年)→Y(1915年)→X(1920年)の順となる。日露戦争の勝利後，日本は帝国主義国としてアジアに勢力を拡大するようになり，韓国に朝鮮総督府を置いて朝鮮の植民地化を進めた。また，第一次世界大戦が始まると，欧米列強のアジアへの影響が弱まっている間に，中国に対して二十一か条の要求を示し，多くの権益を得た。また，日本は，第一次世界大戦の戦勝国である連合国側に立っていたため，国際連盟においても常任理事国の地位を与えられた。

(5) この絵は，軍人の靴が国会議事堂をふみつぶそうとしている様子を描いたもので，軍国主義の高まりを風刺している。五・一五事件(1932年)によって政党内閣が終わりを告げると，官僚や軍人を中心とした内閣が組織されるようになり，二・二六事件(1936年)では軍部が鎮圧に当たったことから，政治に対する軍部の発言力がいっそう高まった。

(6) 1941年，日本は北方の安全を確保しながらインドシナへの侵攻を進めるため，日ソ中立条約を結んだ。なお，アは1919年，ウは1921〜1922年，エは1965年のできごとである。

(7) 日本の経済は，1955年から1973年までの間，年平均で10%程度の成長を続け，1968年には，日本の国民総生産(GNP)は，資本主義国の中では，アメリカに次ぐ第2位となった。このような高度経済成長は，1973年の石油危機による不況で終わりを告げた。

〔33〕
《解答》
(1) エ　　(2) イ　　(3)① ア→エ→ウ→イ　② 禅宗
(4)(正答例) 東アジアと東南アジアの国々を結ぶ中継貿易であった。
(5)① 徳川綱吉　② 足尾銅山
《解説》
(1) 律令国家のしくみは飛鳥時代後期から奈良時代にかけて整えられてきた。「万葉集」は8世紀(奈良時代)に編集された歌集で，天皇，貴族から農民，防人に至るまでの，約4500首の和歌が収められている。アは13世紀に鴨長明が書いた随筆。イは14世紀に兼好法師が書いた随筆。ウは10世紀に紀貫之らが編集した歌集。

(2) イの和同開珎は，8世紀初めにつくられた貨幣で，平城京やその周辺で流通していたと考えられている。アは17世紀につくられた貨幣。ウは明の銅銭(日本に輸入された)。エの富本銭は，和同開珎よりも早い時期(天武・持統天皇のころ)につくられたと考えられる貨幣である。

(3)① ア(12世紀後半)→エ(13世紀前半)→ウ(14世紀前半)→イ(15世紀後半)の順となる。
　② 平安時代の終わりごろから鎌倉時代にかけて，わかりやすく実行しやすい教えを特徴とする新しい仏教が広まった。栄西が広めた臨済宗や道元が広めた曹洞宗などの禅宗は，座禅によって自ら悟りを開くことをめざす宗派で，武士や民衆に広く受け入れられた。

(4) 15世紀初めに尚氏が沖縄島を統一して建国した琉球王国は，日本，中国，朝鮮半島，東南アジアの国々などと貿易を行い，ある国からの輸入品をさらにほかの国へ輸出するという中継貿易で栄えた。

(5)① 徳川綱吉は，寺社の造営などに多額の支出を行って財政を悪化させ，不足分を補うために質の悪い貨幣を大量に発行したが，物価が上がり，経済はかえって混乱した。
　② 足尾銅山(栃木県)は，江戸幕府直轄の鉱山として採掘が進められた。明治時代には民営化され，富国強兵政策を背景に開発が進んだが，鉱山から流出した鉱毒が渡良瀬川周辺の田畑を汚染するという公害問題を引き起こした。

〔34〕
《解答》
(1)　ウ　　(2)　ウ　　(3)　地頭　　(4)　イ　　(5)　エ
(6)(正答例)　豊臣秀吉の命令にしたがって朝鮮に出兵した大名が，陶工を連れ帰ったから。
(7)　公事方御定書
《解説》
(1)　蘇我馬子は，皇室と親戚関係を結び，朝廷の中で強い勢力をふるった。また，仏教の受け入れにも積極
　　的で，聖徳太子に協力して政治を進めた。
(2)　東大寺大仏建立の詔が出された743年には，墾田永年私財法が定められた。これは，人口増加にとも
　　なって口分田が不足してきたため開墾を奨励する目的で出された法令である。これ以降，貴族や寺社は周
　　辺の農民を使って開墾を進めるようになった。
(3)　源頼朝は，平氏を滅ぼした1185年，対立していた弟の義経をとらえることを理由に，国ごとに守護を，
　　荘園や公領ごとに地頭を置くことを朝廷に認めさせた。地頭はやがて荘園や公領の領主を無視して勝手に
　　土地や農民を支配するようになった。
(4)　藤原道長は，３人目の娘を天皇のきさきにしたときにこの和歌をよんだ。和歌の意味は，「この世が自
　　分のもののように思われる。まるで欠けたところのない満月のようだ」というもので，満足感がうかがえる。
(5)　室町幕府の第８代将軍足利義政のあとつぎ問題などをめぐって，有力な守護大名の山名氏と細川氏が対
　　立し，1467年に戦乱が始まった。この戦乱は11年にわたって続いたため，京都は荒れ果て，将軍の権威
　　は著しくおとろえた。
(6)　明の征服をめざした豊臣秀吉は朝鮮に協力を求めたが，朝鮮がこれを拒否すると，1592年，1597年の
　　二度にわたって朝鮮を侵略した。このときに出兵した大名が連れ帰った朝鮮の陶工たちが，日本各地に
　　優れた陶磁器製法を伝えた。その結果，有田焼(伊万里焼)，薩摩焼，萩焼などが生まれた。
(7)　江戸幕府の第８代将軍徳川吉宗は，享保の改革を行い，1742年に公事方御定書という法律を整え，裁判
　　の基準とした。

〔35〕
《解答》
(1)①　前方後円墳　②　エ
(2)①　イ　②(正答例)　実力のある者が，力をのばして身分の上の者にうちかつこと。　　(3)　ア
(4)①　外様大名　②　寛政の改革
《解説》
(1)①　古墳は３世紀から８世紀初めにかけてつくられた，皇族や豪族の墓である。四角い方墳と丸い円墳
　　　を組み合わせた古墳は前方後円墳とよばれる。
　　②　Y(７世紀後半)→Z(８世紀初め)→X(９〜11世紀)の順となる。天武天皇は律令や歴史書をまとめ
　　　るよう命じ，律令国家の建設に着手した。その結果，701年に大宝律令が制定され，天皇を中心とする
　　　全国支配のしくみが細かく定められた。その後，政治の混乱はあったが，律令制が立て直されるととも
　　　に，貴族の藤原氏が他の貴族をしりぞけながら力をのばし，摂関政治を行うようになった。
(2)①　資料は，荘園に住む農民が，新しく配置された地頭の横暴を荘園領主に訴えたものである。鎌倉時
　　　代の農民は，それまでの領主のほかに地頭の支配を受けたため，二重の負担に苦しんだ。また，領主
　　　と地頭の間に争いが起こることもあった。
　　②　下の身分の者が実力で上の身分の者にとってかわる風潮を下剋上という。家臣が守護大名を倒して
　　　自ら大名(戦国大名)となることもあった。応仁の乱後の約100年間はこのような状況が続いたため，戦
　　　国時代とよばれている。

(3) 織田信長や豊臣秀吉が活躍していたころに栄えた文化を，桃山文化（安土桃山文化）という。資料は，狩野永徳が描いた「唐獅子図屏風」で，豪華で力強い画風は桃山文化の特色をよく表している。なお，イは江戸時代後期の浮世絵師，ウは江戸時代前期の浮世絵師，エは室町時代の水墨画絵師である。

(4)① 幕藩体制のもとで，大名は親藩・譜代大名・外様大名の３種類に分けられた。親藩は徳川氏の親戚に当たる大名で，尾張，紀伊，水戸の３藩は将軍を出す資格をもち，御三家とよばれた。譜代大名は関ヶ原の戦い以前から徳川氏に従っていた大名である。

　② 文は，1787年に老中となった松平定信による寛政の改革について述べている。松平定信は，江戸の湯島に昌平坂学問所を設け，朱子学以外の学問の講義を禁じたりした。

〔36〕
《解答》
(1) イ　　(2)名前　樋口一葉，符号　ウ　　(3) ウ　　(4) イギリス　　(5) イ→ウ→ア→エ
(6) エ　　(7) 国際連合
《解説》
(1) 1875年に結ばれた樺太・千島交換条約により，ロシアの樺太領有を認め，千島全島が日本領となった。また，1905年にアメリカ合衆国の仲介によって結ばれたポーツマス条約は，日露戦争の講和条約である。

(2) 樋口一葉は，明治時代の文学者で，和歌を学び，のちに小説に転じた。しかし，若くして病没した。アは明治時代の文学者森鷗外，イは大正時代に女性解放運動を進めた平塚らいてう，エは明治時代の歌人与謝野晶子に当てはまる。

(3) 三国干渉は，日清戦争の講和条約である下関条約が結ばれると，ロシア，ドイツ，フランスが遼東半島を清に返還するよう日本に圧力をかけてきたできごとである。

(4) 日本は，ロシアの東アジア進出を警戒し，利害が一致したイギリスとの間に日英同盟（1902年）を結んだ。そして，これを口実として，第一次世界大戦には，連合国側に立って参戦した。

(5) イ（1918年）→ウ（1925年）→ア（1937年）→エ（1945年）の順となる。

(6) 日本本土や沖縄のアメリカ軍基地は第二次世界大戦後に設置されたものである。1950年に朝鮮戦争が始まると，これらの基地が使用され，大量の軍需物資の調達が日本で行われたため，日本は，特需景気とよばれる好景気となった。これにより，日本の経済復興が早まった。アは1918年，イは1930年代前半，ウは1938年のできごとである。

(7) 第二次世界大戦により，ソ連との国交はとだえていたが，1956年に日ソ共同宣言が出され，両国の国交が回復した。これにより，ソ連の支持を得た日本は同年に国際連合に加盟した。

〔37〕
《解答》
(1) 大化の改新
(2)(正答例)　それまで豪族が支配していた土地と人々とを，国家（の直接）の支配のもとに置くこと。
(3) エ　　(4)① 守護，② 地頭　　(5) ア　　(6) イ　　(7) イ　　(8) 水野忠邦
《解説》
(1) 645年に初めて「大化」という年号（元号）が使われたとされている。この年に，中大兄皇子は中臣鎌足らの協力を得て蘇我氏を倒し，政治の改革を始めた。

(2) 中大兄皇子らによる大化の改新は，中央集権の政治をめざす改革であり，公地・公民はそのために示された方針である。

(3) 鎌倉時代や室町時代に書かれた，戦いを主題にした物語を軍記物といい，鎌倉時代に成立した「平家物語」

はその代表作である。アは鎌倉時代の随筆「方丈記」，イは江戸時代の井原西鶴らの作品，ウは平安時代の「源氏物語」に当てはまる。

(4) 1185年，源頼朝は守護と地頭を設置した。守護は国ごとに置かれ，軍事や警察に関する任務に当たった。また，地頭は荘園や公領ごとに置かれ，租税の徴収，治安の維持などに当たった。

(5) 惣は，中世の農村で結成された自治組織で，有力な農民の寄合によって運営されていた。イは江戸時代の農村の制度，ウは江戸時代の商工業者の同業者組合，エは鎌倉〜戦国時代の商工業者の同業者組合。

(6) 浄土真宗は，鎌倉時代に親鸞によって開かれた宗派で，一向宗ともよばれる。なお，アの浄土宗は法然，ウの日蓮宗は日蓮，エの禅宗は栄西や道元によって開かれた宗派である。

(7) 江戸時代にはさまざまな農具が考案され，備中ぐわによって田畑を深く耕せるようになり，千歯こきによって脱穀の能率が飛躍的に高まった。アは室町時代，ウは弥生時代，エは鎌倉時代に当てはまる。

(8) 1834年に老中となった水野忠邦は，1841年から天保の改革を始めた。しかし，株仲間の解散は経済を混乱させ，江戸・大阪周辺の農村を幕府の直轄地にするという政策は大名や旗本の反対によって失敗に終わり，天保の改革は2年余りで終わった。

〔38〕
《解答》
(1) ア　　(2)① 現金　② ウ　　(3) イギリス　　(4) ア

(5)（正答例）　本国や植民地の市場から，ほかの国の商品をしめ出して，自分たちだけの経済圏をつくった。
〔本国と植民地の関係を密接にし，それ以外の外国の商品に対する関税を高くした。〕

(6) エ→イ→ア→ウ　　(7) 自衛隊

《解説》
(1) 欧米諸国と修好通商条約を結んだあと，日本からは生糸・茶・蚕卵紙・海産物などが輸出され，毛織物や綿織物が輸入された。また，アメリカは当時，南北戦争の影響で対日貿易は不振であった。

(2)① 地租改正により，土地所有者が地価の3％の地租を現金で納めることになった。その結果，政府は安定した財政収入を確保することができるようになった。

② 1871年に実施された廃藩置県では，藩を廃止して府県が置かれ，中央から派遣された府知事・県令が地方の政治を行う制度が定められた。アは1910年の韓国併合，イは1945年に指令された財閥解体，エは1945年に指令された農地改革について述べたものである。

(3) 日本は東アジアに進出していたロシアに対抗するため，1902年にイギリスと日英同盟を結んだ。

(4) 加藤高明内閣は1925年に普通選挙法を成立させたが，ソ連との国交が樹立されたことを背景に社会主義運動が活発になることを警戒し，同時に治安維持法を成立させた。イの大逆事件は1910年，ウの国家総動員法の制定は1938年，エの秩父事件は1884年のできごとである。

(5) 世界恐慌は，1929年にニューヨークの株式市場で株価が大暴落したことをきっかけに始まった深刻な不況で，資本主義諸国に広がった。イギリスやフランスはブロック経済によって，アメリカ合衆国はニューディール政策によってこの不況を乗り切ろうとした。

(6) エ（1965年）→イ（1972年）→ア（1978年）→ウ（1995年）の順となる。

(7) 1950年，在日アメリカ軍が朝鮮戦争に出兵する間の治安維持を目的として警察予備隊がつくられた。これが保安隊を経て自衛隊となった。自衛隊は，イラク戦争が続いていた時期に，人道復興支援活動と安全確保支援活動を目的として，イラクに派遣された。

〔39〕

《解答》

(1) 土偶　　(2) ア　　(3) 調　　(4) 枕草子　　(5) エ　　(6) 管領　　(7) バスコ=ダ=ガマ

(8)（正答例）　江戸時代には<u>備中ぐわ</u>や<u>千歯こき</u>などの農具がつくられ，安土桃山時代と比べて田畑面積と石高が大幅に増加した。

《解説》

(1) 土偶は女性をかたどったものであり，自然の豊かなめぐみを願うほか，魔よけなどの目的でも使われたと考えられている。

(2) 弥生時代の1世紀中ごろ，九州北部の小国であった奴国の王は後漢に使いを送り，皇帝から金印を授けられた。江戸時代に志賀島（福岡県）で発見された「漢委奴国王」の文字が刻まれた金印は，奴国の王に授けられたものであると考えられている。イとエは飛鳥時代，ウは古墳時代に当てはまる。

(3) 調はおもに21〜60歳の男子に課せられた税である。調のほかに，口分田の収穫量の約3％を納める租，成年の男子を中心に課せられた，労役の代わりに布を納める庸などの税があった。

(4) 平安時代には仮名文字が発明され，主に貴族の女性によって使われるようになった。天皇の妃に仕えた清少納言は，仮名文字を用いて随筆「枕草子」を書いた。また，紫式部は長編の「源氏物語」を書いた。

(5) 12世紀末に宋から帰国した栄西は，座禅によって自ら悟りを開くことをめざす禅宗の臨済宗の開祖となった。アは浄土真宗，イは日蓮宗（法華宗），ウは浄土宗の開祖。

(6) 室町幕府の将軍の補佐役であった管領は，有力な守護大名の斯波氏，細川氏，畠山氏によって担われ，これらはまとめて三管領とよばれた。

(7) バスコ=ダ=ガマは，1497年にポルトガルのリスボンを出発し，大西洋を南下してアフリカ大陸南端近くの喜望峰を回り，インド洋を通って1498年にインドに到着した。

(8) 江戸時代には新田開発が奨励され，土を深く耕せる備中ぐわ，脱穀の能率を高めた千歯こきなどの農具がつくられた。

〔40〕

《解答》

(1) ウ　　(2) 版籍奉還　　(3) エ　　(4) イ

(5)符号　ア

　理由（正答例）　ソ連は，<u>五か年計画</u>を進めていたため，<u>世界恐慌</u>の影響を受けることなく工業生産が増加していたから。

(6) ウ→イ→エ→ア　　(7) 中国〔中華人民共和国〕

《解説》

(1) 日米修好通商条約によって開港したのは，函館，神奈川（横浜），長崎，新潟，兵庫（神戸）の5港である。ウの下田は1854年に結ばれた日米和親条約で開港したが，のちに閉鎖された。

(2) 版籍奉還によって，土地と人民は政府に返されたが，藩の政治は，もとの藩主がそのまま担当したため，中央集権国家建設のための改革としては，不十分なものであった。

(3) 八幡村（福岡県）に建設された官営八幡製鉄所は1901年に操業を開始した。アは1938年，イは1945年，ウは1922年のできごとである。

(4) 1918年，米価が急上昇すると，富山県の漁村の主婦たちが米の安売りを求めて米屋に押しかけ，これをきっかけに米騒動が全国に広がった。この騒動の責任をとって寺内内閣が退陣すると，立憲政友会総裁の原敬が，主な閣僚を立憲政友会党員で組織する，本格的な政党内閣を成立させた。

(5) 1929年，ニューヨークの株式市場で株価が大暴落したことをきっかけに世界恐慌が広がったが，社会主

義国のソ連は，スターリンが指導する五か年計画が進められたため，その影響を受けることはなかった。

(6) ウ（1940年）→イ（1945年）→エ（1954年）→ア（1967年）の順となる。

(7) 1972年に田中角栄内閣が日中共同声明によって国交を正常化した。また，1978年には，日中平和友好条約が結ばれ，中国と友好関係を結ぶことが決められた。

〔41〕
《解答》
(1)① エ　② ア　(2)　民本主義
(3)① オ　②（正答例）　日本が<u>満州〔満州国〕</u>の占領地から<u>軍隊</u>を引き上げること。
(4)① ウ　② 日ソ共同宣言
《解説》
(1)① 大老井伊直弼は，朝廷の許可を得ないまま日米修好通商条約を結ぶなどし，1858年から翌年にかけて，政策に反対する者を厳しく処罰した。この弾圧を安政の大獄という。アは井伊直弼が暗殺された事件（1860年）。イは鎖国政策を批判する蘭学者の渡辺崋山や高野長英らが処罰された事件（1839年）。ウは将軍徳川慶喜が政権を朝廷に返したできごと（1867年）。

② 長州藩と薩摩藩は，倒幕運動の中心となったことから，新しく発足した明治政府においても，重要な役職をこれらの藩の出身者が占めていた。このような政府は藩閥内閣とよばれ，その専制的な政治は，自由民権運動を通じて批判された。

(2) 吉野作造は大正時代から昭和時代にかけて活躍した政治学者であり，天皇主権を容認したうえで，民主的な政治をめざす民本主義を唱えた。

(3)① Z（1899〜1900年）→X（1914年）→Y（1929年）の順となる。Z…義和団事件ののち，ロシアが満州に大軍をとどめ，南下を進めたため，これを警戒した日本とイギリスは日英同盟を結んだ。X…サラエボ事件をきっかけに第一次世界大戦が始まった。日本は日英同盟を理由に連合国側に立って参戦した。Y…1929年にアメリカで始まった深刻な不況は，多くの資本主義国に広がり，世界恐慌とよばれた。

② 日本軍は清朝最後の皇帝溥儀（ふぎ）を元首とする満州国を建国させ，実質的に支配した。中国の訴えにより，国際連盟は調査団を派遣し，1933年の総会で，満州国の建国を認めず，日本軍の撤兵を求める決議をした。これに反発した日本は，国際連盟を脱退した。

(4)① 第二次世界大戦は1945年に終わった。アは1910年，イは1918〜1922年，ウは1973年，エは1923年のできごとである。

② 第二次世界大戦後，日本とソ連の国交はとだえていたが，1956年に日ソ共同宣言が調印され，両国の国交が回復した。これをきっかけにソ連が日本の国際連合加盟を支持するようになった。

〔42〕
《解答》
(1)　エ　(2)①　地券　②　3（％）　(3)（正答例）　<u>不平等条約</u>の改正を求める国民の声が高まった。
(4)　ウ　(5)　イ　(6)　ウ，オ　(7)　55年体制
《解説》
(1) 1863年，長州藩が下関（関門）海峡を通る外国船を砲撃したため，翌1864年，イギリス，フランス，アメリカ，オランダ4国の連合艦隊が，長州藩に報復攻撃を行い，下関砲台（山口県）を占領した。アは1858年，イは1860年，ウは1854年のできごとである。

(2) 地租改正は，税制を整えて国家の財政を安定させる目的で実施された。その結果，それまでの年貢と異なり，政府の財源は，収穫量や米価に影響を受けることなく安定した。

(3) 江戸時代末期に結ばれた通商条約により，イギリス人が日本で罪を犯しても，日本の法律で裁くことはできなかった。ノルマントン号事件の裁判もイギリス領事裁判所で行われ，日本側にとって不当な判決が下されたため，領事裁判権（治外法権）の撤廃を含む不平等条約改正を求める世論が高まった。

(4) Y（1895年）→ X（1902年）→ Z（1915年）の順となる。1895年に結ばれた下関条約により，日本は清から遼東半島などを獲得した。しかし，ロシアなど3国が遼東半島を清に返すよう日本に圧力をかけたため，日本はこれに従った。しかし，国内ではロシアへの警戒心が高まり，日露戦争前の1902年には日英同盟を結んだ。日本はこの同盟を口実として第一次世界大戦に参戦，中国の山東半島にあるドイツの軍事拠点を占領し，翌年，山東省のドイツ権益を日本にゆずることなどを含む二十一か条の要求を中国政府に提出した。

(5) 1933年，ヒトラーの率いるナチス（国民社会主義ドイツ労働者党）の政権が成立し，ファシズムの政治が始まった。アは1920年，ウは1917年，エは1949年のできごとである。

(6) 太平洋戦争末期の1945年8月6日，アメリカ軍は広島に原子爆弾を投下した。さらに8月9日には長崎にも投下し，大きな被害をもたらした。

(7) 1955年，保守政党の自由党と民主党が合同して自由民主党（自民党）を結成した。自民党は，野党第一党の社会党と対立しながら，1990年代初めまで政権をとり続けたが，政治家・官僚・企業が結びついた汚職事件などで追及を受け，1993年，細川護熙を首相とする非自民連立内閣の成立によって与党の座をうばわれた。

〔43〕
《解答》
(1) ア　(2) エ　(3) 二毛作　(4) ウ　(5) 明
(6)①（正答例）　一揆の中心人物がわからないように，円形に署名されている。〔放射状に署名することによって，だれが一揆の中心人物であるかがわからないようになっている。〕
　　② 打ちこわし
《解説》
(1) 大化の改新は，645年，中大兄皇子や中臣鎌足らが蘇我氏を倒して始めた政治改革。それまで豪族が支配していた土地や人民を国家のものとする公地・公民の方針を示したり，朝廷の組織を整えたりした。

(2) 律令国家のもとで，戸籍に登録された6歳以上の男女に口分田が与えられ，口分田の面積に応じて租が課せられた。また，成年男子には，地方の特産物を都に運んで納める調という税も課せられた。また，男子は，雑徭などの労役のほか，兵役も課せられていた。

(3) 二毛作は，鎌倉時代に西日本で始まり，室町時代には各地に広まった。

(4) 農村の自治組織である惣では，有力な農民が寺や神社で寄合を開き，村のきまりを定めたり，他の村との交渉を進めたりした。アは室町時代を中心につくられた商工業者の同業者組織，イは江戸時代に裕福な商工業者が結成した同業者組織，エは室町時代に京都や堺などの都市で裕福な町民が結成した自治組織。

(5) 豊臣秀吉は，明の征服をめざし，協力を拒否した朝鮮を二度にわたって侵略した。しかし，朝鮮の義兵の抵抗にあい，朝鮮軍や明の援軍との苦戦を強いられた日本軍は，秀吉の病死を機に朝鮮から撤退した。

(6)① 江戸時代中期になると，百姓は団結して一揆を起こし，集団で城下に押しかけて，年貢の軽減や作物の自由な売買などを要求した。一揆の中心人物（首謀者）は，処刑などきびしい処罰を受けるため，百姓たちは円形に署名することによって結束を固めるとともに，だれが中心人物なのかわからないようにした。

　　② 特にききんが起こったときには，百姓一揆や打ちこわしが多発した。

〔44〕

《解答》

(1)① ウ ② ア (2) エ→イ→ウ→ア (3) エ

(4)（正答例） 世界恐慌が起こった影響により，失業率が急激に高まっている。 (5) 教育基本法

(6) 高度経済成長

《解説》

(1) 大久保利通は，王政復古や戊辰戦争において活躍し，明治維新においては，版籍奉還や廃藩置県などの実現に努力した。また，伊藤博文は，立憲政友会の初代総裁，初代韓国統監などを務めた。イは政府に不満をもつ士族たちに押したてられて西南戦争を起こした人物。エは自由民権運動において中心的な役割を果たした人物。

(2) エ（1873年）→イ（1877年）→ウ（1890年）→ア（1902年）の順となる。

(3) パリ講和会議は，第一次世界大戦後の1919年に開かれた講和会議で，ベルサイユ条約の調印が行われた。アはサンフランシスコ講和会議（1951年），イは国際連盟総会（1933年），ウはヤルタ会談（1945年）についての説明である。

(4) 1929年，ニューヨークの株式市場の株価が暴落したことをきっかけに，銀行や工場が倒産して失業者が町にあふれ，農産物の価格が急激に下落するなど，大きな混乱が起こった。この混乱は世界中に広がったため，世界恐慌とよばれた。

(5) 1947年に制定された教育基本法は，民主主義教育の基本を示す法律であり，これにもとづいて，義務教育が小・中学校の9年間に延長され，6・3・3・4制や男女共学などが定められた。

(6) 高度経済成長は，1950年代後半から70年代前半にかけての日本で見られた飛躍的な経済成長である。この時期には重化学工業が急激に発展する一方，過疎・過密の問題や公害問題も深刻になった。この高度経済成長は，1973年の石油危機で，経済成長率がマイナスとなったことで終わりを告げた。

〔45〕

《解答》

(1) ア (2) 太政官

(3)① （正答例） 西日本に広く支配が及ぶようになった。 ② ウ

(4) エ (5) 千利休 (6) イ

《解説》

(1) 大和政権（ヤマト王権）は，4世紀には伽耶（加羅）諸国と関係を深めたほか，百済と同盟を結んで，高句麗や新羅と戦った。また，5世紀には，大王が中国の南朝にたびたび使いを送り，皇帝の権威を借りて倭（日本）の王としての地位を高めたり，朝鮮半島の国々に対して有利な立場に立とうとしたりした。

(2) 太政官は天皇の指示で政治を行う役所で，国政の最高機関に当たる。太政官の下に八つの省が置かれ，政治を分担した。

(3)① 地図から，承久の乱直後に新たに守護が任命された国は西日本に集中している。これは，後鳥羽上皇に味方した貴族や西日本の武士の領地を中心に，守護を交代させた結果である。

② 後鳥羽上皇が追放されたのは隠岐（島根県）である。

(4) 後醍醐天皇の建武の新政に不満が高まる中，足利尊氏が挙兵し，京都に新たな天皇を立てると，後醍醐天皇は吉野（奈良県）に逃れた。これによって京都の北朝と吉野の南朝が並び立ち，全国の武士をまきこむ南北朝の動乱が約60年にわたって続いたが，二つの朝廷は足利義満によって統一された。

(5) 堺の商人であった千利休は，茶の湯を学び，織田信長や豊臣秀吉に仕えて，質素な風情を工夫して楽しむわび茶を完成させた。その後，秀吉の怒りを買って自害を命じられた。

(6) 京都所司代は，朝廷や西国大名の監視，京都町奉行の統括などに当たった。アは江戸幕府が大阪に置いた，西日本の軍事に当たる機関。ウは室町幕府が鎌倉に置いた，関東と甲斐・伊豆を統治するための機関。エは鎌倉幕府が京都に置いた，京都の警備・朝廷の監視・西日本の武士の統率を行う機関。

〔46〕
《解答》
(1) エ　　(2) 自由民権運動　　(3) イ　　(4)(正答例)　<u>日本は韓国を併合し</u>，<u>朝鮮総督府</u>を設置した。
(5) ウ　　(6) 農地改革　　(7) 持ちこませず
《解説》
(1) 大老井伊直弼は，朝廷の許可を得ないまま日米修好通商条約を結び，将軍のあとつぎ問題に関しても，反対派を押さえこんで独断で政策を進めた。さらに，政策に反対する大名，武士，公家らを処罰したこと（安政の大獄）で，強い反感を買った。
(2) 自由民権運動は，特定の藩の出身者が政府の要職を占める藩閥政治を批判し，言論によって国民の政治参加をめざす運動であったが，のちに激化した。
(3) ロシアは義和団事件後も大軍を満州にとどめて占領し，韓国にも進出した。このため，日本は1902年に日英同盟を結んでロシアに対抗した。
(4) 日本は，日露戦争後，韓国を保護国とし，1910年には韓国の抵抗をおさえて朝鮮と改めた。さらに京城（ソウル）に朝鮮総督府を設置して，武力を背景とした植民地支配を始めた。
(5) 1936年2月26日，陸軍の青年将校らが部隊を率いて反乱を起こし，大臣などを殺傷したほか，東京の中心部を占拠した。この反乱は軍隊によって鎮圧され，これ以降，政治に対する軍部の発言力が強まり，軍国主義の風潮が広まっていった。
(6) 政府は，農村に残る地主と小作人の封建的な関係を解体するため，地主から強制的に農地を買い上げ，小作人に安くゆずりわたした。その結果，多くの小作人が自作農となった。
(7) 日本は，太平洋戦争末期に広島と長崎に原子爆弾を投下され，大きな被害を受けた。このことをふまえて，1971年の沖縄返還協定の議決のときに，衆議院が非核三原則を決議した。以後，これが国の方針となった。

〔1〕

《解答》

(1)　ウ　　(2)(正答例)　平均寿命がのびる一方で，合計特殊出生率が低下している　　(3)　イ

《解説》

(1)　2016年度における肉類の自給率は，3,291÷6,203×100＝53.0…（％）と計算されるので，**資料Ⅱ**中の
ア～オの折れ線グラフのうち，2016年度の数値が53％に一致するものを選ぶ。

(2)　医療制度の整備や医療技術の発達によって，日本人の平均寿命の長さは，男女ともに世界でもトップク
ラスとなっている。一方，結婚する年齢が高くなったり，結婚しない人や結婚しても子どもをもたない人
が多くなったりすることで，女性が一生の間に生む子どもの平均人数は減少し続けている。

(3)　上位6か国中，ブラジルを除く5か国はアジアの国である。ア…ヨーロッパの国はない。ウ…約78万人
である。エ…27.0＋15.5＝42.5（％）である。

〔2〕

《解答》

(1)　ア　　(2)　三権分立〔権力分立〕　　(3)　平等

(4)(正答例)　法律によって制限される。〔法律の範囲内で保障される。〕

(5)①　平和主義〔戦争放棄〕　②　国事行為

《解説》

(1)　イギリスは，17世紀に起こったピューリタン革命と名誉革命によって，立憲君主制と議会政治を確立し
た。しかし，18世紀後半，北アメリカ東部のイギリスの植民地では，本国からの重税への反発などをきっ
かけに独立戦争が起こり，植民地側は1776年に独立宣言を発表した。これは，すべての人間の自由・平等
などをうたったものである。1919年にはドイツで，初めて社会権を保障したワイマール憲法が制定された。

(2)　フランスの法学者・政治思想家のモンテスキューは，イギリスの思想家ロックの思想の影響を受け，
著書「法の精神」で権力の濫用を防ぐための権力分立（三権分立）を主張した。

(3)　人権宣言は，1789年のフランス革命で，憲法の前文として国民議会が出した宣言である。人間が生まれ
ながらに自由・平等であり，圧制への抵抗権を持つことなどが宣言されている。

(4)　日本国憲法では，公共の福祉による制限を除き，人権は法律によっても制限されないものと定められて
いるが，大日本帝国憲法では，人権は法律の範囲内で認められるものとされた。

(5)①　平和主義の立場については，日本国憲法の前文，および第9条に定められている。第9条では，「戦
争放棄」，「戦力の不保持」，「交戦権の否認」などを定めている。

②　日本国憲法では，天皇は主権者ではなく日本国と日本国民統合の「象徴」となり，国の政治について
の権限を持たず，内閣の助言と承認のもとで，憲法に定められた国事行為のみを行う。

〔3〕

《解答》

(1)A　ア　B　ウ　C　イ　　(2)(正答例)　単独世帯の割合が増えたから。　　(3)　ウ

《解説》

(1)　経済が発達するにしたがって，人口に占める子どもの割合が減少し，高齢者の割合が増加していく傾向
がある。したがって，人口ピラミッドはAが2019年，Bが1970年，Cが1990年となる。

(2)　近年，日本の総人口が減少し，核家族世帯（夫婦のみ，夫婦と子ども，一人親と子ども）の割合も減少し
ているが，単独世帯（一人暮らしの世帯）の数とその割合が増加し，全体としては世帯数が増加している。

(3)　神奈川県は東京都に隣接し，兵庫県は大阪府に隣接しているため，通勤・通学による人口の移動が著し

くなっている。

〔4〕
《解答》
(1)①　バリアフリー(化)　②　エ　③　団結権　　(2)　被選挙権
(3)(正答例)　住民の<u>生活環境</u>が乱されたり<u>貧富</u>の差が拡大したりする　　(4)　イ
《解説》
(1)①　バリアとは障壁のことであり，バリアフリー化とは障壁を取り除くことを意味する。歩道の段差をなくしたり，車椅子の人でも乗れるエレベーターを設置したりすることもバリアフリー化に含まれる。
　　②　アは経済活動の自由，イとウは精神の自由(精神活動の自由)に当てはまる。
　　③　労働基本権(労働三権)は社会権に含まれる。労働者が団結して行動できるように労働組合を結成する権利(団結権)，労働組合が賃金その他の労働条件の改善を求めて使用者と交渉する権利(団体交渉権)，労働者が要求を実現するためにストライキなどを行う権利(団体行動権または争議権)の三つである。
(2)　国会議員，地方議会議員，都道府県知事や市(区)町村長を投票によって選出する権利は選挙権である。
(3)　例えば，感染症法に従って感染症の人を入院させることは「居住・移転の自由」の制限，医師法に従って無資格者の医療行為を禁止することは「職業選択の自由」の制限となる。
(4)　イ…政治に参加することは権利であって義務ではないが，国民はさまざまな方法で政治に参加することが可能であり，積極的に政治に参加することが好ましい。

〔5〕
《解答》
(1)①　イ，オ　②　世論　　(2)(正答例)　<u>政党</u>に投票し，各政党の<u>得票数</u>に応じて<u>議席</u>を配分する。
(3)①　条例　②　ア　　(4)　ウ
《解説》
(1)①　被選挙権が得られる年齢は，衆議院議員，市(区)町村長，地方議会議員が満25歳以上，都道府県知事，参議院議員が満30歳以上である。
　　②　世論は多くの人々の意見や要求がまとまったものであり，政治を動かす大きな力となっている。世論の形成には，新聞やテレビなどのマスメディアが大きな役割を果たす。
(2)　比例代表制は，国会に国民の意見が正確に反映されるようにするために設けられた制度である。ただし，比例代表制には，小党分立になりやすく，安定した政権が成立しにくいという短所もある。
(3)①　日本国憲法第94条にもとづき，地方公共団体は，法律及び内閣が出す命令(政令)の範囲内で条例を定めることができる。条例違反者には，一定限度内で罰則を設けることもできる。
　　②　首長・議員の解職請求のほか，議会の解散請求についても，選挙管理委員会が請求先となる。なお，イの監査委員は監査請求の請求先となる。ウ，エはいずれも直接請求の請求先ではない。
(4)　裁判員制度とは，重大な犯罪についての刑事裁判(地方裁判所の第一審)に，満20歳以上の国民の中からくじなどで選ばれた人が裁判員として参加するしくみである。

〔6〕
《解答》
(1)① 公共の福祉　② エ　③（正答例）　感染症が広がることを防ぎ，他の人々の<u>健康</u>を守るため。
(2) ウ
《解説》
(1)①　「公共の福祉」とは，社会全体の利益を意味する用語で，基本的人権に制限を加える唯一の基準である。ただし，人権を制限する場合，社会全体の利益が何であるか，他人の人権を守るためにどうしても必要な制限であるかどうかを慎重に判断しなければならない。
　②　表現の自由は認められているが，それは他人の名誉を傷つけるものであってはならない。また，集会・結社の自由は認められているが，近隣の住民の迷惑となるようなデモを行ってはならない。職業選択の自由は認められているが，無資格者の医療行為は危険がともなうため，禁止されている。
　③　感染症にかかった人の行動を制限しなければ，感染症が広がって，周囲の人々の健康をおびやかすことになるおそれがあるため，強制的に隔離したり入院させたりすることがある。
(2)　選挙で投票することは憲法で定められた義務ではないが，投票を棄権することは，政治参加の機会を逃すことになるので好ましいことではない。

〔7〕
《解答》
(1)① ルソー　② オ　(2) 社会権〔生存権〕　(3) 立憲主義
(4)（正答例）　核兵器をもたず，つくらず，もちこませずという原則。　(5) イ　(6) 象徴
《解説》
(1)①　ルソーは，社会契約説と人民主権を唱え，フランス革命にも大きな影響を与えた。
　②　A（Ⅱ）…権利章典は，イギリスで名誉革命の翌年の1689年に国王が発布した文書。B（Ⅲ）…アメリカの独立宣言は，イギリスの植民地であったアメリカの13州が独立を表明したもの。C（Ⅰ）…フランスの人権宣言は，フランス革命のときに，国民議会が公布した宣言。
(2)　国民が，国に人間らしい生活を保障することを要求できる権利を社会権という。資本主義の発達によって発生した貧富の差は，個人の力による解決が困難であることから，20世紀になって唱えられるようになった。
(3)　政治権力は強大なものであり，濫用されないようにするため，制限するためのきまりが必要である。このように，政治権力を憲法によって制限し，憲法にもとづいた政治が行われるようにするという考え方を，立憲主義という。
(4)　日本は，第二次世界大戦末期に広島・長崎に核兵器である原子爆弾を投下されて多くの犠牲者を出した。その反省をふまえ，1971年に国会で決議された非核三原則を，国の方針としている。
(5)　天皇は，国の政治にかかわる行為を行わず，形式的・儀礼的な国事行為のみを行う。また，国事行為には，すべて内閣の助言と承認が必要とされている。イ…憲法改正の発議は，国会が行う。
(6)　象徴とは，抽象的なものを，形のあるもので代表させて表現すること，またはそのようにして表現されたものを指す。

〔8〕

《解答》

(1)　エ　　(2)　両院協議会

(3)①　イ　②(正答例)　内閣は，10日以内に衆議院を解散するか，総辞職をしなければならない。

(4)①　弁護人　②　エ

《解説》

(1)　国会における審議が慎重に行われるよう，参議院には議員定数，任期，被選挙権などに関して衆議院とのちがいが設けられている。

(2)　両院協議会は，予算の議決のほか，条約の承認，内閣総理大臣の指名で，参議院が衆議院と異なる議決をした場合にも開かれる。なお，法律案に関しては，衆議院が希望した場合に開かれることになっている。

(3)①　内閣総理大臣は必ず国会議員から選ばれるが，国務大臣(原則14人以内)は，過半数が国会議員であればよい。内閣総理大臣は，国務大臣を自由に任命したりやめさせたりすることができる。また，国務大臣は，一般的には各省の長を務める。

　②　内閣の行う行政が信頼できないとき，衆議院が内閣不信任決議を行うことができる。これに対し，内閣は衆議院を解散し，総選挙によって民意を問うという権限をもっている。

(4)①　弁護人(弁護士)とは，刑事裁判において被疑者や被告人の利益を守る人のことである。被告人が自ら弁護人を選任できない場合には，裁判所が被告人の請求により国選弁護人をつける。

　②　裁判のやり直しを再審という。死刑判決を受けた人が再審によって無実となった例もある。ア…民事裁判ではなく刑事裁判。イ…家庭裁判所も下級裁判所の一つである。ウ…上告ではなく控訴という。

〔9〕

《解答》

(1)　版籍奉還　　(2)　沖縄(県)　　(3)　イ　　(4)　ア

(5)(正答例)　自主財源による収入に格差が生じていること。

《解説》

(1)　1869年，明治新政府は，藩主の所有する土地(版)と人民(籍)を政府に返させて藩の権限をおさえ，全国を直接支配する中央集権化をめざした。

(2)　第二次世界大戦後，アメリカの統治下に置かれていた沖縄は，1972年に日本に復帰した。

(3)　ア…群馬県は過疎地域面積の割合が50%以上。ウ…全国に23都府県。エ…内陸に位置する8県のうち，栃木・埼玉・山梨・長野・滋賀の5県は過疎地域面積の割合が50%未満。

(4)　条例の制定・改廃は，有権者数の50分の1以上の署名で首長に請求する。

(5)　地方公共団体の間には経済的な状況にちがいがあり，地方税などの自主財源だけでは必要な収入をまかなうことが困難な地方公共団体も多い。愛知県のように人口が多く，経済の規模が大きい県は地方税の割合が高いが，人口が少なく，経済の規模が小さい鳥取県は地方税の割合が低く，地方交付税交付金などの依存財源の割合が高くなっている。

〔10〕

《解答》

(1)　イ　　(2)　エ　　(3)　平和　　(4)①　ア　②(正答例)　健康で<u>文化的</u>な<u>最低限度</u>の生活を営む権利。

(5)　納税

《解説》

(1)　5月3日の憲法記念日は，1947年5月3日の日本国憲法施行の日にちなんだものである。2月11日は建国記念の日である。

(2)　大日本帝国憲法は天皇主権，日本国憲法は国民主権を定めている。元首とは国の首長に当たり，対外的に国を代表する資格をもつ者であるが，日本国憲法では天皇は国政に関する権能をもたないとされており，元首には当たらない。

(3)　日本国憲法では，この前文と第9条で，平和主義の立場が表明されている。第9条では，戦争放棄，戦力の不保持，交戦権の否認などが定められている。

(4)①　居住・移転・職業選択の自由と財産権の保障が経済活動の自由に当たる。イは身体の自由(生命・身体の自由)，ウとエは精神の自由(精神活動の自由)に当たる。

②　生存権の保障は，日本国憲法第25条で定められている。これは，国の社会保障制度の基盤となる権利である。

(5)　国民が税金を納める義務は，日本国憲法が定める三大義務の一つである。税金は，国や地方公共団体が政治を行うために徴収するもので，税率などは法律にもとづいて決められる。

〔11〕

《解答》

(1)①　ウ　②　D　　(2)　イ

(3)(正答例)　内閣が国会の<u>信任</u>にもとづいて成立し，国会に対して連帯して<u>責任</u>を負うしくみ。〔国会の<u>信任</u>にもとづいて内閣がつくられ，内閣が国会に対して連帯<u>責任</u>を負うしくみ。〕

(4)　刑事裁判　　(5)　ウ　　(6)　ア

《解説》

(1)①　衆議院の解散には二通りある。一つは内閣不信任が決議されたときに内閣が10日以内に総辞職しなかった場合，もう一つは，解散して国民の意思を問う必要があると内閣が認めた場合である。アは国会から裁判所に対するはたらき，イは国会(衆議院)から内閣に対するはたらき，エは裁判所から内閣に対するはたらきである。

②　国会が決めた法律が憲法に違反していないかどうかを判断する権限は裁判所がもっている。特に最高裁判所は，すべての法律や行政機関の行為が憲法に違反していないかどうかについて最終的な決定権をもつことから，「憲法の番人」とよばれている。

(2)　衆議院は，参議院に比べて議員の任期が短く解散もあり，世論を強く反映すると考えられることから，法律案，予算，内閣総理大臣の指名などの議決については参議院よりも強い権限が与えられている。

(3)　内閣は国民の意思を代表する国会の信任にもとづいて成立するため，国会との間にさまざまな関係が定められている。内閣の仕事を信頼できなければ，衆議院は内閣不信任決議を行うことができ，内閣不信任決議が可決されたときに内閣は衆議院を解散することができる。

(4)　個人と個人，個人と法人，法人と法人の間の争いを解決するための裁判は民事裁判という。刑事裁判は，国家が原告(検察官)となって裁判所に被疑者を起訴することから始まる。

(5)　都道府県知事は，市(区)町村長や市(区)町村議会議員と比べて，経験が必要と考えられることから，被選挙権の年齢が高く設定されている。

(6)　議会の解散請求のほか，首長・議員の解職請求についても，同様の手続きが必要である。

〔12〕

《解答》

(1)　生存権　　(2)（正答例）　<u>40歳以上</u>の国民が負担する保険料　　(3)　エ　　(4)　ア　　(5)　イ

(6)　南北問題

《解説》

(1)　日本国憲法第25条では生存権を保障しており，これを基盤として，国が社会福祉，社会保障，公衆衛生の向上と増進に努めるべきであることを定めている。

(2)　介護保険制度は，40歳以上の人が加入し，介護が必要になったときに介護サービスを受けることができる制度で，2000年に導入された。

(3)　安全保障理事会は，国際社会の平和と安全の維持のために設けられた，国連の中心機関である。また，経済社会理事会は，経済・社会・文化・人権などの国際問題に関して調査・報告を行う機関で，下部に多くの専門機関が置かれている。その一つである国連教育科学文化機関(UNESCO)は，教育・科学・文化・情報流通面での国家間の相互協力を推進する役割をもつ。

(4)　グラフ中のインドとバングラデシュは南アジアの国，フィリピンとミャンマーとインドネシアは東南アジアの国である。

(5)　地球温暖化防止京都会議(1997年)では，温室効果ガスの排出削減を先進国に義務づける京都議定書が採択された。ア…オゾン層破壊の主な原因はフロンガスの使用。ウ…酸性雨の原因は，自動車の排気ガスに含まれる窒素酸化物など。エ…砂漠化は，アフリカ北部や中央アジア・西アジア，南北アメリカの西部，オーストラリア南西部などで進行が著しい。

(6)　先進国が北半球の北側に多く，発展途上国は北半球の南側や南半球に多いことから，先進国と発展途上国の経済格差や，それによって発生する問題を南北問題という。

〔13〕

《解答》

(1)　エ　　(2)　ア　　(3)　イ　　(4)　公正取引委員会

(5)①（正答例）　<u>貸し出し利子率</u>を<u>預金利子率</u>よりも高くして，その差額が銀行の利潤となる。　　②　政府

《解説》

(1)　1990年の住居費の割合は，1970年と比べると0.1％減少しているが，消費支出総額が大幅に増えているので，住居費の支出は増えている。また，2019年の消費支出総額は1990年と比べて減っているが，住居費の割合の増加が大きいので，支出は増えている。

(2)　生命保険料の支払いのほか，銀行預金や株式の購入なども貯蓄に当たる。イとウは非消費支出，エは消費支出に含まれる。

(3)　自由競争が行われている市場では，需要量が供給量を上回ると価格は上昇し，供給量が需要量を上回ると価格は下落する。価格が下落すると供給量が減って需要量が増え，再び価格は上昇していく。

(4)　独占禁止法を運用する公正取引委員会は，内閣府の下に置かれた行政機関であり，企業の自由競争をさまたげる行為を監視している。

(5)①　一般の銀行の主な仕事は，個人や企業などからお金を預かる預金業務と，それらを貸し出す貸付業務である。利子率は，預金より貸付（貸し出し）の場合が高く，その差額が銀行の利潤となる。

②　日本銀行には，政府の資金の出し入れを行う「政府の銀行」のほかに，紙幣を発行する「発券銀行」，一般の銀行に不足する資金の貸し出しなどを行う「銀行の銀行」の役割がある。

〔14〕

《解答》

(1)　ア　　(2)①（正答例）　貸し出しに対する利子を預金に対する利子よりも高くする　②　発券銀行

(3)　イ

《解説》

(1)　**資料Ⅰ**中のＡは需要量が供給量を下回っている状況であり，需要曲線と供給曲線の交点におけるＢまで価格が下がれば需要量と供給量が一致することになる。

(2)①　銀行と家計・企業との間には利子のやりとりがある。銀行が借りる側の家計・企業から受け取る利子は，銀行が預金している人々に支払う利子よりも高いので，その差が銀行の収入となる。

　②　日本銀行は「政府の銀行」，「銀行の銀行」であり，日本銀行券（紙幣）を発行する「発券銀行」でもある。

(3)　日本銀行は，公開市場操作とよばれる金融政策を行って景気を安定させる。不景気のときには，日本銀行が銀行から国債を買い，その代金として日本銀行内に銀行がもつ預金を増やす。景気が過熱しているときには，日本銀行が銀行に国債を売って代金を受け取り，市場に出回るお金の量を減らす。

〔15〕

《解答》

(1)①　エ　②　イ　　(2)　イ　　(3)　国政調査権

(4)（正答例）　地方税の割合が低く，依存財源の割合が高くなっている。　　(5)　50,000（人以上）

《解説》

(1)①　内閣は，最高裁判所長官の指名，その他の裁判官の任命を行う。なお，アは国会から裁判所に対する働き，イは天皇の国事行為，ウは国会（衆議院）から内閣に対する働きである。

　②　国会を構成する二院のうちの一つである衆議院を解散する権利をもっているのは内閣である。なお，アは内閣総理大臣の指名と内閣不信任の決議，ウは命令や規則，処分の違憲・違法審査，行政裁判の実施，エは法律の違憲審査を表している。

(2)　法律案の議決については，衆議院の優越（法律案の再可決）が認められている。

(3)　国政調査権は衆議院と参議院のそれぞれがもつ権利で，国政に関する証人をよんで質問したり，政府に対して記録の提出を求めたりすることが認められている。

(4)　鳥取県は大阪府と比べて地方税の割合が低く，国から交付される地方交付税交付金や国庫支出金，借金である地方債などの依存財源の割合が高くなっている。地方交付税交付金の使いみちは地方公共団体に任されているが，国庫支出金は国に委任された特定の活動を行うための資金である。

(5)　市議会解散請求は，有権者の３分の１以上の署名で選挙管理委員会に請求する。したがって，有権者数15万人の都市では，50,000人以上の署名が必要となる。

〔16〕

《解答》

(1)　ア　　(2)Ｘ　生産者　Ｙ　少ない　　(3)①　公企業　②　ウ，エ

(4)（正答例）　年齢が上がっても賃金が上がりにくい非正規労働者の割合が高くなってきていること。

《解説》

(1)　「その他」以外で消費支出の割合が増加しているのは，交通・通信費（9.2％の増加）と住居費（1.3％の増加）である。交通機関の発達や，インターネットなどの通信網の発達により，交通・通信費の割合が大きく増えたと考えられる。

(2)　流通のしくみが複雑になり，人手を経る回数が多くなると，それだけ費用がかかる。そのため，さまざ

まな方法で，費用を抑える流通の合理化が試みられている。

(3)①　公企業は，国や地方公共団体が出資し，公共の利益や財政収入などを目的に経営する企業である。現在の日本の公企業は，地方公営企業と独立行政法人とに分けられ，国営企業に該当する企業はない。

　　②　株主総会は，株主全員によって組織され，株式会社の意思を決定する最高機関であり，経営上の基本方針の決定，役員の選任，配当の決定などを行う。なお，アは株主（個人，法人），イは取締役会が行うことである。

(4)　近年，パートやアルバイト，派遣労働者，契約労働者などの非正規労働者を雇うことで賃金を抑えようとする企業が増えている。

〔17〕

《解答》

(1)　エ　　(2)①Ａ　ウ　Ｂ　ア　Ｃ　イ　②　発券銀行

(3)①（正答例）　中小企業の従業者は大きな割合を占めるが，大企業と比べて賃金が低い。　②　ウ

《解説》

(1)　商品の価格が下がるにしたがって，需要量（消費者の買う量）は増えると考えられるので，Ｘが需要曲線であることがわかる。また，Ｙは需要量と供給量を一致させる均衡価格である。

(2)①　Ｂ（日本銀行）はＡ（政府）の資金の出し入れを行う「政府の銀行」であり，一般の銀行に貸し出しを行う「銀行の銀行」である。また，Ｃ（企業）の資金の一部は一般の銀行から貸し出されたものである。

　　②　日本銀行は我が国の唯一の発券銀行として，日本銀行券（紙幣）を発行する。

(3)①　資料Ⅲから，我が国においては中小企業の従業者数は大企業をはるかに上回っていることがわかる。また，中小企業，大企業のちがいは業種により異なるが，資料Ⅳから，従業者数の多い企業ほど，一人当たりの賃金が高くなっていること，つまり大企業は中小企業と比べて一人当たりの賃金が高い特徴があることがわかる。

　　②　不景気のときには，民間企業の仕事を増やし，企業や家計の支出が多くなって，社会全体の消費が活発になるような政策が行われる。したがって，公共投資を増やし，減税を行うことになる。

〔18〕

《解答》

(1)　生存権　　(2)①　公衆衛生　②　介護

(3)（正答例）　社会保障給付費が増え，生産年齢人口一人当たりの負担が大きくなると考えられる。

《解説》

(1)　生存権は，人間らしい生活を営む権利であり，社会保障制度の基盤となっている。

(2)①　公衆衛生における主な仕事は，予防接種などの感染症対策，上下水道の整備，公害対策などである。

　　②　介護保険の被保険者のうち，65歳以上の人は要介護認定または要支援認定を受けたときに介護サービスを受けることができる。また，被保険者のうち，40歳から64歳までの医療保険加入者は，加齢にともなう病気が原因で要介護（要支援）認定を受けたときに介護サービスを受けることができる。

(3)　65歳以上の老年人口の割合が増加する一方，15～64歳の生産年齢人口の割合が大きく減少するため，社会保障制度を支える費用を負担する生産年齢人口の世帯の経済的な負担は重くなっていく。

〔19〕

《解答》

(1) X　ア，Y　エ　　(2)①　委員会　②　ウ

(3)（正答例）　国務大臣の<u>過半数</u>は必ず国会議員から選ばれるというきまり。

(4)　裁判員　　(5)　イ　　(6)　エ

《解説》

(1)　国の政治においては，議院内閣制にもとづき，国会には内閣不信任決議権が認められ，内閣には衆議院の解散権が認められている。また，地方議会には首長の不信任決議権が認められ，首長には議会の解散権が認められている。

(2)①　委員会は，議案を慎重に審議するため衆議院と参議院のそれぞれに設けられている機関である。常任委員会のほかに，必要に応じてそのつど設けられる特別委員会がある。

②　ア…憲法改正発議に関する両議院の権限は対等。イ…参議院も国政調査権をもつ。エ…両議院の議決が異なるとき，両院協議会を開いても意見が一致しない場合，衆議院の議決が国会の議決となる。

(3)　内閣総理大臣は必ず国会議員から指名されるが，国務大臣は過半数が国会議員であればよい。なお，国務大臣は各省の長として行政の仕事を受けもつ。

(4)　裁判員制度は，選挙権をもつ人の中からくじで選ばれた裁判員が，重大な犯罪事件の裁判の第一審に参加するというしくみである。裁判員裁判は地方裁判所で行われる。

(5)　イ…法律案は内閣または国会議員によって作成され，国会で審議される。地方議会には，法律の範囲内で条例を定めるという仕事がある。

(6)　首長及び地方議会議員の解職請求と議会の解散請求については，同じ手続きが必要である。監査委員は監査請求の請求先となる。

〔20〕

《解答》

(1)　製造物責任法〔PL法〕　　(2) A　イ，B　ア，C　エ，D　ウ　　(3)　労働基準法

(4)①　ア　②（正答例）　<u>所得</u>が多くなればなるほど<u>税率</u>を高くするしくみ。　　(5)　公的扶助

《解説》

(1)　消費者の権利を守るための法律の一つである製造物責任法は，1994年に制定された。製造物責任を表す英語"product liability"から，「PL法」ともよばれる。

(2)　A（株主）は株式を購入した出資者。B（株主総会）は株主が出席することができる株式会社の最高意思決定機関。C（役員）は会社の経営者に当たる幹部職員。D（取締役会）は株式会社における業務を執り行うための機関で，株主総会で選ばれた役員によって構成される。

(3)　労働基準法は労働組合法，労働関係調整法と並ぶ労働三法の一つ。労働者の賃金，労働時間，その他の労働条件の最低基準が定められている。

(4)①　直接税は納税者と担税者が一致する税，間接税は納税者と担税者が一致しない税である。事業税は国税ではなく地方税に属する。

②　累進課税は，税負担の公平の原則にもとづくしくみである。

(5)　公的扶助は，健康で文化的な最低限度の生活を国の責任において保障する制度で，生活保護法にもとづいて，生活・教育・医療などを援助する。

〔21〕
《解答》
(1) A ア, B エ, C ウ, D イ　　(2)　間接金融　　(3)　ウ　　(4)　カ　　(5)　イ

(6)（正答例）　歳出が税収を上回る状態で，歳入不足が続いており，税収の不足を補うために，国債を発行
してきたから。

《解説》
(1)　クレジットカードは，信用販売会社や銀行が発行するカードで，現金を使わずに加盟店から商品を購入
することができる。代金は，後払いでカード所有者の銀行口座から引き落とされる。

(2)　資金の貸し手と借り手との間に銀行などの金融機関が介入し，貸し手と借り手の間の資金の流れを媒介
することを間接金融という。これに対し，貸し手が借り手に直接資金を融通することを直接金融という。

(3)　日本の中央銀行である日本銀行は，政府資金を取りあつかうことから，「政府の銀行」とよばれる。ア
…企業や個人との取り引きは行わない。イ…日本銀行が発行するのは，硬貨ではなく紙幣（日本銀行券）。
エ…銀行が持つ国債などを買う。

(4)　Ⅰ…公的扶助は，生活保護法にもとづいて行われる。Ⅱ…公衆衛生は，地域社会の人々の病気の予防と
健康の増進のために，国や地方公共団体が行う保健衛生の活動。Ⅲ…社会福祉は，児童，高齢者，母子家
庭，障がいのある人など，生活力の弱い人々が安定した社会生活を営めるための政策や制度。

(5)　消費税や酒税の場合，納税者は販売者や生産者であるが，実際に税金を負担するのは消費者である。こ
のような税金をまとめて間接税という。

(6)　税収が不足するときは，国債を発行して，これを買ってもらうことにより，企業や家計から借金をする。
しかし，国債の発行額が増えると，利子の支払いや元金の返済などへの支出が増え，財政が圧迫される。

〔22〕
《解答》
(1)　ウ　　(2)①　与党　②　野党　　(3)①　国民審査　②Y　オ，Z　ア

(4)①　イ　②Ⅰ　公債費　Ⅱ　民生費　　(5)（正答例）　より安い価格で商品を販売することができる

(6)①　2（つ）　②　エ

《解説》
(1)　国が情報公開法にもとづいて設けた情報公開制度のほか，各地方公共団体が独自に情報公開条例で定め
た情報公開制度があり，それぞれ国民や住民の請求にもとづいて情報を開示している。

(2)　政権を担当する政党を与党といい，議院内閣制では，一般的に議会で多数の議席を占める政党が与党と
なるが，議席数が少ない政党でも，第一党と連立内閣を組織して与党となる場合がある。与党以外の政党
である野党には，与党を監視したり批判したりする役割がある。

(3)①　最高裁判所の裁判官は，就任後の最初の衆議院議員総選挙と，前回の審査から10年後以降の総選挙の
ときに，満18歳以上の国民の投票によって，辞めさせるかどうか審査される。

②　Y…国会を構成する二院のうちの衆議院には，内閣不信任決議権がある。これに対し，内閣は衆議院
を解散することができる。Z…裁判官が職務上の義務違反などをしたとき，裁判官を辞めさせるかどう
かを決める弾劾裁判所が国会に設置される。

(4)①　住民は一定数の署名で選挙管理委員会に首長の解職を請求し，その後に行われる住民投票で有効投票
の過半数の同意があれば解職させることができる。アは首長が議会に対してできること。ウは議会が首
長に対してできること。エは住民が議会に対してできること。

②　地方財政は税金による収入が不十分であり，地方債の発行による借金の割合が大きい。そのため，財
政の支出では，借金の利子の支払いや元金の返済に当たる公債費が大きな割合を占めている。また，高

齢化が進む中，民生費の割合も大きくなっている。

(5) 商品が生産者から消費者に届くまでに，卸売業者を経なければ，そのぶん経費が抑えられ，商品の価格は安くなると考えられる。

(6)① 間接税とは，国に税金を納める納税者と，実際に税金を負担する担税者が異なる税。国税収入の上位五つの税のうち，間接税に当たるのは消費税と揮発油税である。

② 好景気のときには，公共投資を減らして企業の仕事を減らし，増税をして企業や家計の消費を減らそうとする。